2019 年河北大学部省合建优势特色学科应用经济学建设项目（521000103006）

全国教育科学规划项目（EIA150413）

河北大学引进人才科研启动项目（521000981030）

资助出版

Reform

ON COLLEGE STUDENTS' EMPLOYMENT AND
HIGHER EDUCATION UNDER THE BACKGROUND OF

Industrial TRANSFORMATION AND UPGRADING

产业转型升级背景下

大学生就业与高等教育改革

杨胜利 —————— 著

社会科学文献出版社
SOCIAL SCIENCES ACADEMIC PRESS (CHINA)

序 言

　　大学毕业生作为社会上最有创造性、最有生机和活力的群体，是拥有系统科学知识的宝贵人才资源。大学毕业生肩负着全面建成小康社会、复兴中华民族的伟大重任。自从中国高等教育进入大众化的发展阶段，中国大学生就业难的问题就一直保持着持续性和长期性的鲜明特点，值得注意的是，这一难题产生于中国经济快速发展的背景下。这个问题的产生与中国经济发展对大学生就业吸纳能力低以及高等教育规模不断扩大有关。大学毕业生的就业问题既关系到人民群众自身的利益，也关系到中国高等教育能否健康发展，以及科教兴国战略、人才强国战略能否顺利实施。大学毕业生就业问题的棘手程度已经超越了下岗职工、农民工的就业问题，成为就业市场的核心问题。2018 年全国大学毕业生规模达到 820 万人，比 1998 年增长了近 10 倍，占当年城镇新增就业人员数量的比重从 1998 年的 25.23% 上升到 2018 年的 60.25%，已经成为城镇新增就业的主力军。党的十九大报告明确指出，坚持就业优先战略和积极就业政策，实现更高质量和更充分就业。因此，在产业转型升级的背景下，促进大学毕业生就业问题的解决，是关系到社会、政治和经济发展的重要举措。

　　根据就业弹性理论，产业结构对劳动者的就业数量和就业结构具有重大影响。一方面产业规模的扩张及其结构优化，能够为劳动者创造更多的就业岗位，增加劳动力市场总就业人数；另一方面产业发展为劳动者的就业提供了物质资料基础，决定着劳动者的就业结构。伴随着席卷全球的金融危机和全球范围内新一轮产业资源的战略性重组和优化配置，中国要完成经济发展

1

方式的转变就必须对产业进行转型升级。产业转型升级对中国高等教育人才培养模式产生了不容小觑的影响。经济发展方式转变、产业结构优化升级有助于大学生就业市场的拓展，促进国家对高等教育结构进行适应性改革。与此同时，产业转型升级也要求高等教育人才培养机制适应劳动力市场上的供需结构。

随着经济发展方式的转变和科技的进步，产业的转型升级对中国高等教育和大学生就业提出了更高要求，也对中国人才结构优化与产业结构升级的协调适配度提出了更高要求。如何促进教育与经济社会协调发展是一个不容忽视的重大课题，对这个问题世界各国都给予重视。本书以产业转型升级对大学生就业和高等教育的影响为研究主题，以配第-克拉克定理、库兹涅茨法则、霍夫曼经验法则、钱纳里-赛尔昆就业结构理论、产业结构合理化理论、产业价值链理论、刘易斯的二元经济理论、托达罗的二元经济理论等为基础，对产业转型升级背景下中国大学生就业和高等教育改革等问题进行系统性研究，以促进经济平稳发展，推进高等教育改革，促进教育与经济社会协调发展。

本书分为八章，第一章至第五章主要为理论研究和现状特征研究。基本内容安排如下。第一章为导论。主要介绍研究背景和研究意义，对本研究相关的基本概念进行界定，并对本书的研究方法和研究技术路线进行阐述。第二章为文献综述与理论基础。主要从产业转型升级对就业的影响、大学生就业问题、产业转型升级对大学生就业的影响等角度对相关文献进行梳理。基于产业结构与就业结构协调发展理论、产业结构合理化理论、产业价值链理论、发展经济学二元结构就业理论等构建了本书的理论研究框架。第三章为中国产业政策回顾与产业转型升级规律，主要对中国产业转型升级的现状进行介绍，并对其发展趋势进行预测，为后文分析产业转型升级与大学生供需平衡问题奠定基础。第四章为产业转型升级背景下大学生就业现状。主要介绍产业转型升级背景下大学生就业的现状与特征，考察发达国家高校毕业生的就业特征与就业促进模式，并对中国大学生就业困难的原因进行分析。第五章为产业转型升级背景下高等教育现状与问题。主要通过总结中国高等教育人才培养政策的特点、中国高等教育发展的现状与特征、中国高等教育发展的成效，提出产业转型升级背景下高等教育存在的主要问题是高等教育的内部结构性矛盾和外部结构性矛盾凸显、区域之间存在较大差距、高等教育的人才培养模式存在滞后性、高等教育结构与产业结构的偏离度逐渐增大，并在此基础上提出了产业转型升级背景下高等教育改革的必要性。

第六章至第八章主要为实证定量研究与应对策略设计。基本内容安排如下。第六章是产业转型升级对大学生就业影响的实证分析。主要从产值水平提高、产业结构升级和产业价值链升级三个层次探讨产业转型升级对大学生就业的影响程度，并通过估计第三产业内部结构变动对大学生就业影响的就业弹性模型和测算斯托克夫指数，得到不同要素密集度的产业结构升级对大学生就业影响程度的差异性。第七章为产业转型升级与高等教育协调发展评价及其趋势预测。主要通过探究产业转型升级与高等教育的关系、产业转型升级与高等教育发展的协调性、产业转型升级与高等教育结构的关联度，研究产业转型升级对高等教育的影响。在构建指标体系的基础上，利用灰色关联模型对高等教育结构与产业转型升级的协调性及其变动趋势进行分析，探究高等教育结构与产业转型升级的关联机理。第八章为产业转型升级背景下高等教育改革路径。主要是对产业转型升级背景下中国高等教育改革的路径进行探究，以规模与质量相协调、公平与效率兼顾、统筹眼前利益与长远利益、发达地区与欠发达地区均衡发展以及以人为本、服务社会为原则，提出了高等教育改革的方向、措施以及中长期规划。高等教育改革的主要方向是坚持以提高质量为核心，推动高校教育健康发展；坚持教育改革与产业转型升级协调发展；坚持以人为本，弘扬人文精神；坚持教育公平，促进教育均衡发展；明确高校人才培养目标；坚持以提升大学生就业能力为主导。

目　录

第一章 导论

党的十八大报告指出，推进经济结构战略性调整是加快转变经济发展方式的主攻方向，必须以改善需求结构、优化产业结构、促进区域协调发展、推进城镇化为重点，着力解决制约经济持续健康发展的重大结构性问题。目前中国经济发展已经到了转型升级的节点，而产业转型升级是经济转型升级的核心。产业转型升级的加快必然需要从业人员结构和素质结构的调整及提升。但是中国目前高等教育层次结构、专业结构、分布结构滞后于产业转型升级的要求，一方面高等教育人才培养难以满足高端产业人力资源需求，延缓了产业升级的进程；另一方面大学生供给与劳动力市场需求不协调带来结构性失业。将产业转型升级、劳动力市场、高等教育、大学生就业结合起来，以探寻高等教育改革的目标机制，进而为推进产业转型升级和促进大学生就业提供动力支持，具有重大的现实意义。

第一节 研究背景与研究意义

一 研究背景

关于产业转型升级的概念目前尚无明确定义，一般是指促进产业间的协调发展、改善产业内部结构、提高技术和管理水平等。[1] 加快转变经济发展

---

[1] 薛中元：《山西省产业转型升级与职业技术教育结构的关系》，硕士学位论文，首都经济贸易大学，2017，第 21~28 页。

方式，推动产业结构优化升级是中国经济工作的主要任务之一。当今世界正处于大发展、大变革、大调整之中，中国产业发展面临的环境更加复杂，产业转型升级的紧迫性越来越强，推动产业转型升级已成为中国经济发展的战略性选择。

（一）国际经济形势变动对产业转型升级提出了新要求

国际金融危机爆发后，发达国家纷纷提出"再工业化"战略，继续以核心技术和专业服务牢牢掌控全球价值链的高端环节，对中国提升产业层次、发展先进制造业形成巨大压力；同时，一些发展中国家利用其低成本优势，加紧与中国在传统国际市场展开竞争。中国面临着发达国家抢占战略制高点和发展中国家抢占传统市场的双重压力，这迫使中国企业不断进行产业升级与技术引进。从国内来看，劳动力、土地、燃料动力等生产要素价格持续上升，对优化产业结构形成了"倒逼"机制。中国需要统筹利用好国内、国际两个市场，充分发挥区域资源优势，把产业转型升级作为促进区域协调发展的重要支撑，依靠科技进步，提高资源利用效率，把产业做大、做强、做精，以应对国际经济挑战。今后一段时期，应不断拓展市场配置资源的深度和广度，日益扩大对外经济技术交流合作，不断完善开放型经济体系，使经济体制活力显著增强。健全与科学发展要求相适应的体制机制也需要中国加快产业转型升级的步伐。

（二）产业转型升级下劳动力市场供需变动加快

近年来，中国经济发展的重心已逐渐由总量提升向内涵发展转变。产业转型升级进程的不断加快，推动着中国新型劳动力市场的形成与发展。与此同时，新型劳动力市场的形成也影响着中国的产业转型升级。因此，研究产业转型升级与新型劳动力市场形成之间的逻辑关系，具有重要的理论意义与现实意义。新型劳动力市场中的供给和需求对象都在快速地发生变化，这种供需对象的变化速度超过了任何一个时期劳动力市场的变化速度。迫切需要针对新型劳动力市场的动态变化与需求进行分析与测算，分析产业转型升级对新型劳动力市场的影响机理，进而掌握产业转型升级与新型劳动力市场形成的理论关系与逻辑关系。

（三）产业转型升级下大学生就业压力依然较大

国家统计局和教育部发布的数据显示，2017 年全国在校大学生人数共计 2695.8 万，应届大学毕业生 795 万，普通本专科新招收大学生 748.6 万，全国拥有大学教育程度人口数共计 1.9593 亿。2001～2016 年，全国每年毕业大学生数量呈现持续增长的态势（见图1－1）。

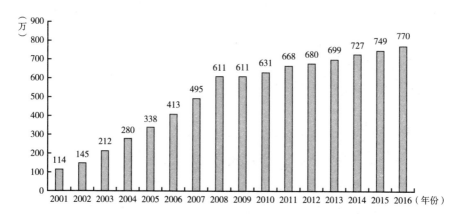

图 1－1　2001～2016 年普通高等教育大学毕业生人数

资料来源：《中国教育统计年鉴》（2002～2017 年）。

大学生的就业形势也因毕业生人数的逐年增多而变得越来越严峻。通过分析大学生毕业后的主要去向，可以看出大学生就业形势之严峻。一是就业门槛越来越高。越来越多的大学毕业生选择应聘国有企业、民营企业和外资企业，导致这些企业的门槛越来越高，设定的招聘条件如"985""211"高校、英语六级、户口限制等，都让很多大学毕业生望而却步，虽然他们中有很多优秀者。二是供求比继续上升。据国家公务员考试网统计，中央机关及其直属机构 2017 年度公务员招考网上报名情况，共有 148.63 万人通过了用人单位的资格审查，较上年的 139.46 万人增加了 9.17 万人，同比增加了 6.58%。本次招录共有 120 多个中央机关及其直属机构和参照公务员法管理的单位参加，计划招录 2.7 万余人，招录人数与 2016 年基本持平。报考与录用比例高达 51.6:1，由此可见，报考公务员和事业单位的就业竞争压力也非常巨大。三是继续深造人数增多，部分大学生由于没有找到合适的工作选择继续深造。据教育部统计数据，2018年在考研招收名额没有明显增加的情况下，考研报考人数达到238万，较2017年的报考人数201万增加了37万，增长18.41%。当然这里还不包括有一小部分大学毕业生选择出国深造。四是灵活就业、参军入伍和无业人员增加。近年来选择失业在家、参军、自主创业等的大学生有所增加。这一部分大学生虽然暂时躲避了就业，但是在未来还是要面临就业这个难题。也会跟下一批毕业的大学生争夺就业岗位。因此可以说中国的大学生就业会面临长期的压力。

（四）产业转型升级下高等教育面临结构性问题

当前中国产业结构调整进入加速期，这个时期也将会对劳动力市场的供需产生影响。随着工业化和城市化的推进，第一、第二产业产值比重不断下降，第三产业产值比重不断提高，这种调整将为大学毕业生就业提供更多机会。同时在产业升级过程中，低端服务业、低端制造业的逐渐被淘汰，高端服务业、高端制造业发展的不断推进，导致传统劳动力市场上对劳动力需求出现了差异性和选择性。由于就业市场人才需求的变化，各专业的就业率呈现一定变化趋势。随着信息技术产业对大学生的需求增加，"软件工程"专业在沉寂多年后"华丽逆袭"，成为2016届本科毕业生就业率最高的专业。同时，在产业转型升级的背景下，传统制造业面临挑战，对工科毕业生的就业产生明显影响。从专业上看，大学的专业设置与产业结构发展不协调。在中国产业结构调整进程中，大学生所接受的专业培养并没有及时进行相应调整，因此出现了热门专业失业现象。《2017年中国本科生就业报告》显示，2016届大学毕业生的工作与专业相关度为66%，其中2016届本科毕业生的工作与专业相关度为70%，仍然有30%的本科毕业生毕业之后从事与专业不相关的工作。

二 研究意义

从产业转型升级对劳动力市场、高等教育和大学生就业影响的相关研究中，可以查找出中国长期结构性失业问题的原因，为缓解劳动力市场压力和调整高等教育政策提供借鉴意义，有利于促进经济平稳快速发展、推进高等教育改革、促进教育与经济社会协调发展。

（一）促进经济发展

当前中国处在产业转型升级的加速推进时期。在农业方面，农业生产机械化率提高，向集约型农业发展，致使农村劳动力严重过剩；第二产业在去产能背景下，对技术型、应用型人才需求增加，但是传统劳动密集型产业对劳动力需求大大降低；第三产业却长期存在用工荒现象。这都是产业转型升级和劳动力市场不协调的结构性问题。因此产业转型对劳动力市场、大学生就业的影响研究，对解决该问题具有重要指导意义，有助于缓解就业压力、促进大学生充分就业和满足产业转型升级的人才需求，进而促进中国经济稳步发展。

（二）推进高等教育改革

产业转型升级的大背景下，劳动力的供给已经不再适应经济的发展。现有高等教育体制培养出的大学生不能很好地适应产业转型升级对于新型劳动力的需求。中国地方高校在办学过程中出现严重的办学模式趋同和办学规模攀升现象。在办学层次上，追求将学校由中专变为大专，大专升为本科，学院变成大学；在办学类型上，高等职业学校想变成普通高等学校，教学型和教学研究型院校想变成研究型大学；在办学规模上，追求学校规模大，追求学科、专业门类齐全；在办学目标上，追求高水平、研究型、综合性、国际化、世界知名、国内领先等。随着地方经济发展对人才的需求越来越多样化，职业型、技能型人才成为地方经济发展之急需，而地方高校单一的办学模式无法满足区域经济社会多样化的发展要求。[①] 高等教育只有以市场需求为导向，提前调整政策，才能及时为社会输送急需的人才。高等教育改革不能仅是专业设置、教学内容的改革，而应该是整个高等教育体制的改革，应该包括教育模式、教育内容、专业设置等全方位的改革，以适应产业转型升级对人才的需求。

---

① 张应强：《地方高校发展与高等教育政策调整》，《高等教育研究》2008 年第 9 期，第 7 ~ 15 页。

(三) 促进教育与经济社会发展相协调

教育的目的就是为国家的经济社会发展培养人才。如果说高等教育培养出的大学生不能适应经济社会发展的需求，或者说培养出的大学生不是经济社会发展所需要的人才，那么教育就失去了意义。这样的高等教育将会面临生存和发展的困难。要实现教育与经济社会发展相协调，教育就要为经济社会发展培养所需要的人才。一方面要改变大学生知识结构，以适应经济社会发展的需求，并以此来促进经济社会发展；另一方面要加快经济社会发展和创新型国家建设，为大学生提供更多的就业空间。本书通过研究教育与经济社会协调发展机制，探究其制约因素，以期实现教育与经济社会发展相协调。

第二节　基本概念界定

一　产业转型升级

产业转型升级即产业结构高级化，从低附加值向高附加值、从高能耗高污染向低能耗低污染升级转化，产业向更有利于经济社会发展的方向发展。产业转型升级的关键是技术进步，在引进先进技术的基础上，消化吸收先进技术，并加以研究、改进和创新，建立属于自己的技术体系。政府必须确立完善的行政法规对其加以引导，同时也需要资金和政策上的支持，需要把产业转型升级与职工培训、再就业相结合，使劳动力市场结构能够适应产业结构的进步。

目前，中国许多地区都在大力推进产业转型升级，并取得了积极进展，但也存在一些误区，如一些地方认为转型升级就是淘汰传统产业，尤其是淘汰一些夕阳产业转而发展新兴产业，在"羊群效应"驱使下许多产业盲目转型。发展新兴产业当然是产业转型升级的重要途径，但不是唯一途径。

事实上，产业转型升级中的"转型"，通常指的是支柱产业的转换，衡量的标准可以是三次产业比例的变化，也可以是产业投入要素的密度和比例的变化。其本质是原有要素在变化环境下的一种重新组合，是产出结构、技术结构和产业组织的变动，是经济发展的一个过程和一种质的飞跃。其核心是转变经济增长的"类型"，即把高投入、高消耗、高污染、低产出、低质量、低效益转变为低投入、低消耗、低污染、高产出、高质量、高效益，把粗放型经济增长转变为集约型经济增长。产业转型升级中的"升级"，既包括产业之间的升级，如在整个产业结构中由第一产业占优势比重逐步向第二、第三产业占优势比重推进，也包括产业内的升级，即某一产业内部的加工和再加工程度逐步向纵深化发展，实现技术集约化，不断提高生产效率。当然，不管是转型还是升级，其最终目标都是产业的资源消耗和环境污染更少、产出的利润更高。

　　本书借鉴苏东水的方法，[①] 将产业转型升级进一步划分为三个层次：一是产业发展，即产业生产规模整体扩大，产值水平不断提升；二是产业结构升级，三次产业构成实现从第一产业为主到第二产业为主再到第三产业为主的升级转变过程；三是产业价值链升级，即实现价值链中生产环节由低附加值向高附加值的转移，从而提高技术效率和劳动生产率。本书中的产业转型升级与产业升级概念通用，采用三个层次划分法，研究产业转型升级对大学生就业的影响，具体影响路径如图 1-2 所示。

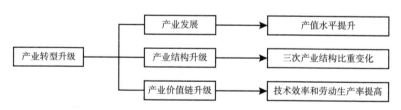

图 1-2　产业转型升级的三个层次

二　产业结构

　　"结构"一词起初应用于自然科学领域，产业结构的概念被引入经济领域始于 20 世纪 40 年代。产业结构也称作国民经济的部门结构，是指国民经

---

　　①　苏东水：《产业经济学》，高等教育出版社，2015，第 20~25 页。

济各产业部门之间以及各产业部门内部的构成。即产业结构是指农业、工业和服务业在一国经济结构中所占的比重。产业结构的变化一方面为某些企业带来良好的市场机会，另一方面会对某些企业带来生存的威胁。通常在经济成长的过程中，服务业的重要性会与日俱增，服务业的比重会不断提高，服务业从业者有较大的市场机会。产业结构包括产业结构本身以及技术结构、产业布局、产业组织、产业链五个要素。目前多数学者比较认同的说法是，产业结构是各个产业在其经济活动过程中以提升资源配置效率为目的所形成的技术经济联系及其联系方式，以及由此表现出来的外在比例关系。①

在经济研究和经济管理中经常使用的产业分类方法主要有两大部类分类法、三次产业分类法、资源密集程度分类法与国际标准产业分类法。两大部类分类法就是按生产活动的性质及其产品属性对产业进行分类，按生产活动的性质，把产业部门分为物质资料生产部门和非物质资料生产部门两大领域。前者指从事物质资料生产并创造物质产品的部门，包括农业、工业、建筑业、运输邮电业、商业等部门；后者指不从事物质资料生产而只提供非物质性服务的部门，包括科学、文化、教育、卫生、金融、保险、咨询等部门。三次产业分类法是根据社会生产活动历史发展的顺序对产业结构进行划分。产品直接取自自然界的部门称为第一产业，对初级产品进行再加工的部门称为第二产业，为生产和消费提供各种服务的部门称为第三产业。这种分类方法成为世界上较为通用的产业结构分类方法。资源密集程度分类法是按照各产业所投入的、占主要地位的资源的不同为标准来划分的。根据劳动力、资本和技术三种生产要素在各产业中的相对密集度，把产业划分为劳动密集型产业、资本密集型产业和技术密集型产业。国际标准产业分类法使不同国家的统计数据具有可比性，为此联合国颁布了《全部经济活动的国际标准产业分类》（ISIC），现在通行的是1988年第三次修订本。这套国际标准产业分类法将经济活动分为 A ~ Q 共 17 个部门，其中包括 99 个企业类别。这 17 个部门为：A. 农业、狩猎业和林业，B. 渔业，C. 采矿及采石，

① 苏东水：《产业经济学》，高等教育出版社，2015，第 35 ~ 39 页。

D. 制造业，E. 电、煤气和水的供应，F. 建筑业，G. 批发和零售、修理业，H. 旅馆和餐馆，I. 运输、仓储和通信，J. 金融中介，K. 房地产、租赁业，L. 公共管理和国防，M. 教育，N. 保健和社会工作，O. 社会和个人的服务，P. 家庭雇工，Q. 境外组织和机构。本书采用中国 2002 年修订的相关行业分类与代码的划分标准，将产业类型划分如下（见表 1 - 1）。

表 1 - 1　中国产业类型划分

产业类型	行业类型
第一产业	农林牧渔业
第二产业	采矿业，制造业，电力、燃气及水的生产和供应业，建筑业
第三产业	批发和零售业，交通运输、仓储和邮政业，住宿和餐饮业，信息传输、计算机服务和软件业，金融业，房地产业，租赁和商务服务业，科学研究、技术服务和地质勘查业，水利、环境和公共设施管理业，居民服务和其他服务业，教育，卫生、社会保障和社会福利业，文化、体育和娱乐业，公共管理和社会组织

资料来源：《国民经济行业分类与代码》（GB/T 4754 - 2002）。

三　新型劳动力市场

新型劳动力市场，即新时代下的劳动力市场模式。中国经济已由高速增长阶段转向高质量发展阶段，推动经济发展的动力机制也正由主要依靠增加物质资源消耗、依靠要素投入拉动增长的规模速度型粗放增长转变为主要依靠技术进步、改善管理和提高劳动者素质实现的质量效率型集约增长。转变发展方式、优化经济结构、转换增长动力已成为经济社会发展的重中之重，劳动力资源作为支撑中国经济转型增长的核心要素，其地位越发凸显。劳动力市场是劳动力资源配置的决定性机制，因此，传统劳动力市场在新环境下的运行效果和运行效率将面临重大挑战。

近些年，中国劳动力市场总体态势保持稳中有进，取得了较好的发展成效。但同时随着产业结构的优化升级、人口流动性的增强，劳动力就业从改革开放以来供过于求的"打工潮"，转变成了劳动力总量压力依然巨大的就业结构性矛盾，这显示劳动力市场的供给与需求出现了矛盾。针对劳动力结构性短缺的问题，党的十八届五中全会提出加强对灵活就业、新就业形态的支持。从"十二五"规划开始，中国就确立了就业优先战略。实施就业优先战略，要求在制定经济发展规划、调整产业结构和产业布局时，优先考虑扩大就业规模、改善就业结构、提高就业质量。经济新常态下转方式、调结构、换动力持续推进，"去产能"导致东北老工业基地、山西、内蒙古等资源密集型地区稳定就业压力较大，大量职工存在下岗失业风险；高校毕业生规模持续扩大，青年劳动力失业问题更加突出。全面建成小康社会已进入决胜阶段，大量农村贫困劳动力亟待向新型就业市场转移，这就需要为农村人口创造适当的培训教育机会，以及提供更多合适的就业岗位。同时，在经济发展进入新常态的今天，劳动力市场所提供的新的就业形态使工作模式更为多样化。因此，中国劳动力市场在新时代的复杂性和多元性决定了劳动力市场的运行效率和效果还有很大的提升空间。

四　大学生就业

根据国际劳工组织的定义，就业是指在法定年龄内的有劳动能力和劳动意愿的人们所从事的为获取报酬或经营收入而进行的活动。在中国，通常将16~60周岁定义为法定劳动年龄。大学生就业是指有劳动能力和劳动意愿的大学毕业生从事获得报酬或者收入的活动，按照国际通用标准，包括正在从事和正在寻找各种职业的大专及以上学历的毕业生。为了便于统计大学生就业人数，本书的大学生就业人群特指已经从事工作的大学毕业生。在此需要特别说明的是，为了叙述的简洁性，本书没有严格区分"大学生"和"大学毕业生"这两个词语，本书中的"大学生"均指的是"大学毕业生"。

就业结构和就业数量是衡量一个国家和地区经济发展水平的重要指标，就业结构是根据产业、地区和性别等因素划分的就业构成及相关关系的总称。[①] 本书的就业结构特指三次产业就业人数构成，大学生的就业结构指的是学历在大专及以上的高校毕业生在三次产业间的就业构成。

---

① 田洪川：《再谈经济增长对就业需求的影响》，《生产力研究》2013年第5期，第11~13页。

就业数量指的是在一定地区和时期内，为了获取维持生存发展的物质生产资料而从事劳动活动的就业人口总数。本书中的大学生就业数量指的是已经从事工作的大专及以上高校毕业生的就业人数，不包含正在寻找而尚未参加工作的大学毕业生。产业转型升级所带来的产业发展、产业结构变动以及产业在不同地区间转移，将会影响大学生的就业数量和就业结构，本书中的大学生就业其内涵包括数量和结构两个方面。

第三节　研究方法

在产业转型升级背景下对高等教育和大学生就业的相关研究是一个较为复杂的问题，涉及产业结构的优化升级、人力资本的提升、劳动力供给、劳动力结构等问题，本书在进行相关问题的研究时主要采用了以下研究方法。

一　定性分析与定量分析相结合

在研究产业转型升级对高等教育、大学生就业的影响时采用定性分析与定量分析相结合的方法。选择这种方法是因为，定性分析可以较为全面地对产业优化升级背景、高等教育发展状况、大学生就业之间的关系进行研究。相较于定性分析与定量分析相结合的方法，仅用定性分析或仅用定量分析具有一定的局限性。本书分析中国产业发展趋势时，对产业结构与经济发展水平相关性进行分析，对产业发展趋势进行预测。在进行产业转型升级对大学生就业影响的实证分析时，运用 2007～2016 年中国省际面板数据，构建大学生就业弹性模型，并估计中国大学生长期和短期就业弹性，对中国地区间大学生就业弹性差异进行分析。通过定量分析使数据的处理更加标准化、科学化，可以有效地支撑定性分析结论。

二　静态分析与动态分析相结合

本书采用了静态分析与动态分析相结合的方法。静态分析即通过研究产业产值现状、大学生就业结构现状、产业结构区域发展现状、产业链现状、科技创新产业现状等内容来探究研究内容是什么的问题。动态分析是指根据对历史信息的收集来对未来的发展趋势进行预测。本书通过对产业结构与经济发展水平进行相关性分析来预测中国产业发展趋势。这种对于产业发展趋势的预测可以为产业转型升级背景下大学生劳动力的优化配置提供重要的参考依据，也为产业转型升级背景下高等教育改革路径的提出提供支撑。

三 国内研究与国际比较相结合

西方发达国家在产业发展模式转变的过程中，先于中国经历了从劳动密集型产业向资本密集型产业和技术密集型产业的转变过程。劳动力资源配置、教育体制的改革也先于中国发生。因此，西方发达国家的产业转型升级中就业培训与高等教育改革的相关研究和理论都可以为中国在相关领域的科研与实践提供参考。本书在研究大学生就业结构等方面时与西方国家进行对比，通过对现状进行对比分析可以完善已有结论。

第四节 研究技术路线

本书主要以产业转型升级背景下劳动力市场变化、高等教育改革、大学生就业为研究对象，构建函数模型，就产业转型升级对大学生就业的影响进行实证分析。并用定量分析方法对中国产业发展趋势进行预测。本书的研究思路主要包括理论分析、实证分析和对策分析三个部分。理论分析主要是通过梳理产业结构与就业结构协调发展的相关理论、产业结构合理化理论、产业价值链理论、发展经济学二元结构就业理论，并对国内外关于产业转型升级对就业的影响、产业结构变动与就业结构变动协调性问题、开放贸易对就业的影响以及大学生就业的相关文献进行整理，尽可能全面地厘清产业转型升级对大学生就业的影响。实证分析主要是在已有理论分析的基础上，针对中国产业转型升级背景下高等教育发展的现状和问题，对产业转型升级对大学生就业和高等教育的影响进行定量研究，探究产业转型升级对大学生就业和高等教育的影响程度。在理论分析和实证分析的基础上进行对策分析，提出产业转型升级背景下高等教育改革的路径和大学生实现更充分、更高质量就业的对策（见图1－3）。

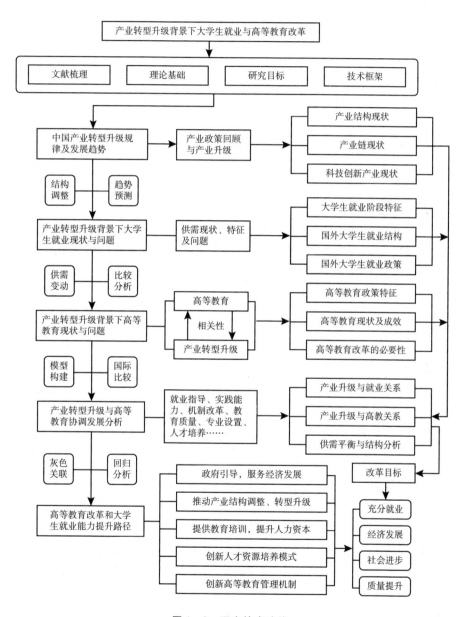

图1－3 研究技术路线

第二章 文献综述与理论基础

近年来，随着产业升级逐步进入实质阶段，从国家经济结构政策到企业产品策略，都围绕着产业升级的话题展开。而打造升级版的中国经济也成为官方和学界的共识。目前关于产业升级对就业影响的主要观点可以归纳为两个方面：一是认为产业升级与就业之间是对立制约的关系，中国不适宜过早开始产业升级，在低水平的供需循环下，产业升级的自动形成是不可能的；二是认为产业升级和稳定就业是可以共同实现的，兼顾"经济增长"和"充分就业"的途径是提高结构变动的协同性，化解就业结构性矛盾，从教育、用工、薪酬制度上进行改革，通过产业升级能够解决就业问题。本章在借鉴已有理论的基础上，探讨中国产业转型升级中大学生就业与高等教育发展规律。

第一节 文献综述

一 产业转型升级对就业的影响研究

（一）技术进步对就业的影响研究

在18世纪，英国古典经济学家亚当·斯密就认为，国家之富在于分工，分工促进经济增长的重要原因是机械的发明，机械的发明提高了劳动生产率。[①] 这

---

① 〔英〕亚当·斯密：《国民财富的性质和原因的研究》，郭大力、王亚南译，商务印书馆，2015，第18页。

段话虽然没有直接说明技术进步对就业的影响，但技术进步无疑历史性地加速了社会分工，在创造更多就业机会方面具有无限潜力。李嘉图认为技术进步可以增加就业，也会造成结构性失业，但他并没有对这个尚难定论的观点给予详尽的解释。[①] 马克思提出了就业补偿理论，认为市场机制能确保产生一个自动的补偿，以抵消节约劳动的技术创新带来的就业损失。[②] 该观点对古典学派的"机器排斥工人"的理论进行了驳斥。英国剑桥大学经济学家安格斯运用索洛模型证明了技术创新导致失业，他认为技术创新总体上会减少就业，使失业人数上升，同时也改变了就业的整体结构。

如今，关于经济增长理论研究的一些观点认为，技术进步对就业的影响主要通过其对经济结构变动的影响来实现：其一是参照技术进步的结果而将其分为过程创新与产业创新两大类；其二则是按照技术进步的发展阶段而将其划分为发明、创新与推广三个阶段。[③] 在第一种研究方法中，我们可以发现技术进步通过两个方面对就业机制产生影响：一是通过提高劳动生产效率，二是通过产品创新。产品创新不仅扩大了人们消费商品的范围，而且因为消费范围扩大，生产范围相应也得以扩张，从而扩大了对劳动力的需求。在第二种研究方法中，我们发现技术进步对就业的影响主要体现在技术创新的扩散速度上。技术创新扩散的速度越快，所导致产业结构的变动也就越快，进而带动的就业结构性变动也会相应加速，即劳动力市场结构不断适应新型产业结构，劳动力供应质量不断提升，劳动者素质也相应快速提高。当然，技术进步不可能保证每一位劳动者都能因接受教育和培训以及对新兴技术的绝对适应而实现充分就业，这种情况所带来的结构性失业，就需要完善社会保障机制来加强社会对结构性失业的承受力。如果一个国家和地区以"人本"思想构建了一整套完善的劳动保障政策，即使当失业大军如洪水猛

---

① 〔英〕彼罗·斯拉法主编、M. H. 多布助编《大卫·李嘉图全集》，郭大力、王亚南译，商务印书馆，2013，第 51～68 页。

② 吴翌琳：《我国技术创新的就业创造机制研究》，《宏观经济研究》2016 年第 1 期，第 21 页。

③ 蒋满园：《技术进步对就业情况的影响分析》，《科技管理研究》2007 年第 1 期，第 33 页。

兽般到来时，社会依然会保持和谐与稳定，人们的幸福不会遭到破坏，也不会对经济社会的发展造成破坏性影响。

（二）产业结构与就业结构协调性的研究

产业部门是劳动者就业的承载体，随着社会分工的日益细化，产业结构也逐渐从低级走向高级，产业转型萌生出的新的就业形式也就随之发生了深刻变化。针对产业结构与就业结构协调发展的相关性，英国古典经济学家威廉·配第（W. Petty）[1] 和科林·克拉克（C. Clark）[2] 共同提出了"配第-克拉克定理"，并对 40 多个国家和地区在不同时期三次产业的劳动投入产出资料进行了整理与归纳，总结了随着经济发展和人均国民收入水平的提高，第一产业产值比重和就业比重逐渐下降，第二产业产值比重和就业比重逐渐上升，当经济发展达到一定水平时，第三产业产值比重和就业比重也开始不断提高，劳动力呈现首先由第一产业向第二产业转移，然后再向第三产业转移的演变趋势。美国著名经济学家西蒙·库兹涅茨（S. Kuznets）在研究"配第-克拉克定理"的基础上，将国民收入与劳动力在三次产业间的分布和演化趋势结合起来对就业结构和产业结构的相关性做了更深入的研究，他指出产业结构与就业结构的变动步伐并不完全一致，就业结构的变动，特别是在一定时期内就业结构的变动往往滞后于产业结构的变动，但从长期看二者的变动呈现一致性。[3] 美国经济学家刘易斯（W. A. Lewis）首次提出了二元经济结构理论，认为发展中国家在工业化进程中劳动力从传统部门流向现代化部门，导致产业结构和就业结构的同步变化。[4] 美国发展经济学家托达罗（M. P. Todaro）对劳动力从农业部门向工业部门的转移进行了研究，强调了缩小城乡间实际收入差距和发展农村经济对解决城市失业问题的重要性。[5]

---

① 〔英〕威廉·配第：《政治算术》，陈冬野译，商务印书馆，1978，第 68 页。

② C. Clark, *The Conditions of Economic Progress*（London: Macmillan & Co. Ltd., 1940），p. 64.

③ 〔美〕西蒙·库兹涅茨：《各国的经济增长》，常勋等译，商务印书馆，1999，第 55 页。

④ 〔美〕刘易斯：《经济增长理论》，周师铭、沈丙杰译，商务印书馆，1996，第 201~230 页。

⑤ M. P. Todaro, "A Model of Labor Migration and Urban Unemployment in Less Developed Countries," *American Economic Review* 59 (1969): 138－148.

任何一个国家和地区的工业化过程，都是产业结构和就业结构的调整过程。一方面，不同产业对就业的吸纳效应不同，产业结构优化升级必然导致劳动力在产业间的重新分配且就业量扩大；另一方面，就业结构的变动过程通过劳动者的数量、质量和流动变化体现出来，影响需求结构，进而间接推动产业结构的调整。就业结构的变化会导致劳动者收入结构的变化，进而改变原有的需求结构，当这种变化累积到一定程度时，会促进居民消费升级，消费者对产品需求趋于多元化、个性化，这最终会导致产业结构的变动。①

（三）开放贸易对就业的影响研究

1776 年亚当·斯密在其发表的《国富论》一书中就提出绝对成本学说，他认为，各国按照绝对成本的高低进行分工，就必然使各国的生产要素从低效率产业流入高效率产业，从而实现资源合理配置和产业结构优化。1817年李嘉图在其发表的《政治经济学及赋税原理》一书中，在斯密的绝对成本学说的基础上，强调了国际分工，以此来获得比较优势和资源的优化配置。瑞典经济学家俄林在《区际贸易与国际贸易》一书中进一步提出著名的要素禀赋论。他认为比较成本差异产生的原因在于生产要素禀赋差异，因此各国应生产自己得天独厚、独具优势的产品，通过自由贸易重新分配各国生产要素，以实现国际商品价格的均等化。此理论是对比较成本学说的完整表述。②

开放贸易下的产业升级与产业在价值链上的空间转型、技术研发与创新能力的变化都有很强的相关性。全球价值链是指在全球范围内为实现某种商品或服务的价值而连接产品设计、开发、生产制造、营销及售后服务等全过程增值活动的跨国跨企业网络组织。③ 随着技术水平的提高，生产过程的分工越来越容易进行，从而促进了各个国家和地区间的分工协作，其中通信技

---

① 卫平、任安然、李健：《中国产业结构和就业结构的关系研究——基于协调性和冲击性视角分析》，《经济问题探索》2015 年第 11 期，第 57～59 页。
② 〔瑞典〕伯特尔·俄林：《区际贸易与国际贸易》，逯宇铎译，华夏出版社，2013，第 112～119 页。
③ 唐东波：《贸易开放、垂直专业化分工与产业升级》，《世界经济》2013 年第 4 期，第 47～68 页。

术手段的进步与革新使区域分工的信息互动与交流的成本大大削减；关税和运输成本的降低，极大地推进了垂直专业化贸易的发展，使许多国家在某一产品的创新生产过程中都能充分发挥自身优势和禀赋，积极地投身国际分工协作。

在开放贸易下的产业升级过程中，劳动力市场也出现了明显的变化，在2008年国际金融危机的冲击下，各国开放贸易出现了不同程度的放缓，就业市场压力也逐渐增加。尤其是对于中国以加工贸易为主的企业和那些严重依赖外资的产业部门，就业形势变得更为严峻。在开放贸易的背景下，产业升级可以为社会提供创造动力，使企业更多地关注劳动力质量的培育，而优质的就业岗位不仅为高质量的劳动力充分发挥人力资本优势提供了机会，也为处在全球产业链低端的企业不断转型升级提供了可能性。

二　大学生就业问题的研究

（一）基于供给–需求视角的研究

从供给–需求视角分析大学生就业问题一直是学术研究的主流，其较好地阐释了高校毕业生整体就业状况和收入状况的长期变化。卡茨（L. F. Katz）和墨菲（K. M. Murphy）的研究发现，欧美发达国家20世纪70年代出现的大学生就业难和大学生工资贴水的下降，主要是由于劳动力市场供给的大量增加。[1] 然而20世纪八九十年代大学生就业状况的好转以及工资贴水的增加，则主要受劳动力市场需求的影响，即技术的飞速发展引致了高素质人才需求的增加，从而缓解了高校毕业生就业难的问题。陈英认为，中国产业结构目前正向知识和技术密集型产业过渡，这种产业结构所对应的人才需求主要是以低端岗位和技术高端岗位需求为主，而大学生的知识能力水平正好与这样的岗位需求错位。[2] 耿献辉认为，中国目前高校毕业生的就业结

---

[1] L. F. Katz, and K. M. Murphy, "Changes in Relative Wages 1963 – 1987: Supply and Demand Factors," *NBER Working Paper*, No. 3927, 1991: 35 – 78.

[2] 陈英：《产业结构调整过程中的动态经济学》，《经济社会体制比较》2007年第6期，第127～132页。

构与国民经济产业结构不相协调，结构偏离度比较大。[①] 黄艳和田辉玉认为，由于劳动力市场针对大学生这一高素质人才群体的岗位需求不足，高校毕业生供给超过市场需求，就业形势严峻成为必然。[②]

从供需匹配角度来看，加布里埃尔·卡杜洛（G. Cardullo）认为，大学生就业难是发展中国家大规模的产业结构转型与劳动力需求结构不匹配，从而导致高校毕业生供给相对过剩，进而引发失业造成的。[③] 赖德胜和李飚从劳动力市场分割的角度分析得出，由于中国劳动力市场并非是充分竞争的，行业、地域、职位等之间都存在严重的分割，大学毕业生跳槽至少面临三种成本：一是工作搜寻成本，二是与工作单位相关的福利和人力资本损失，三是与原单位的交易成本。因此在一定程度上加大了大学生的求职成本。[④] 代懋和王子成从教育匹配、专业匹配和能力匹配三方面测量了就业匹配质量，分析发现就业匹配对大学生的工资和就业稳定性均产生显著影响。同时，在中国大学毕业生中，1/3 教育过度，1/3 专业不匹配，46% 高能低配，人力资本浪费、所学非所用、高能低配等情况日益增多。[⑤] 因此当下大学毕业生就业匹配质量不高，需要建立高效的就业匹配机制，以帮助毕业生实现高质量就业。

（二）基于高等教育视角的研究

从经济学视角来看，保罗（J. Paul）和默多克（J. Murdoch）认为教育过度与大学生失业之间存在着内在关系。[⑥] 姚裕群认为教育过度是造成知识

① 耿献辉：《产业关联与高校毕业生就业效应分析》，《教育与经济》2011 年第 4 期，第 45～51 页。

② 黄艳、田辉玉：《"90 后"大学新生适应性问题及对策》，《学校党建与思想教育》2013 年第 21 期，第 50～51 页。

③ G. Cardullo, " Employment Subsidies and Substitutable Skills: An Equilibrium Matching Approach," *Applied Economics Quarterly* 67（2007）: 375–404.

④ 赖德胜、李飚：《高等教育改革与大学生就业》，《高等教育评论》2015 年第 1 期，第 13～19 页。

⑤ 代懋、王子成：《中国大学生就业匹配质量研究》，《教育发展研究》2014 年第 34 期，第 42～48 页。

⑥ J. Paul, and J. Murdoch, " Higher Education and Graduate Employment in France," *European Journal of Education* 31（2000）: 79–107.

型失业的主要原因，许多发展中国家教育发展速度过快，毕业生供给严重超过社会需求，导致了高校毕业生就业难的问题。[①] 邦德（J. Bound）认为是高等教育本身的问题导致了高校毕业生失业问题膨胀。[②] 查普曼（R. Chapman）和朔姆堡（H. Schomburg）认为是高等教育自身体制僵化，专业设置与市场需求不吻合，从而导致大学生无法满足市场对人才的需求，最终导致人才无法就业以及企业普遍存在大材小用的现象。[③] 范明指出，一些高校过度追求综合化，人才培养规划缺乏特色，教学计划缺乏针对性和层次性，从而难以满足市场对多样性人才的需求。[④]

　　社会上普遍存在高校专业设置滞后于市场需求，集中表现为高校设置了许多市场需求量少的专业，即"夕阳专业"，与此同时还缺乏许多市场需求旺盛的专业，即"朝阳专业"。而且，随着高等教育规模的快速扩张，学科专业设置趋同现象日益严重，人才的供给无法适应产业结构调整的需求，进而制约了产业结构的转型升级。传统的教育模式侧重理论灌输而忽略培养学生的动手能力和实际技术操作能力，导致毕业生难以适应企业对技术型人才的需求，从而出现就业难的困境。郑功成、谭永生认为中国高校扩招与大学生失业并没有直接的关系，他们虽然也认同扩招引致了就业难的问题，但是从发达国家的高等教育发展情况和中国经济发展对高素质人才需求角度来看，大学生就业难问题并不等同于大学生过剩问题，相反，未来需要培养更多的大学生。[⑤] 刘宇舸认为大学毕业生就业难的根本原因是政府

---

① 姚裕群：《我国大学生就业难问题演变与近期发展趋势》，《人口学刊》2008 年第 1 期，第 10 ~ 14 页。

② J. Bound, "Trade in University Training: Cross-State Variation in the Production and Stock of College-Education Labor," *Journal of Economics* 16 (2004): 121.

③ R. Chapman, and H. Schomburg, "Conflicting Signals: The Labor Market for College Educated Workers," *Journal of Economic Issues* 8 (1999): 124 – 131.

④ 范明：《我国大学生就业困难的结构性原因分析》，《高教探索》2009 年第 3 期，第 130 ~ 131 页。

⑤ 郑功成：《大学生就业难与政府的政策取向》，《中国劳动》2006 年第 4 期，第 17 ~ 19 页；谭永生：《我国高校毕业生失业的趋势分析及治理对策》，《中国发展观察》2011 年第 10 期，第 22 ~ 24 页。

对于高等教育的垄断造成了市场的结构性失衡和失灵，高等教育的个人投资回报率难以达到均衡的状态，私人高等教育过高的投资回报率导致高等教育有效供给不足，大学生质量下降。①

（三）基于市场分割视角的研究

赖德胜从市场分割的角度研究了大学生就业的相关问题，他通过工作搜寻理论进行分析，发现大学毕业生就业难的现象在劳动力市场人才短缺的情况下之所以会发生，主要是和产业转型过程中当事人的搜寻行为有关。② 他认为大学毕业生在进行就业选择时面临两个劳动力市场，也就是城镇劳动力市场和农村劳动力市场。因为农村不存在现有劳动力的替代问题，所以大学生到农村就业是不会遇到什么阻碍的，是比较容易的。但是由于工作转换成本较高，城乡收入差距较大，大学毕业生还是愿意在城镇寻找工作。高新技术产业的招聘障碍主要来自招聘的成本，而国有企业的招聘障碍主要来自解聘成本，所以朴志红认为大学毕业生难以找到工作的主要原因是劳动力市场的分割。③

（四）基于人力资本视角的研究

杨国伟从人力资本的角度对大学毕业生的就业问题进行了研究。他认为大学生的就业选择主要是以人力资本退化、人力资本单向流动、直接收益水平、市场选择对人力资本的信号作用等为基础，认为国家在对大学生的就业选择进行调整时，可以通过人力资本投资收益补偿机制来提供外部机制。④ 黄敬宝在人力资本理论视角下提出了就业能力假说，指出影响大学生就业的重要因素之一就是就业能力，并通过对北京某高校调查的实证分

---

① 刘宇舸：《高校毕业生就业难的经济学分析》，《现代经济探讨》2003 年第 6 期，第 20～22 页。

② 赖德胜：《劳动力市场分割与大学毕业生失业》，《北京师范大学学报》（人文社会科学版）2001 年第 4 期，第 69～76 页。

③ 朴志红：《中国大学生就业：劳动力市场分割的视角》，硕士学位论文，东北财经大学，2006，第 26 页。

④ 杨国伟：《江西省农村中职学校生源困境调查和研究》，硕士学位论文，江西科技师范大学，2013，第 14 页。

析，发现就业能力会对就业结果起到决定性的作用。[1] 高校的扩招会引起大学毕业生相对就业能力的下降，学历层次和学科专业的不同也会对就业能力产生影响，进而影响就业结果。

三 产业转型升级对大学生就业影响的研究

(一) 产业结构调整与大学生就业的研究

产业结构布局是国家产业发展战略的重要组成部分，产业结构的优化升级是产业发展过程中由低技术水平、低附加值状态向高技术水平、高附加值状态转变演化的过程，是实现生产要素投入与供给结构的全方位优化升级的过程。在这一过程中要求劳动力逐渐从劳动密集型产业、资本密集型产业向技术密集型产业转移。因此产业结构的优化升级，一方面会刺激大学生的就业需求，另一方面也会带来大学生劳动力素质和产业结构转型不相适应的结构性失业问题。

在产业结构和就业结构宏观关联性研究方面，王军礼指出，中国第一产业就业严重过剩，劳动力转移存在困难；第二产业就业不足，有吸纳就业的能力，但不能作为吸纳就业的主体；第三产业就业潜力还有待挖掘，并且其发展是未来吸纳就业的主要动力。[2] 赵杨和刘延平发现第一产业就业弹性最小，不仅不能吸收劳动力而且排斥劳动力；第二产业吸纳劳动力就业的能力较强，但 1990 年以后，第二产业的高速发展并没有带动相应的就业增长；第三产业在吸纳就业的过程中发挥着越来越重要的作用，是吸纳劳动力就业的主要渠道。[3]

针对大学生结构性失业和就业压力问题，王霆和曾湘泉认为，结构性失业是中国高校毕业生就业的核心问题，也是研究中的薄弱环节和现实中较难

① 黄敬宝：《人力资本和社会资本：大学生就业地区分布的双重驱动》，《青年研究》2008 年第 10 期，第 12～18 页。
② 王军礼：《我国都市产业结构演变规律测度分析》，《生产力研究》2012 年第 1 期，第 181～185 页。
③ 赵杨、刘延平：《我国产业结构与就业结构的关联性分析》，《经济学动态》2010 第 12 期，第 8 页。

解决的深层次问题，如果不能有效将其解决，将会长期影响中国高校毕业生的就业。[①] 田永坡认为产业升级将会对大学毕业生的市场需求产生直接影响。由于各个产业对大学生的需求不一致，大学生在择业上对各产业的偏好也各不相同，当行业对大学生的需求和大学生的择业取向出现不协调时，大学生就业的难度必然会增加。[②] 马廷奇认为，第三产业发展滞后导致吸纳高校毕业生就业人数远远滞后于毕业人数的增长，是高校毕业生就业难的主要原因。[③] 李彬认为产业结构调整必然要通过科学、科技、产品、知识和管理创新的形式表现出来，高校毕业生专业技能只有满足企业创新技术和管理体系的需要才能释放出就业需求。[④]

（二）产值结构变动与大学生就业的研究

产值结构反映了经济社会各行各业企业内部的生产能力和价值创造能力，产值结构的升级反映了产业结构的转型。国内许多学者在已知的研究领域中已经看到各大产业结构和就业结构之间存在很强的关联性，他们大多认为产业结构的转型升级和劳动力就业结构的发展是共进的，即产业升级会带动劳动力就业水平的升迁，就业结构的转型也会促进产业生产水平的发展。

在产值与就业方面，李文星认为，第二产业产值占 GDP 的比重与就业总量之间呈现显著负相关，第三产业产值占 GDP 的比重与就业总量之间存在显著正相关；[⑤] 段敏芳认为中国的就业情况有所恶化，就业弹性未能维持增长的态势，并且较之前情况有所下滑，此时企业发展难以吸纳更多的就业人口。[⑥]

---

① 王霆、曾湘泉：《高校毕业生结构性失业原因及对策研究》，《教育与经济》2009 第 1 期，第 15～18 页。

② 田永坡：《产业结构、工资刚性与大学生就业》，载《2007 年中国教育经济学年会会议论文集》，2007，第 1182～1202 页。

③ 马廷奇：《产业结构转型、专业结构调整与大学生就业促进》，《中国高等教育》2013 第 3 期，第 17～21 页。

④ 李彬：《中国产业结构转换与大学生就业关联性研究》，《中国人口科学》2009 年第 2 期，第 34～43 页。

⑤ 李文星：《产业结构优化与就业增长》，《商业研究》2012 年第 3 期，第 14～24 页。

⑥ 段敏芳：《对产业结构提升与就业关系的研究》，《调研世界》2011 年第 3 期，第 23～27 页。

（三）技术创新与大学生就业的研究

随着知识经济的发展和技术的不断进步，劳动力市场为当代大学生就业选择提供了多样化、新型化的就业平台。技术创新所带来的各行业的产业升级也需要更多高质量的劳动力来弥补产业结构与就业结构之间的落差。

针对技术创新对就业的影响，李嘉图认为，技术创新是一把"双刃剑"，机器会代替劳动，从而造成结构性失业。[1] 就目前的研究来看，以美国经济学家克洛尔（R. W. Clower）为代表的一种观点认为技术创新对就业的影响以直接破坏为主，会导致"技术性失业"；[2] 另一种以经济合作与发展组织为代表的观点认为技术创新在直接破坏就业的同时，通过各种途径能够间接促进就业增加，因而总体上促进就业增长。[3] 到目前为止，这方面研究比较典型的观点主要有：①道格拉斯·诺斯和罗伯特·托马斯、彼得·诺兰和王小强分别运用哈罗德－多马模型、索洛模型证明技术创新总体上减少就业并带来失业人数上升，同时也改变了就业整体结构；[4] ②肖六亿认为，技术创新总体上提高就业水平，也改变就业结构；[5] ③琼斯（D. Jones）认为，技术创新仅改变就业结构，总体上不影响就业数量的变化。[6] 随着新一轮技术革新和产业革命的推进，为新一代大学生营造良好的就业环境、提升劳动力市场的就业结构已迫在眉睫。

---

[1] 〔英〕彼罗·斯拉法主编、M. H. 多布助编《大卫·李嘉图全集》，郭大力、王亚南译，商务印书馆，2013，第18页。

[2] R. W. Clower, "The Keynesian Counter-Revolution: A Theoretical Appraisal," in F. H. Hahn and F. Brechling, eds., *The Theory of Interest Rates* (London: Macmillan Press, 1965), pp. 103 – 125.

[3] OECD: Reviews on Local Job Creation Employment and Skills Strategies in England, United Kingdom (paper represented at the Economic Cooperation, 2015), pp. 26 – 34.

[4] 〔美〕道格拉斯·诺斯、罗伯特·托马斯：《西方世界的兴起》，厉以平、蔡磊译，华夏出版社，2009，第77页；〔英〕彼得·诺兰、〔中〕王小强：《战略重组：全球产业强强联手宏观透视》，文汇出版社，1999，第19页。

[5] 肖六亿：《技术进步的就业效应——基于宏观视角的分析》，人民出版社，2009，第17~28页。

[6] D. Jones, "Technological Change, Demand and Employment," in D. L. Bosworth, eds., *The Employment Consequence of TechnoLogical Change* (London: Macmillan Press, 1983), pp. 82 – 96.

（四）劳动力市场与大学生就业的研究

大学生就业这一难题突出反映在大学生失业的数量和结构上，从市场经济角度出发，解决大学生就业问题离不开高端的人才培养机制和完善的劳动力市场机制。在市场经济背景下，如果没有人才培养机制的创新，大学生的劳动力质量就不能较好地适应劳动力市场需求，结构性失业问题就会困扰着大量的青年劳动力。

马莉萍和岳昌君认为，硕士和博士毕业生几乎全部流入了主要劳动力市场，本科和专科毕业生中的大部分进入了主要劳动力市场，部分流入了次要劳动力市场，但相同学历的毕业生在主要劳动力市场中的收入显著高于在次要劳动力市场中的收入。[①] 吴愈晓发现高学历劳动者群体比低学历劳动者群体更可能而且更早换工作，职业流动的经济回报在主要、次要劳动力市场之间存在明显差异，人力资本因素对经济地位获得的影响具有非常明显的部门差异。[②] 宋林分析了大学生在"次要劳动力市场"的就业困境与"首要劳动力市场"的进入壁垒。[③]

（五）产业转型升级对大学生就业带来的挑战

皮萨里德斯（C. A. Pissarides）、莫特森（D. T. Mortensen）认为产业转型升级对就业的影响主要表现在创造性的破坏效应和资本效应两个方面。[④] 龚玉泉和袁志刚、何仕从理论角度分析了产业转型升级对就业的影响，从短期来看，产业转型升级对就业会产生一定负面效应：由于技术的进步、劳动生产效率的提高，先进生产技术设备对劳动力的替代作用增强，市场对劳动

---

① 马莉萍、岳昌君：《我国劳动力市场分割与高校毕业生就业流向研究》，《教育发展研究》2011 年第 3 期，第 1～7 页。

② 吴愈晓：《劳动力市场分割、职业流动与城市劳动者经济地位获得的二元路径模式》，《中国社会科学》2011 年第 1 期，第 119～139 页。

③ 宋林：《劳动力市场分割下大学生低水平就业的困境解析》，《西北大学学报》（哲学社会科学版）2012 年第 1 期，第 117～123 页。

④ C. A. Pissarides, *Equilibrium Unemployment Theory* (London: Basil Blackwell, 1990), p. 77; D. T. Mortensen, "Technological Progress, Job Creation and Job Destruction," *Review of Economic Dynamics* 156 (1998), pp. 733–753.

力需求减少。① 另外，经济发展方式的快速转变和产业转型升级导致就业结构与经济结构不相协调，因此短期内产业转型升级不会给高校毕业生就业带来新的契机。王义等认为，企业为了适应这种经济社会冲击，在激烈的竞争中，只有不断提高企业核心竞争力才能生存下来，于是在人才需求上更加挑剔苛刻，而出于高等教育自身改革滞后以及产业发展调整等原因，高等教育培养出的高校毕业生难以适应企业需求，会直接导致毕业生失业。② 马廷奇认为，在经济发展模式快速转型和产业技术升级加速的背景下，专业人才供给难以满足产业升级需求，进而造成大量高校毕业生失业。③

（六）产业转型升级对大学生就业带来的机遇

产业转型升级对就业也具有一定的正向效应。刘瀑、葛雨飞从理论角度论述了产业转型升级对就业产生的积极作用，劳动力转移对服务业发展具有很大的促进潜力，将会促进产业结构与就业结构的协调发展，最终使就业在总量和质量上得到提高。④ 段敏芳认为，当前中国经济增长带来的低就业效应，应当归结于产业结构不尽合理和产业内部结构水平不高，从而可以得出产业结构升级可促进经济增长的就业效应，尤其是第三产业的发展可以带来更多的就业机会。⑤ 李付俊和孟续铎提出劳动力在不同产业间转移，尤其是向第三产业转移，将会极大地激发服务业的发展潜力，从而提升中国产业结构与就业结构的协调性，最终将有利于就业数量的增加和就业质量的提高。⑥

---

① 龚玉泉、袁志刚：《中国经济增长与就业增长的非一致性及其形成机理》，《经济学动态》2002 年第 10 期，第 35～39 页；何仕：《大学生就业中"北漂""啃老"现象的经济学分析》，《福建论坛》（人文社会科学版）2014 年第 3 期，第 159～163 页。

② 王义、周红、胡晓霞、张菊霞：《浅析我国经济结构调整对大学生就业的影响》，《宁波职业技术学院学报》2010 年第 14 期，第 55～58 页。

③ 马廷奇：《产业结构转型、专业结构调整与大学生就业促进》，《中国高等教育》2013 年第 3 期，第 56～59 页。

④ 刘瀑：《中国经济增长、产业发展与劳动就业的耦合机理分析——基于 VAR 模型的动态实证分析》，《经济问题》2010 年第 4 期，第 24～29 页；葛雨飞：《就业结构对经济增长的影响》，《现代商业》2010 年第 14 期，第 170～171 页。

⑤ 段敏芳：《对产业结构提升与就业关系的研究》，《调研世界》2011 年第 3 期，第 23～27 页。

⑥ 李付俊、孟续铎：《我国产业转型升级下的高校毕业生就业——研究回顾与展望》，《人口与经济》2014 年第 6 期，第 91～101 页。

还有一部分学者从产业发展角度对此类问题进行研究。王义等以及王海滨认为，产业结构的转型升级会为高层次的高校毕业生提供大量就业岗位。对高素质人才而言，第三产业具有很强的就业吸纳能力，尤其是民营经济的快速发展，对大学生就业的促进作用十分明显。[①] 虽然产业转型升级会对高校毕业生就业带来一定压力，但产业转型升级是国家经济发展形势所需，也是世界上每一个国家经济发展所必须经历的过程，而且从长期来看，产业转型升级有利于促进产业结构与就业结构协调发展，使劳动力市场结构趋于合理化。因此，产业转型升级在一定程度上增加了大学生就业数量，提高了就业质量。

第二节　理论基础

一　产业结构与就业结构协调发展理论

（一）配第－克拉克定理

产业结构理论的思想起源于17世纪，产业结构理论可根据是否考虑外贸因素对产业结构的影响，分为封闭型产业结构理论和开放型产业结构理论。针对产业结构与就业结构的相关性研究，英国古典经济学家威廉·配第和科林·克拉克共同提出了"配第－克拉克定理"，并对40多个国家和地区在不同时期三次产业的劳动投入产出资料进行了整理与归纳，总结了随着经济发展和人均国民收入水平的提高，第一产业产值比重和就业比重逐渐下降，第二产业产值比重和就业比重逐渐上升，当经济发展到更高水平时，第三产业产值比重和就业比重也开始不断提高，劳动力首先由第一产业向第二产业转移，然后再向第三产业转移。配第－克拉克定理表明，经济发展水平越高、人均收入水平越高的国家，农业劳动力数量占劳动力总量的比重相对

---

① 王义、周红、胡晓霞、张菊霞：《浅析我国经济结构调整对大学生就业的影响》，《宁波职业技术学院学报》2010年第14期，第55～58页；王海滨：《新农村建设与农村创业培训模式的构建》，《现代教育论丛》2006年第4期，第61～63页。

来说就越小，工业和服务业劳动力数量占劳动力总量的比重相对来说就越大。反之在人均收入水平越低的国家，农业劳动力数量所占的比重就相对越大，第二和第三产业劳动力数量所占的比重就相对越小。

配第－克拉克定理有三个重要条件：第一，该定理涉及了三次产业分类法，在该基本框架下，将一个国家的全部经济活动划分为第一产业、第二产业和第三产业，在这一划分方法下，不仅可以比较一个国家中劳动力在各产业的分布情况，也可以分别比较不同经济发展水平的国家之间的劳动力在各产业中的相对比重；第二，这一定理采用了动态分析方法，是以所考察国家随着时间的推移所发生的变化为依据的，比较了不同人均国民收入水平下的劳动力分布情况；第三，该定理是以劳动力这一指标来分析产业结构演变规律，定理所考察的对象是劳动力在各产业中的分布情况。配第－克拉克定理的出现表明经济分析已经渗透到产业结构层次，并且在一定程度上说明了产业结构与就业结构之间的关系。

（二）库兹涅茨法则

进入 20 世纪 70 年代后，美国经济学家库兹涅茨在继承前人的基础上进一步从劳动力结构和部门产值结构两个方面，对人均产值与结构变动的关系做了更为彻底的考察。早在 1941 年，他在《国民收入及其构成》中就阐述了国民收入与产业结构间的重要联系。他通过对大量历史经济资料的研究得出重要结论，即库兹涅茨产业结构理论：随着现代经济增长，国民经济各产业不论是产值结构还是劳动力结构都会发生变化；政府消费占国民生产总值的比重趋于上升，个人消费比重趋于下降。在该理论中，他把克拉克单纯的"时间序列"转变为直接的"经济增长"概念，即在人均产品一定或增加的情况下人口持续增加。同时，人口与人均产品双方的增加缺一不可，而所谓持续增加，是指不会因短期的变动而消失的大幅度提高。而后，他将产业结构重新划分为农业部门、工业部门和服务部门，并使用了产业的相对国民收入这一概念来进一步分析产业结构，由此使配第－克拉克定理的地位在现代经济社会更趋稳固，并指出产业结构变动受到人均国民收入变动的影响。人们将这种变动规律称为库兹涅茨人均收入影响论。从工业化发展阶段来看，产业结构的演进历经了五个时期，如表2－1所示。

表 2－1 工业化过程中第一、第二、第三产业的演变规律

产业	前工业化时期	工业化初期	工业化中期	工业化后期	后工业化时期
第一产业	主导地位	比重下降	—	—	—
第二产业	有一定发展	较大发展	第一位	逐渐下降	—
第三产业	几乎为零	一定发展	逐渐上升	快速增长	产业知识化

（三）霍夫曼经验法则

与克拉克同时代的德国经济学家霍夫曼对近 20 个国家在 1880～1929 年消费品工业和固定资本比重的数据进行了归纳，尤其是对重工业化问题进行了开创性研究。霍夫曼指出，工业化过程中各工业部门的成长率并不相同，因而形成了工业部门间的特定的结构变化，而且具有一般倾向。经研究发现，各国工业化虽然进行的时间早晚不同且发展水平各异，但都表现出一个共同趋势，即固定资本净产值在整个工业净产值中所占份额稳定上升，并呈现大体相同的阶段性质。他提出了被称为"霍夫曼经验法则"的工业化阶段理论，并用"消费品工业净产值/资本品工业净产值"这一指标将工业化划分为四个阶段，[①] 工业化发展所经历的四个阶段对应的霍夫曼比例如表2－2所示。

表 2－2 霍夫曼工业化阶段及霍夫曼比例

项目	第一阶段	第二阶段	第三阶段	第四阶段
霍夫曼比例	5∶1	2.5∶1	1∶1	<1

（四）钱纳里－赛尔昆就业结构理论

在《发展的型式：1950～1970》一书中，钱纳里与赛尔昆研究了不同

---

① 杨治：《产业经济学导论》，中国人民大学出版社，1985，第 59～61 页。

经济发展阶段中劳动力转移与经济发展水平之间的关系。① 他们选择了 27
个变量所定义的 10 个基本过程来描述经济发展中结构转换的一般过程，进
行了大量数据分析和处理，得出了"多国模式"。对于劳动力就业结构的转
变，"多国模式"表明，农业劳动力所占比重随着人均国民收入水平的提高
而快速下降，而工业和服务业劳动力所占比重会明显上升。这是各个国家
经济发展过程中出现的一种共同趋势。另外，"多国模式"也表明就业结
构转换存在滞后，即发展中国家在经济发展过程中，产值结构转换普遍先
于就业结构转换。在发展中国家，现代部门对劳动力的需求弹性较低，农
业的剩余劳动力首先被吸纳到那些劳动密集型的、技术不太先进的工业部
门，而不可能一开始就被吸纳到采用最新技术的现代工业部门。当劳动力
供给出现减少时，工资开始上涨，人均收入开始增长，虽然现代部门的比
重已经占据主导地位，但是农业劳动生产率和技术水平没有达到相应的水
平，从而出现产业结构与就业结构的不协调。钱纳里－赛尔昆的就业结构
转换滞后理论表明，投资和技术进步主要集中于工业和服务业部门，而剩
余劳动力则主要集中在农业部门。这一理论的提出具有重要的现实意义，
如果就业结构转换滞后的时间过长，不但会造成比较严重的失业，也不利
于产业结构新一轮的调整和升级。这说明准确测算就业结构转换滞后时间
对于解决产业结构与就业结构之间的协调性问题具有重要意义。

二 产业结构合理化理论

（一）产业结构合理化的内容

产业结构合理化主要是指产业与产业之间协调能力的加强和关联水平的
提高，协调是产业结构合理化的中心内容。产业结构的协调不是指产业之间
的绝对均衡，而是指产业之间有较强的互补和谐关系和相互转换能力。产业
间是否处于协调状态，一般可以从以下几个方面进行观察和分析。② 一是产

---

① 〔美〕霍利斯·钱纳里、莫伊思·赛尔昆：《发展的型式：1950～1970》，李新华、徐公里、
迟建平译，经济科学出版社，1988，第 51 页。
② 苏东水：《产业经济学》，高等教育出版社，2015，第 60～70 页。

业素质之间是否协调，即相关产业之间是否存在技术水平的断层和劳动生产率的强烈反差。如果存在断层和强烈反差，则产业之间就会产生较大的摩擦，表现为不协调。二是供给和需求是否相适应。在需求正常变动的前提下，产业结构的协调将使其具有较强的适应性和应变能力，即通过自身结构的调整适应新的需求变动，使供给和需求之间无论是数量上还是结构上的差距都逐渐缩小，并且使供需之间的矛盾弱化。相反，如果对于需求的正常变动，供给迟迟不能做出反应，造成长时间的供需不平衡，这说明产业间的结构是不协调的。三是产业之间的联系方式是否协调。产业之间存在着投入与产出的关系，表明了产业之间是相互依赖和相互影响的。如果产业间能够做到相互服务和相互促进，那么它们之间的这种联系方式就是协调的；反之则不协调。四是各产业之间的相对地位是否协调。在一定经济发展阶段，各产业的经济作用和相应的增长速度是不同的，因而各产业在产业结构中所处的地位也是不同的，从而形成了各产业的有序排列组合。如果各产业主次不分、轻重不分，甚至出现产业结构的逆转，则说明各产业之间的相对地位是不协调的。

（二）产业结构合理化的判断方法

1. 国际标准结构法

国际标准结构法以钱纳里、库兹涅茨等学者对产业结构演进规律的分析结果作为标准产业结构，将某一国家的产业结构与相同国民生产总值下的标准结构进行比较，偏差较大时则认为该国的产业结构是不合理的。此种方法只能大致判断，而不能最后凭此认定产业结构是否合理。

2. 需求判断法

在市场经济下，经济活动的目的是满足市场需求。因此，产业结构作为一个资源转换系统，其基本的要求就是它的产出能够满足市场需求，从而对市场需求的适应程度就成为判断一个产业结构是否合理的标准之一。产出结构和市场需求结构总会存在一定的总量偏差和结构偏差，当二者接近或大体接近时，产业结构是合理的。

3. 产业间比例判断法

经济增长是以各产业的协调发展为基础的，产业之间保持比例平衡是经济增长的基本条件。各产业的发展是否协调，体现为各产业之间的比例是否合理。比例协调的产业结构，应当不存在明显的长线产业和短线产业，更不能存在瓶颈产业。

4. 资源利用效率判断法

产业结构的功能就是对投入的各种生产要素按市场的需求将其转换为不同的产出。能否对资源进行合理而有效的利用是判断一个产业结构是否合理的重要标志。资源的合理利用包括两个方面：一是提高资源的使用效率，在此方面，技术进步是关键；二是充分利用系统内外的各种资源，这里系统内部的创新和对外部环境的利用就变得尤为重要。

（三）产业价值链理论

价值链的概念是哈佛大学商学院教授迈克尔·波特在《竞争优势》一书中提出的。他认为，每一个企业都是在设计、生产、销售、发送和辅助其产品的过程中进行种种活动的集合体。所有这些活动可以用一个价值链来表示。[①] 按照他的逻辑，每个企业都处在产业链中的某一环节，一个企业想要赢得和维持竞争优势不仅取决于其内部价值链，而且取决于一个更大的价值系统，即一个企业的价值链与其供应商、销售商以及顾客的价值链之间的连接。企业间的这种价值链关系，对应于波特的价值链定义，对在产业链和企业竞争中所进行的一系列经济活动仅从价值的角度来分析研究，就称之为产业价值链。产业价值链与产业链、价值链之间的关系在于利用价值链的分析方法来考察产业链，它以产业链为基础，从整体角度分析产业链中各环节的价值创造活动及其影响价值创造的核心因素。

当价值链理论的分析对象由一个特定的企业转向整个产业时，就形成了产业价值链。价值链与产业价值链是从不同的角度说明价值创造过程的，前者侧重价值创造环节，后者涉及组织的职能及关系。产业价值链代表了产业层面上企业价值融合的更加庞大的价值系统，每个企业的价值链包含在更大的价值活动群中，实现整个产业链的价值创造。产业链的价值活动囊括了产

---

① 〔美〕迈克尔·波特：《竞争优势》，陈悦译，华夏出版社，2005，第85~90页。

业链中企业所有的价值活动，但这些活动并不是简单的叠加，而是在产业链的价值组织形式下发现和创造价值。在产业价值链尚未形成之前，各企业的价值链是相互独立的，彼此之间的价值联动也是不紧密的。经过产业整合之后，当企业进入一个产业价值链系统，产业链会利用企业间价值联动的创新来创造出新的价值。

三　发展经济学二元结构就业理论

（一）刘易斯的二元经济理论

1954 年美国经济学家刘易斯发表了著名的《劳动力无限供给条件下的经济发展》一文，探讨了一个国家从二元经济结构转变为一元经济结构的问题。刘易斯认为，在经济发展的早期阶段，大多数国家的经济是二元的。发展中国家并存着农村中以传统生产方式为主、劳动生产率较低的农业部门和城市中以制造业为主、劳动生产率较高的现代化部门。其中，农业部门是发展中国家传统部门的代表，而现代化部门所占的比重不高。农业部门劳动者的收入很低，只能维持自己和家庭最低限度的生活需求，现代化部门技术比较先进、生产率高，劳动者的工资略高于农业部门劳动者的工资。在发展中国家的农业部门中，相对于资本和自然资源来说，人口过多，以致这一部门的劳动生产率很低或等于零，甚至为负数。在这样的国家里，传统部门中存在着大量"隐性失业"，劳动力的供给是无限的。

如图 2 - 1 所示，在刘易斯的"二元经济"模型中，曲线 MP_L 代表劳动的边际生产率，L 代表劳动力数量，W 代表工资，传统部门 B 所能提供的维持生存的工资为 W_0，现代化部门 A 提供的工资为 W_1，$W_1 > W_0$。A 部门吸收 B 部门的剩余劳动力为 L_0、L_1、L_2。刘易斯认为，要解决"隐性失业"问题，就必须通过资本积累，使现代化部门不断发展，这样，传统部门的剩余劳动力就会不断地被吸引到现代化部门。在最初的阶段，现代化部门十分弱小，资本也比较少，劳动力的边际生产率也比较低，只能吸收传统部门少量的剩余劳动力，此时，经济剩余或资本家的利润也比较低。逐渐地，资本家会把利润转化为资本，劳动力的边际生产率也相应提高，雇用的劳动力数量也相应增加，传统部门中又有一些剩余劳动力被吸收到现代化部门中。刘易斯认为，只要传统部门中存在剩余劳动力，这一过程就会一直持续下去。当达到某一点时，传统部门的剩余劳动消失，其劳动的边际生产率就会提高，这时传统部门的劳动者收入水平也会相应地提高。此时，如果现代化部门雇用更多的劳动力，就必须提高工资水平，劳动力的供给也趋于正常，工农业就均衡发展了，这个点被称为刘易斯转折点。总之，传统部门劳动力的非农转化，使二元经济结构逐步消减，推动和促进不发达经济转变为发达经济。

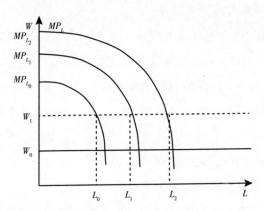

图 2 - 1   刘易斯"二元经济"模型中 A 部门的劳动力变化

刘易斯模型的重要意义在于明确了结构转换对经济发展的重要性，为农业剩余劳动力转移提供了一种新的思路。但刘易斯模型具有明显的理论缺陷。一是刘易斯模型的假设之一就是农业中存在大量的劳动边际生产率为零甚至为负的剩余劳动力。在以家庭为基本生产经营单位的前提下，这种情况是不可能发生的。二是刘易斯模型成立的第二个假设是供给能够自动创造需求，即现代化部门生产的工业品不存在供过于求的情况。但实际情况是农业人口由于收入低下，可能根本就无力购买过多的工业品，在一个封闭的经济体内，需求不足会成为工业发展的"瓶颈"。三是其第三个假设是现代工业部门的劳动与资本比例是刚性的，这显然也与实际情况相悖。四是模型只强调了现代工业部门的扩张对农业剩余劳动力转移的作用，忽视了农业部门发展和科技进步的作用，与其他二元结构主义者相悖，刘易斯实际上强调的是一种非均衡发展策略。五是模型强调发展中国家工业部门自身的资本积累而忽视了外资对发展中国家农业剩余劳动力的吸收作用。六是该模型假定农业存在剩余劳动力而城市不存在失业，这也不符合发展中国家的实际情况。正是由于刘易斯模型存在上述不足，一些学者开始对刘易斯模型进行修正。

（二）托达罗的二元经济理论

美国经济学家托达罗在不充分就业的假定上建立了劳动力转移模型（即托达罗模型）。托达罗指出，农业劳动力从农村向城市转移，不仅受城乡之间的收入差距的影响，而且受城市存在不充分就业的影响，即城市存在失业的状况。也就是说，即使城乡之间的收入差距较大，但是城市中的失业率上升或者失业率较高，农村劳动力也不会简单地做出向城市迁移的决定。托达罗的劳动力转移模型为：

$$d = W\pi - R \tag{2.1}$$

$$M = f(d), f' > 0 \tag{2.2}$$

公式（2.1）中，d 是城乡预期收入差距，π 是就业概率，W 为城市的实际工资率，R 是农村实际的市场收入。公式（2.2）中，农村劳动力的流动规模用 M 表示，农村劳动力的流动规模是预期收入差距的增函数，用 $f' > 0$ 表示。托达罗劳动力转移模型揭示了城乡预期收入差距等于就业概率、城市实际工资率的乘积与农村市场上的实际收入的差值。

托达罗的劳动力转移模型主要研究农村人口向城市流动和城市失业问题相关性。模型指出，劳动力转移到城市后的就业问题是不能单纯通过城市工业化来解决的，反而会出现城市工业化发展速度加快，越来越多的就业机会被创造而失业人口却更多的现象。托达罗认为，政府在推动城市工业化发展的同时，要促进资本要素向农村流动，要改变"重城轻乡"和"轻农业、重工业"的发展战略，重视农业的发展，改善农村人口的生存状态。从托达罗模型可以看到，农村劳动力的流动不仅受实际收入差距的影响，而且受城市就业状况的影响，是对城乡预期收入之间存在差距的反映。如果城市中失业率过高会削弱农村劳动力向城市转移的动力，城市中的劳动力供给会出现"刘易斯拐点"。

第三章　中国产业政策回顾与产业
转型升级规律

美国著名经济学家奥肯曾指出，经济增长不仅有利于国民财富增加，而且会带来就业的扩大。[①] 回顾中国经济发展与就业增长的历程，可以发现产业转型升级不仅有效地促进了中国经济增长，而且促进了劳动力在不同产业间的流动，提升了劳动力资源配置效率。

第一节　中国产业政策演变过程

新中国成立以来，中国经济建设取得举世瞩目的成就离不开产业政策作为政府对产业结构调整、远景规划的主要干预手段所发挥的重要作用。通过分析，新中国成立以来中国产业政策发展演变的过程大致可以概括为四个主要阶段，分别是计划经济时期的产业政策（1949~1977年），计划经济向市场经济过渡时期的产业政策（1978~1992年），探索适应市场经济的产业政策（1993~1999年），以及21世纪以来调整产业结构、抑制产能过剩的产业政策（2000年至今）。

一　计划经济时期的产业政策

新中国成立初期，在产业结构中占主体地位的是农业，农业产值占到总

---

① 〔美〕阿瑟·奥肯：《平等与效率》，陈涛译，中国社会科学出版社，2013，第22页。

产值的 70%，工业生产力较低，工业总产值中 26.4% 为重工业产值，重工业产值占到工农业总产值的 7.9%。为了缓解经济发展初期资本供给不足、资源禀赋有限的困境，中国采取了重工业优先发展的战略，利用制度进行约束，促进资源向重工业领域集中。在推进工业化的过程中实行了政府主导、政府干预经济、促进工业发展的策略。

中国计划经济时期的产业政策主要通过政府的行政手段确定需要发展的产业，政府对产业类型、生产作业、生产布局、资金运作、产业发展前景等内容进行统一规划。1953～1976 年中国产业政策的主要内容如表 3-1 所示。这一时期中国限制各种非公有制经济发展，所有制结构主要是单一的公有制经济。公有制经济在那个时期取得了一定程度的发展，快速建立了产业基础，这一时期产业政策的主要作用对象就是国有经济。计划经济时期对社会资源和产品的配置形式采取凭票供应的方法，遵循国家计划对工业品和农产品进行生产，销售价格也按照计划而定。通过出台相关产业政策，运用价格手段，对制成品的价格进行提升，对原材料的价格进行压低，对重工业的发展给予保障和鼓励。这一阶段国家财力有限，政府主要运用财政管理体系和比较单一的融资渠道，通过将人力、物力、财力集中，把农业性资源转变为工业性资本，使改革开放之前中国工业基础建设投资在国民基础建设投资中所占的比重呈现逐渐增大的趋势，为中国工业的发展奠定了坚实的基础。

表 3-1　1953～1976 年中国产业政策

时间	政策目标	政策主要内容
1953～1957 年	把实现社会主义工业化置于首要地位	优先发展重工业，以及 156 项重点工程；发展纺织工业和其他轻工业，保持重工业和其他部门的协调；引进和采用先进的设备和技术，提高技术消化和创新的能力；建立集中统一的经济管理体制
1958～1960 年	"以钢为纲"	工业发展以钢铁为主；下放管理权力，建立地方独立的工业体系；实行人民公社化
1961～1965 年	"调整、巩固、充实、提高"	大力发展农业；压缩基本建设规模；对"长线"企业实行关、停、并、转；加强工业的薄弱部门和薄弱环节

续表

时间	政策目标	政策主要内容
1966～1976 年	—	优先发展国防工业,大搞"三线建设";发展"五小"工业;继续推行高积累、低消费的政策,提出"先生产,后生活"的口号;进一步下放经济管理权力

资料来源:吴金希:《中日产业政策比较研究》,清华大学出版社,2016,第57～90页。

二 计划经济向市场经济过渡时期的产业政策

1978 年改革开放以来,国家和政府意识到经济发展过程中市场起到了重要的作用,开始从计划经济向市场经济转轨,并且有意识地调整产业政策。但是产业之间的市场竞争程度和政府进行相关行政审批、计划干预的力度因产业发展阶段的不同、市场化程度的不同而有所不同。"产业政策"这个词在 1986 年首次被写入《国民经济和社会发展第七个五年计划》。1989年《国务院关于当前产业政策要点的决定》的颁布,标志着产业政策已经是中国宏观经济调控的重要手段。这一时期的产业政策主要针对轻、重工业发展的不协调,政策逐渐向轻工业倾斜,国家对产业结构的合理性和产业的均衡发展更加注重,改革开放前只注重重工业发展的局面逐渐改变。这一时期因为经济社会等因素的变化,中国产业在这一阶段的发展路径逐渐转化,产业发展过程中的计划手段逐渐被削弱,尤其在轻工业的发展中引入了市场要素。中国的产业政策对重工业的发展起到了推动作用,并且具有一定的规模效应,但是在较长一段时间内这些产业的发展依然由政府主导,政府依然在生产要素、资源配置方面发挥主导作用。这一时期的产业政策可以分成以下三个发展阶段(见表 3 - 2)。

表 3 - 2 计划经济向市场经济过渡时期中国产业政策

时间	政策主要内容	政策效果
改革开放初期	增加轻工业投资;加大对轻纺工业的支持力度,并实行"六个"优先措施	压缩重工业,鼓励发展轻工业

续表

时间	政策主要内容	政策效果
20 世纪 80 年代中后期	选择部分国有企业作为本行业内的定点企业进行扶持	非国有经济大量出现并进入市场;采取计划定点和目录管理,防止重复建设带来资源浪费
20 世纪 90 年代初期	以计划手段为主、以扩大产量解决产品短缺为目标的产业政策基本上退出了历史舞台	轻工业已基本解决短缺问题,总体上供大于求

资料来源:吴金希:《中日产业政策比较研究》,清华大学出版社,2016,第 57~90 页。

三　探索适应市场经济的产业政策

随着《中共中央关于建立社会主义市场经济体制若干问题的决定》在 1993 年 11 月出台,中国开始建设社会主义市场经济体制,进一步扩大对外开放的程度,市场在资源配置中的作用越发突出,政府的行政干预逐渐弱化,国家的宏观调控体系逐渐完善。这一阶段中国的产业政策实践主要是对中国的基础设施建设和产业升级进行加强和促进,从 1993 年开始对产业政策进行部分结构性调整,以求达到缓解基础设施短缺、促进产业结构优化升级的目的。开始建立现代企业制度,实施"抓大放小"战略,释放企业活力。这一阶段中国的科技体制为了配合经济体制的转变走上了以自主创新为核心的发展道路,在市场经济体制的框架下开展技术创新活动,快速形成了以企业为核心的技术创新体系,将科技成果转换成现实的生产力。与此同时,推动市场化改革的平稳进行,促进东南沿海地区的快速发展。2000 年《国务院关于实施西部大开发若干政策措施的通知》的颁布,进一步提出了加强生态保护、加快基础设施建设、巩固农业基础地位、调整工业结构、发展特色旅游业等战略目标。

四　21 世纪以来的产业政策

21 世纪以来中国产业政策的格局是以国务院、工信部、发改委为主,以财政部、商务部等为辅来支持产业政策的制定和发布。该时期中国产业政策的两大主要任务就是调整产业结构、抑制产能过剩。产业政策制定的过程中仍然存在部分计划经济的思想，存在政府对于市场过度干预的状况，政策的实施过程中存在中央政策执行力较低、体制性产能过剩等障碍。产业结构调整政策主要是以指导目录的形式，政府通过选择和判断，对重点产品、产业、技术进行指定，通过出台金融、财政、土地等政策，引导产业结构优化。这一时期中国产业结构调整的主要政策如表 3－3 所示，抑制产能过剩也成为这一时期国家在制定产业政策时着重考虑的因素。大多数产业政策会有抑制产能过剩的政策条款，国务院和各部门针对水泥、钢铁等产能过剩的行业制定并发布了有针对性的政策，以达到抑制产能过剩的目的。中国这一阶段淘汰落后产能的主要政策如表 3-4 所示。

表 3－3　2000 年以来中国产业结构调整的主要政策

时间	政策名称
2000	《当前国家重点鼓励发展的产业、产品和技术目录》(2000 年修订)
2002	《指导外商投资方向规定》
2004	《政府核准的投资项目目录》(2004 年本)
2005	《促进产业结构调整暂行规定》
2005	《产业结构调整指导目录》(2005 年本)
2006	《国家高技术产业发展项目管理暂行办法》
2007	《外商投资产业指导目录》(2007 年修订)
2008	《中西部地区外商投资优势产业目录》(2008 年修订)
2009	《十大产业振兴计划》
2010	《国务院关于加快培育和发展战略性新兴产业的决定》
2011	《外商投资产业指导目录》(2011 年修订)
2011	《产业结构调整指导目录》(2011 年本)
2013	《中西部地区外商投资优势产业目录》(2013 年修订)
2013	《产业结构调整指导目录》(2011 年本，2013 年修正版)
2014	《政府核准的投资项目目录》(2014 年本)
2014	《西部地区鼓励类产业目录》
2015	《外商投资产业指导目录》(2015 年修订)

资料来源：吴金希：《中日产业政策比较研究》，清华大学出版社，2016，第 57~90 页。

表3-4 2000年以来中国淘汰落后产能的主要政策

时间	政策名称
2000	《关于做好2000年总量控制工作的通知》
2002	《淘汰落后生产能力、工艺和产品目录》
2003	《关于制止钢铁电解铝水泥行业盲目投资若干意见的通知》
2004	《关于调整部分行业固定资产投资项目资金比例的通知》
2005	《产业结构调整指导目录》（2005年本）
2006	《国务院关于加快推进产能过剩行业结构调整的通知》
2007	《国务院关于印发节能减排综合性工作方案的通知》
2009	《关于抑制部分行业产能过剩和重复建设引导产业健康发展的若干意见》
2010	《国务院关于进一步加强淘汰落后产能工作的通知》
2011	《产业结构指导目录》（2011年本）
2013	《国务院关于化解产能严重过剩矛盾的指导意见》

资料来源：吴金希：《中日产业政策比较研究》，清华大学出版社，2016，第57~90页。

第二节 中国产业结构现状

一 经济发展与产业结构变动

（一）产值结构现状

改革开放以来，中国经济得到了快速发展，国内生产总值从1978年的3687.7亿元上升到2016年的744127.2亿元，增长了约200倍。在经济高速增长的同时，中国的产业产值结构也得到了相应的优化调整（见图3-1）。第一产业产值的比重迅速下降，由1978年的27.7%下降到2016年的8.6%，下降了19.1个百分点。第二产业产值比重呈现下降、短暂上升、继而又下降的趋势。1978~1990年第二产业产值比重从47.7%下降到41%，随后1991~1997年维持了短暂的上升趋势，1998~2016年整体呈现下降的趋势。第三产业产值比重出现了较大幅度的上升，从 1978 年的 24.6% 上升到 2016 年的 51.6%，上升了 27.0 个百分点。产值结构变动趋势表明第三产业在经济增长中发挥的作用越来越明显，第二产业的经济主导地位正在逐渐被第三产业取代。总体来看，三次产业产值结构经历了从 1978 年的"二一三"到 1985 年的"二三一"再到 2013 年的"三二一"的发展过程。三次产业产值结构比例则从 1978 年的 27.7∶47.7∶24.6 转变为 2016 年的 8.6∶39.8∶51.6。

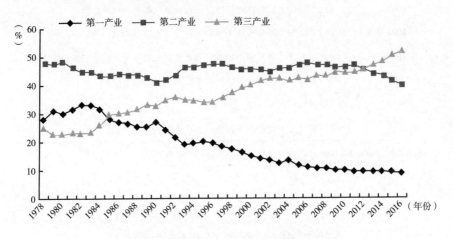

图 3-1 1978~2016 年三次产业产值结构变动

（二）就业结构现状

在三次产业产值结构发生变动时，三次产业就业结构也发生了较大变化，最明显的就是第三产业就业吸纳能力表现得越来越强，并且第三产业就业比重呈现快速上升趋势，而第一产业相对剩余劳动力在不断地向第二产业和第三产业转移。三次产业就业结构经历了从 1978 年的"一二三"到 1994 年的"一三二"，再从 2011 年的"三一二"到 2014 年的"三二一"的转变过程，目前正沿着这一趋势不断优化调整（见图 3-2）。三次产业就业结构比例从 1978 年的 70.5∶17.3∶12.2 转变为 2016 年的 27.7∶28.8∶43.5。虽然第二产业产值仍旧保持着较高的比重，但在就业吸纳能力方面，第三产业就业吸纳能力已超过第二产业。总体来看，第一产业就业比重整体呈现下降趋势（其间也有少许波动，但整体趋势性下降），从 1978 年的 70.5% 下降到 2016 年的 27.7%，下降了 42.8 个百分点。第二产业就业比重整体呈现缓慢上升趋势，先是由 1978 年的 17.3% 上升到 1988 年的 22.4%，然后由 1988 年的 22.4% 波动上升到 1997 年的 23.7%，随后出现下降，继而由 2003 年的 21.6% 波动上升到 2012 年的 30.3%，之后呈现略有下降的趋势。由此可见，第二产业就业比重并没有对经济增长表现出敏感的反应，即经济增长并未大幅度带动第二产业就业人数增长。第三产业就业比重自改革开放以来呈现稳步上升的趋势（其间略有轻微波动，但不影响整体趋势），自 1978 年的 12.2% 增长到 2016 年的 43.5%。以 1994 年为转折点，第三产业就业比重超过了第二产业，如今第三产业就业比重已经远远大于第一产业和第二产业就业比重。

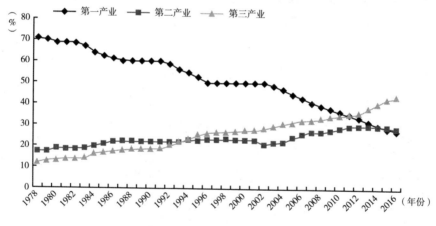

图 3 – 2　1978 ~ 2016 年三次产业就业结构变动

（三）中国产业结构与国际水平的差异

中国各产业就业人员数量占就业人员总量的比重与一些国家相比还存在一定差距。随着经济发展进入"新常态"，中国的产业结构也加快了调整和优化升级的步伐，但是与发达国家相比，中国的产业结构优化程度仍然存在很大的上升空间。如 2016 年中国经济总量发展水平仅次于美国，位居世界第二，但从表 3 – 5 列举的部分发达国家的数据可以看出，高收入国家的第三产业产值比重已经超过 60%，英国第三产业的产值比重更是高达 80.2%，而中国只有 51.6%。

表 3 – 5　2016 年高收入国家三次产业产值比重分布

单位：%

国家	第一产业	第二产业	第三产业
英国	0.6	19.2	80.2
法国	1.5	19.4	79.2
德国	0.6	30.5	68.8

资料来源：《国际统计年鉴 2017》。

按照库兹涅茨的经济发展阶段理论，中国已经属于中等收入国家，但中国的产业结构仍落后于中等收入国家的平均水平。《国际统计年鉴 2017》的数据显示，2016 年就世界平均水平而言，第一产业产值占 GDP 比重为 3.8%，第二产业产值比重为 27.1%，第三产业产值比重为 69.1%。2016 年世界中等收入国家三次产业产值比重均值依次为 9.2%、32.9%、57.9%，低收入国家三次产业产值比重均值依次为 29.7%、22.2%、48.1%。中国 2016 年第三产业产值比重仅为 51.6%，低于中等收入国家平均水平，仅略高于低收入国家平均水平。这充分说明中国的经济总量虽然很大，但是与发达国家和中等收入国家的第三产业产值比重平均水平相比，中国的产业结构升级仍存在巨大的空间。

表 3 – 6　2016 年部分中等收入国家三次产业产值比重分布

单位：%

国家	第一产业	第二产业	第三产业
巴西	5.5	21.2	73.3
俄罗斯	4.7	32.4	62.8
土耳其	6.9	32.4	60.7
中国	8.6	39.8	51.6

资料来源：《国际统计年鉴 2017》。

表 3 - 7　2016 年部分低收入国家三次产业产值比重分布

单位：%

国家	第一产业	第二产业	第三产业
柬埔寨	26.7	31.7	41.6
缅甸	28.2	29.5	42.3
巴基斯坦	25.2	19.2	55.6

资料来源：《国际统计年鉴 2017》。

（四）中国产业结构区域差异

从国内看，中国各地区经济发展水平差异较大。根据国家统计局对东部、中部、西部地区三大经济地带的划分，通过对其产值比重进行比较分析可以看出东部地区的产值占国内生产总值的比重远远高于中部和西部地区比重，中部地区产值比重高于西部地区比重，整体呈现产值比重由东向西递减分布格局（见图 3 -3）。这表明东部地区是中国经济相对发达的地区，而西部经济发展严重滞后，地区经济发展水平差距明显。从整体变动趋势而言，东部地区产值比重趋于下降，而中部和西部地区产值比重呈现上升趋势，这有助于均衡中国区域经济发展水平，缩小地区经济发展差距。

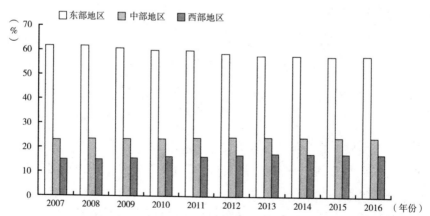

图 3 -3　2007 ~ 2016 年中国东部、中部、西部地区产值占国内生产总值比重变动

从东部、中部、西部地区产业构成来看，东部地区第一、第二产业产值比重整体呈现下降趋势，第三产业产值比重呈现持续上升趋势（见图 3 -4）。

中部和西部地区第一产业产值比重整体呈现下降趋势，第三产业产值比重呈现在波动中上升趋势，而第二产业产值比重表现为上升与下降的交替，说明中部和西部地区的产业结构调整滞后于东部地区，经济增长仍然主要依赖于第二产业拉动。而在东部地区第三产业在经济发展中已经占据主导地位。

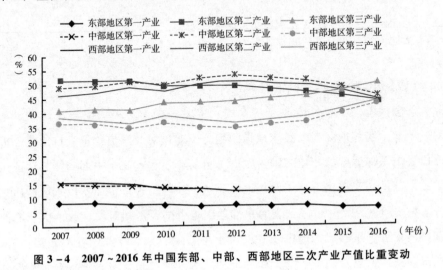

图 3 - 4　2007～2016 年中国东部、中部、西部地区三次产业产值比重变动

二　就业弹性分析

就业弹性是指经济总量每增长 1 个百分点所对应的就业数量变化的百分比。就业弹性为正值时，表明经济增长对就业的拉动效应为正，弹性越高，经济增长对就业的拉动效应越大。就业弹性为负值时，经济增长对就业形成一种"海绵"效应，一方面表现为"挤出"效应，即经济增长为正但就业增长为负时，就业弹性的绝对值越大，对就业的"挤出"效应就越大；另一方面表现为"吸入"效应，即经济增长为负而就业增长为正时，就业弹性的绝对值越大，对就业的"吸入"效应就越大。严格来说，"吸入"效应不是正常的经济现象，这种现象有悖于经济发展的一般规律。此外，如果就业弹性为零，就说明经济增长对就业没有拉动作用。

从中国产业就业弹性来看，中国总就业弹性以 1998 年为转折点呈现快速下降的趋势（见表 3 - 8）。1998 年中国总就业弹性为 0.95，至 2016 年总就业

弹性下降至 - 0.08。尤其明显的是，自 2014 年起，中国总就业弹性为负值，表明随着经济的增长，就业总人数不增反降，这与中国经济发展需求不符，长期下去不利于中国经济的健康发展。与此同时，中国三次产业的就业弹性也存在着较大差距，1996～2016 年第一产业的平均就业弹性为 - 0.18,第二产业的平均就业弹性为 0.11，第三产业的平均就业弹性为 0.31。从三次产业就业弹性变动趋势来看，第一产业的就业弹性自 2003 年起一直呈现负值，2003～2016 年第一产业的平均就业弹性为 - 0.31，表明第一产业劳动力明显过剩，亟须将第一产业劳动力向第二、第三产业转移。第二产业就业弹性呈现较大的波动性，1999～2002 年第二产业就业弹性大多为负值，虽然 2003～2012 年期间呈现正值，但 2013～2016 年又开始呈现负值，整体波动较大，呈现"下降 - 上升 - 下降"趋势。第三产业就业弹性整体呈现上升趋势且均为正值，尤其在 2013～2015 年就业弹性急剧上升，这三年平均就业弹性近 0.7，已经远远超过第二产业降为负值的就业弹性，由此可见第三产业在将来的一段时期内对劳动力的吸纳能力很大，且呈现持续上升趋势。第三产业中涵盖的批发和零售业，住宿和餐饮业，房地产业，金融业，交通运输、仓储和邮政业等服务业有较大的发展空间，就业弹性相对较大，能提供较多岗位吸纳劳动力就业。

表 3 - 8　中国三次产业的就业弹性

年份	合计	第一产业	第二产业	第三产业	年份	合计	第一产业	第二产业	第三产业
1996	0.45	- 0.12	0.21	0.36	2007	0.19	- 0.16	0.30	0.05
1997	0.46	0.01	0.19	0.26	2008	0.11	- 0.14	0.10	0.15
1998	0.95	0.14	0.47	0.34	2009	0.24	- 0.37	0.28	0.33
1999	0.40	0.27	- 0.17	0.30	2010	0.12	- 0.18	0.20	0.10
2000	0.26	0.07	- 0.11	0.30	2011	0.11	- 0.26	0.17	0.20
2001	0.26	0.09	0.01	0.16	2012	0.14	- 0.30	0.30	0.14
2002	0.12	0.07	- 0.35	0.40	2013	0.06	- 0.61	- 0.03	0.70
2003	0.27	- 0.09	0.12	0.24	2014	- 0.03	- 0.70	- 0.04	0.71
2004	0.37	- 0.21	0.28	0.30	2015	- 0.13	- 0.55	- 0.25	0.67
2005	0.35	- 0.25	0.4	0.20	2016	- 0.08	- 0.24	- 0.19	0.35
2006	0.29	- 0.26	0.37	0.18	平均值	0.23	- 0.18	0.11	0.31

注：根据《中国统计年鉴》（1997～2007 年）数据计算得到。

三 中国产业结构与就业结构协调性分析

一般来看，就业增长滞后于经济增长，在结构上表现为三次产业的就业人口增长率与产值增长率发生偏离。在分析就业结构和产业结构的关系上，国内学者多采用结构偏离度作为衡量指标。结构偏离度是衡量产值结构和就业结构扭曲程度的一个指标，它与劳动生产率成反比，在没有任何不对称的情况下，偏离度为零。如果国民经济各产业都是开放的，产业间没有行政壁垒，即呈现完全竞争状态，那么通过市场对劳动力资源的重新配置，会使各产业的劳动生产率逐步趋于一致，各产业的结构偏离度也就逐步趋于零。如果结构偏离度小于零（负偏离），亦即该产业的就业比重大于增加值比重，则意味着该产业的劳动生产率较低；反之，结构偏离度大于零（正偏离），则意味着该产业的劳动生产率较高。其具体计算公式为：

$$结构偏离度 = \frac{某产业产值占 GDP 比重}{某产业就业人数比重} - 1$$

一般来说，结构偏离度越大，说明就业结构与产值结构的偏离度越大，正偏离意味着某一产业劳动生产率较高、就业比重较低，反之，则意味着劳动生产率较低、就业比重较高。总偏离度为各产业结构偏离度绝对值之和。需要说明的是，正偏离意味着劳动力有转入的可能性，该产业应该吸纳更多的劳动力，使其产值结构与就业结构相协调；而负偏离意味着劳动力有转出的可能性，该产业应该向外转移劳动力，以提高劳动生产率。

如图 3 - 5 所示，中国产业结构偏离度的变化趋势具有如下特点。

第一，总偏离度呈现下降趋势，1978 年中国的产业结构总偏离度为3.38，2016 年下降到 1.26，下降了 2.12，这其中第二产业和第一产业结构偏离度的下降起到了很大的作用。产业结构偏离度的下降意味着中国就业结构日趋合理，资源配置效率日益提高。但也可以看到中国产业结构还存在一些问题，产业结构偏离度的计算结果与 0 还有很大的距离，就业结构仍需在波动中进一步优化。

　　第二，第一产业结构偏离度小幅波动但基本稳定，从 1978 年的 - 0. 61
到 2016 年的 - 0. 69，基本上处于一个稳定的水平，由于劳动生产率的提高、
农业机械化和城市化的推进，第一产业劳动力顺利实现了向第二产业、第三
产业的就业转移。虽然农村劳动力数量在减少，但是劳动生产率仍然不高，
结构偏离度仍为负数，第一产业劳动力有向第二产业和第三产业继续转移的
潜力。

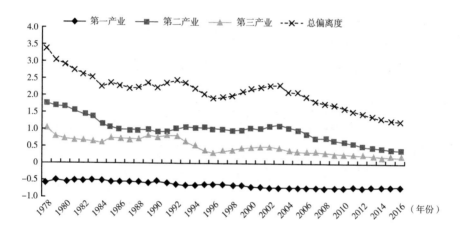

图 3 - 5　1978 ~ 2016 年中国产业结构偏离度变动

　　第三，第二产业结构偏离度逐渐减小，下降幅度较大，1978 ~ 2016 年
由 1. 76 下降到 0. 38，下降了 1. 38。第二产业就业结构得到了较好的优化，
产值结构与就业结构协调性逐渐增强。随着中国制造业由劳动密集型产业
向资本密集型产业和技术密集型产业转变，对劳动力的依赖越来越小，但
是仍保持着较大的正偏离度，表现出较大的劳动力吸纳能力。同时中国经
济发展基础比较薄弱，无论是工业产值还是工业就业人口都还有很大的上
升潜力。

　　第四，第三产业结构偏离度在波动中下降，1978 ~ 2016 年，第三产业
的结构偏离度从 1. 02 下降到 0. 19，下降了 0. 83，说明第三产业对劳动力吸
纳潜力目前较小，但仍需要转入更多的劳动力以达到结构平衡。随着未来产
业结构的调整和第三产业中高端服务业的发展，第三产业的就业吸纳潜力将

会逐渐增大。劳动力在第一、第二、第三产业之间的流动优化了劳动力分工，促进了就业结构的优化。

第三节　中国产业链现状

通过查阅相关文献，可以看到学术界主要是从供需、价值、企业间关联关系、产品、核心竞争力出发对产业链的概念进行界定。在对概念进行界定时，主要是基于产品链、价值链、供应链、产业组织系统等角度（见表3－9），一般来说，仅从一个角度对产业链进行阐述是无法做到全面概括的。

表3－9　不同研究角度下的产业链概念比较

研究角度	核心内容	界定视角
产业组织系统	企业间关联关系	产业组织、企业网络
战略联盟	产业间的企业关联	企业联盟
供应链	上下游企业的传递关系	物流关系
价值链	同一产业内价值追加关系	价值关系
产品链	企业间的生产流程关系	分工的生产过程
企业链和空间链对接	产业链的形成机制	综合

李心芹等、刘贵富和赵英才认为产业链指的是在一定地理范围内，由同一产业或不同产业的各个部门中具有竞争力的企业与其相关企业，基于产品、技术、资本关联所组成的一种具有价值增值功能的战略联盟链条。[①] 产业链化过程类似于行业融合过程，行业融合在20世纪70年代开始在出版、电视广播、电信等产业部门出现，自90年代开始逐渐发展成为全新的产业革命，逐步延伸到其他产业。以农业为例，过去农业的生产、加工、服务、销售等过程基本分离、相对独立，现如今，农业与加工业、流通业出现了迅

---

① 李心芹、李仕明、兰永：《产业链结构类型研究》，《电子科技大学学报》（社会科学版）2004年第4期，第60～63页；刘贵富、赵英才：《产业链：内涵、特性及其表现形式》，《财经理论与实践》2006年第3期，第114～117页。

速融合、相互渗透的趋势。行业融合是经济发展的必然趋势，而且现如今正在加速运行。行业融合催生出了产业链化。随着经济和社会的不断发展，社会分工日益细化，在全球范围内开展专业化分工，以至于达到如今的高度专业化程度。产业链作为一种经济组织，介于企业和市场之间，有利于化解由于市场交易松懈带来的巨额交易费用，也有助于减少由于企业规模扩大而增长的管理费用。所以产业链化是经济发展的必然趋势。

对中国 2012～2016 年主要劳动密集型产品的出口额及其增速进行梳理和总结（见表 3－10），可以看到中国劳动密集型产品出口额呈现总体上升的趋势，对外贸易中劳动密集型产业仍然具有不可忽视的竞争力。但是近几年劳动密集型产品的出口增速逐步下降，甚至呈现负增长态势，劳动密集型产业所具备的原始优势正在逐步消退，在市场竞争中的优势正在消失，制造业应向高端化转型。

表 3－10　2012～2016 年中国劳动密集型产品出口额及其增速

单位：亿美元，%

产品	2012 年出口额及其增速	2013 年出口额及其增速	2014 年出口额及其增速	2015 年出口额及其增速	2016 年出口额及其增速
纺织物及制品	985/1.2	1069/11.7	6888/3.8	6796/－1.3	6925/1.9
服装及衣着	1591/3.9	1770/11.3	11445/4.2	10819/－5.5	10413/－3.7
鞋类	468/12.2	508/8.4	3455/9.7	3319/－3.9	3113/－6.2
家具及附件	488/28.7	518/6.2	3195/－0.7	3277/2.6	3151/－3.8

资料来源：刘学峰：《新常态下我国劳动密集型产业的转型之路》，《中国商论》2017 年第 33 期，第 156～157 页。

第四节　中国经济发展现状

按照生产要素（即资源、资本、知识、劳动力等）在生产中的投入比重以及经济增长对各类生产要素的依赖程度，可以将全部的生产部门划分为劳动密集型、资本密集型和技术密集型三类。中国经济在"十三五"时期正处于由高速增长向中高速增长转换阶段。在低端技术领域，中国面临着拥有更低生产成本的新兴市场国家的赶超，而在中高端技术领域，需要继续与一直以来具有优势的发达国家竞争。依赖要素成本的优势来支撑中国经济发展已经较为困难，国家正在加快推进以核心知识产权为基础的高价值竞争产品研发，努力突破科技创新的瓶颈，改善利用资源的效率，提高管理效能，以促进经济可持续发展。

从"十五"到"十三五"时期，全部行业整体的营业收入增长率呈现不断下降的趋势（见表3-11）。全部行业的营业收入增长率在"十五"时期为21.74%，呈现高速增长状态。而在"十一五"时期全部行业的营业收入增长率降至11.29%，有所下降，在"十二五"时期继续下降，全部行业的营业收入增长率降为8.17%，"十三五"时期将会跌破7%。

表 3-11　行业营业收入增长率及趋势（2000～2020 年）

单位：%

时期	全部行业	重点行业						
		化工	机械设备	计算机	汽车	商贸	医药	房地产
"十五"	21.74	20.53	19.02	-6.68	15.91	17.41	5.08	5.38
"十一五"	11.29	6.88	9.30	8.30	25.42	13.12	7.26	23.34
"十二五"	8.17	8.17	3.92	6.87	10.04	7.89	14.94	17.28
"十三五"（预计）	6.75	6.41	5.96	5.16	6.42	4.18	19.36	8.02

资料来源：Wind 资讯。

分重点行业进行讨论，可以看到，化工行业"十五"时期的营业收入增长率为20.53%，到"十一五"时期大幅下跌，跌至6.88%，"十二五"时期略有回升，"十三五"时期将会跌至7%以下。机械设备行业在"十五"时期的营业收入增长率为19.02%，"十一五"时期降为9.30%，"十二五"时期继续降至3.92%，"十三五"时期会有所回升，估计值为5.96%。计算机行业的营业收入增长率在"十五"时期呈现负增长，增长率为-6.68%，在"十一五"时期上升为8.30%，"十二五"时期回落至6.87%，"十三五"时期将回落至5.16%。汽车行业的营业收入增长率在

"十五"时期为15.91%，"十一五"时期大幅度上升到25.42%，"十二五"时期汽车行业营业收入增长率回落到10.04%，"十三五"时期将回落到6.42%。商贸行业的营业收入增长率是逐渐下降的，从"十五"时期的17.41%预计降至"十三五"时期的4.18%。医药行业"十五"时期营业收入增长率为5.08%，"十一五"至"十二五"时期一直稳步增长，预计"十三五"时期将达到19.36%。房地产行业的营业收入增长率由"十五"时期的5.38%迅速增长到"十一五"时期的23.34%，"十二五"时期回落到17.28%，预计到"十三五"时期将回落到8.02%。总之，"十三五"时期是中国调结构、促转型的关键期，该时期劳动力市场也必然会发生较大的变动。

第五节　中国科技创新产业的发展现状

从中国高技术产业的基本情况可以看到（见表3－12），科技创新能力在逐步提高，R&D机构数由2000年的1379个增加到2010年的3184个、再增加到2017年的7018个，R&D人员数量由2000年的9.2万人增加到2017年的59.0万人，R&D经费和新产品开发经费均不断增长。专利申请数从2000年的2245件增加到2010年的59683件，到2017年专利申请数已经增加到158354件。从中国平均每万元国内生产总值能源消费量的情况可以看出（见表3－13），2005～2016年平均每万元国内生产总值能源消费量逐渐下降，科技创新水平在提升。因此，尽管中国和西方发达国家相比科技创新的能力和水平还有一定差距，但是近年来，中国的科技创新水平呈现逐年上升的趋势。

表 3 – 12　中国高技术产业基本情况

指标	2000 年	2005 年	2010 年	2015 年	2016 年	2017 年
企业数（个）	9758	17527	28189	29631	30798	32027
主营业务收入（亿元）	10033.7	33921.8	74482.8	139968.6	153796	159375
利润（亿元）	673.5	1423.2	4879.7	8986.3	10301.8	11295.9
R&D 机构数（个）	1379	1619	3184	5572	6456	7018

续表

指标	2000 年	2005 年	2010 年	2015 年	2016 年	2017 年
R&D 人员数量（万人）	9.2	17.3	39.9	59.0	58.0	59.0
R&D 经费（亿元）	111.0	362.5	967.8	2219.7	2437.6	2644.7
新产品开发经费（亿元）	117.8	415.7	1006.9	2574.6	3000.4	3421.3
专利申请数（件）	2245	16823	59683	114562	131680	158354
有效发明专利数（件）	1443	6658	50166	199728	257234	306431
施工项目数（个）	2734	7095	10723	20028	23715	27891
新开工项目数	1640	4460	7117	14122	17498	19270
建成或投产项目数（个）	1282	3158	6011	14100	14949	17770
投资额（亿元）	563.0	2144.0	6944.7	19950.7	22786.7	26186.6
新增固定资产（亿元）	421.0	1464.0	4450.4	14307.5	13140.3	15608.8

资料来源：《中国统计年鉴 2017》。

表 3 - 13　中国平均每万元国内生产总值能源消费量

年份	万元 GDP 能源消费量（吨标准煤/万元）	万元 GDP 煤炭消费量（吨/万元）	万元 GDP 焦炭消费量（吨/万元）	万元 GDP 石油消费量（吨/万元）	万元 GDP 原油消费量（吨/万元）	万元 GDP 燃料油消费量（吨/万元）	万元 GDP 电力消费量（万千瓦小时/万元）
2005	1.40	1.30	0.13	0.17	0.16	0.02	0.13
2007	1.29	1.20	0.13	0.15	0.14	0.02	0.14
2009	1.16	1.12	0.13	0.13	0.13	0.01	0.13
2011	0.86	0.86	0.09	0.10	0.10	0.01	0.10
2013	0.79	0.81	0.09	0.10	0.09	0.01	0.10
2015	0.71	0.66	0.07	0.09	0.09	0.01	0.10
2016	0.59	0.52	0.06	0.08	0.08	0.01	0.08

注：国内生产总值按 2005 年可比价格计算。
资料来源：《中国统计年鉴 2017》。

近年来，中国总体研发投入量不断增加，成为促进经济转型的主要动力，2016 年总体研发投入量为 2300 亿美元，占 GDP 的 2.11%，其中，基础研发投入占研发总投入的 5.2%，这一比重仍然不高。对比之下，美国在 2016 年的总体研发投入量在 5100 亿美元以上，占 GDP 的比重达到了 2.8%，其中，总体研发投入中的 19% 为基础研发投入。美国的总体研发投入量约为中国的 2.2 倍，基础研发投入也明显高于中国，这说明中国的基础研发投入较低,科技创新能力有待提升。企业的创新能力代表一个国家的综合竞争力,但中国工业企业的研发强度与发达国家相比仍存在一定差距。发达国家工业企业的研发强度为 2.5% ~4% ,中国工业企业的研发强度仅有 0.76% 。大多数企业没有自己的研发机构,拥有自主知识产权核心技术的企业更是少之又少。民营企业的平均寿命只有 3.9 年左右。由于我们长期以来忽视核心技术,注重产值,轻视研发,造成中国的自主创新能力较差,缺少可以在世界竞争的核心技术,成为制约中国产业转型升级、新型产业发展的重要因素。

第六节 中国产业转型升级趋势预测

一 发达国家产业结构现状

通过上文我们对中国产业转型升级现状有所了解,那么当前发达国家产业结构如何,近年来呈现何种新变化特征,这对预测中国未来的产业结构发展趋势具有较大的参考价值。故此,采用三次产业分类法,对发达国家三次产业就业结构的近几年变动情况加以归纳分析(见表 3 – 14)。

表 3 – 14 部分国家按产业类型划分的就业结构

单位:%

国家	第一产业		第二产业		第三产业	
	2010 年	2016 年	2010 年	2016 年	2010 年	2016 年
美国	1.6	1.6	16.7	18.5	81.7	79.9
英国	1.2	1.1	22.1	19.2	76.7	79.7
日本	4.9	3.6	25.4	25.5	69.7	70.9
加拿大	2.4	1.6	21.5	19.9	76.1	78.5
荷兰	7.8	6.3	19.9	18.8	72.3	74.9
法国	2.9	2.7	22.2	21.4	74.9	75.9
韩国	6.6	5.2	17.0	25.1	76.4	69.7
澳大利亚	3.3	2.7	21.1	19.3	75.6	78.0

资料来源:世界银行 WDI 数据库。

从第一产业就业比重变动来看，2010～2016 年，美国的第一产业就业比重几乎没有变化。英国、法国第一产业就业比重出现了小幅下降。荷兰、韩国、日本、加拿大、澳大利亚等国家第一产业就业比重下降幅度较大，其中荷兰和韩国第一产业就业比重下降幅度最大，分别下降了 1.5 个和 1.4 个百分点。

从第二产业就业比重变动来看，韩国、美国、日本近年来第二产业就业比重呈现上升趋势，2010～2016 年分别上升了 8.1 个、1.8 个和 0.1 个百分点。英国、澳大利亚、加拿大、荷兰和法国第二产业就业比重出现下降，2010～2016 年分别下降了 2.9 个、1.8 个、1.6 个、1.1 个和 0.8 个百分点。

从第三产业就业比重变动来看，2010～2016 年韩国和美国第三产业就业比重出现了下降，分别下降了 6.7 个和 1.8 个百分点。英国、荷兰、澳大利亚、加拿大、日本、法国等国家第三产业就业比重均出现了上升，其中英国第三产业就业比重上升幅度最大，上升了 3 个百分点，荷兰仅次于英国，第三产业就业比重上升了 2.6 个百分点。总体来看，多数国家第三产业就业比重出现上升，除非受到产业政策的影响，否则劳动力向第三产业流动是大势所趋。

二 发达国家产业结构演变过程

（一）美国产业转型升级过程

根据《美国的工业化》中道格拉斯·诺斯的研究，美国产业结构的演变过程可做如下概括。18 世纪 70 年代以前的美国是欧洲国家的殖民地，在近代工业方面没有什么发展，经济上也主要依赖英国。英美战争之后，才走上独立发展资本主义工业的道路。美国的工业化从纺织业开始，美国仿制英国的水力纺纱机于 1790 年建立起第一座纺织厂，随后，食品加工、木材加工、制铁等工业部门也普遍建立起新式工厂。美国的机器工业在 19 世纪中期迅速发展，铁路全线在 1865 年达到 35000 英里，铁路的修建带动了重工业的发展，同时也促进了农业的发展。美国在南北战争前基本建立了现代工业体系，完成了产业革命。

（二）英国产业结构调整过程

英国工业化和城乡劳动力转移的最初动力是始于 15 世纪的"圈地运动"。"圈地运动"剥夺了农民的土地，强制农场化，大量的劳动力被迫从农业转移到工业，为工业革命的到来做好了劳动力准备。工业革命的到来，促进了英国冶金业、纺织业等产业的快速发展。1832 年，英国的工厂里拥有世界棉纺织工厂棉纺锭数的 69.2%。到了 1835 年，英国成为欧洲的第一产煤大国，产煤量达到 3000 万吨。随着英国纺织业、冶金业等产业的发展，初期因工业化的推进，制造业吸纳了大量的农村劳动力。英国工业化初期，也就是 1801～1851 年，农村劳动力转移最快，在此期间农村劳动力占第一产业就业人口比重从 35.9% 降到 21.7%，占第二产业就业人口比重从 29.7% 升至 42.9%，占第三产业就业人口比重从 34.5% 升至 35.5%，劳动力在这个时期主要是从第一产业向第二产业转移。1852～1901 年这 50 年，劳动力主要是从第一产业向第三产业转移。

（三）日本产业转型升级过程

日本的工业化是从 19 世纪明治维新开始的，在 20 世纪中期以后实现了快速发展。

日本工业化发展的第一阶段是从明治维新时期到第二次世界大战结束，这一阶段日本的工业经历了从无到有又由盛转衰的过程，近代工业还处于发展的初级阶段，工业化进展较为迟缓，根据大川一司估计，1878～1882 年，日本第一产业产值占国民收入的 64.7%，第二产业产值占国民收入的 10.6%。1888～1892 年，第一产业产值占比有所下降，降至 54.3%，第二产业产值占比增至 16.2%，第三产业产值占比有所上升，升至 29.5%。

第二阶段为二战后至 1970 年前后，该时期日本的工业化实现了跨越式发展，日本较为迅速地实现了战后的经济恢复并建立起了完备的工业体系。朝鲜战争为日本的产业结构转型和经济发展创造了条件。1950 年，日本输出的产品主要为纺织原料、纺织品等附加值比较低的商品。到 1952 年金属及其制品的出口比例从 19.4% 上升至 24%，日本农业的就业人数占总就业人数的比重持续下降，从 59.1% 下降到 37.9%，劳动力转移的趋势较为明显，但是规模仍然较小。1955 年之后日本经济由战后的恢复期进入高速增长期。1960 年日本开启经济的高速成长期，1960~1970 年，日本的国民生产总值占世界的比重最高，达到 11.3%。确立了以重工业为主导，迅速发展各类产业的产业结构体系。1970 年日本的重化工业产值占制造业总产值的 62.3%，重化工业产品占出口产品的 77%。

第三阶段为 1970 年至今，该阶段日本的产业发展进入了调整期，农业的剩余劳动力基本完成转移。1973~1984 年，日本国民生产总值的年均增长率降至 4.3%，农业就业人数占总就业人数的比重在 1980 年降至 9.8%，在 1985 年降至 8.3%，表明日本基本完成了农业剩余劳动力的转移。但是20 世纪 80 年代以后日本的产业发展遇到阻碍。日本产业的发展在赶超欧美等国家后没有现成的模式可以模仿，缺少技术方面的创新，日本在产业升级中发生了决策失误。当前阶段，日本的产业结构调整正在经历深刻的变化，产业发展的重点放在信息产业、技术创新、服务老龄化社会以及环保产业等方面，但是调整的效果仍然有待观察。

（四）启示

发达国家因为具体情况不同，产业发展演进过程也不相同。但是我们可以通过对发达国家产业发展演进过程的分析得出值得借鉴的经验和启示。

第一，政府要在产业结构调整过程中起到决策和引导作用。政府要从法律法规和制度制定等方面创造适宜的环境和条件，从金融、财政、外贸等方面提供保障，促进新兴产业迅速成长，促进产业结构合理化。政府要加强对社会基础设施的建设，为产业发展提供良好的社会环境，使国家基础产业正常稳步发展。

第二，中国可以借鉴日本在经济发展过程中发挥"后发优势"的经验，引进世界发达国家的先进技术，借鉴发达国家先进的管理模式。通过国内相关部门的消化吸收，使引进的先进技术快速产业化，促进中国高技术、高附加值特色产业的产生和发展。

第三，政府应加强对市场的宏观调控，注意运用政府行为，有计划、有重点地推行国家产业政策。抓住时机促进产业结构战略性调整，将市场需求作为导向，进行科学预测，促进适合中国国情和世界发展趋势的战略性产业的发展。

第四，在培养支柱型产业时，各个地区应根据本地的条件和可能性，树立全国一盘棋思想。在建设新兴产业方面不能盲目，更不能破坏产业结构内部的良性循环，尽量避免产业之间结构上的趋同。要推动中国产业逐渐向合理化、高级化方向发展。

第五，国家要采取措施加大资本的积累和集聚，通过跨部门、跨地区、跨行业的联合，扩大产业的规模，提升产业的规模效益，促进劳动密集型产业向资本密集型产业、技术密集型产业转变。对于一些有发展前途的老企业和传统企业要进行改造，促进其经济效益提升。国家要不断深化改革，完善现代企业制度，形成具有中国特色的资源优化配置的经济运行机制，促进技术进步和自主创新能力的提升。

第六，中国的产业发展要遵循工业化发展的一般规律，从实际国情出发，在中国劳动力资源相对充裕的阶段，仍需重视部分劳动密集型产业的发展。通过促进经济发展，提高人均收入水平，促进劳动密集型产业向资本密集型产业、技术密集型产业过渡。国家和政府应积极采取措施促进工业化和城市化的协同发展，同时重视制度上的创新突破，为农村劳动力进城扫清障碍。

三　钱纳里模型中的产业结构标准

因为产业是就业的载体，对劳动力资源在产业间分布的大多数研究也主要从产业结构和就业结构之间的关系着手进行分析。在经济发展的不同阶段，产业结构和就业结构也有相应的国际参考标准。王晓君指出，合理配置劳动力资源实现充分就业，是构建和谐社会的基础，并认为应该建立产业衰退预警机制和人力资源产业转移快速反应机制，根据地区资源禀赋和人力资源特征，制定地区产业发展模式和战略。① 国外学者将经济结构定义为不同部门中劳动、资本和自然资源等生产要素的供给和使用的组合。工业化的模

---

① 　王晓君：《西部民族地区工业化实证分析》，《甘肃农业》2006 年第 8 期，第 32 页。

型是用来说明与收入水平相关的各种因素是怎样引起生产结构和要素使用结构变动的。研究者利用多国的模型模拟收入水平提高的作用，希望得到一种平均或标准的发展模式（见表 3 - 15）。

表 3 - 15　三次产业结构变动的国际趋势

项目		三次产业产值结构			三次产业就业结构		
		第一产业	第二产业	第三产业	第一产业	第二产业	第三产业
库兹涅茨模式人均 GDP		占比（%）	占比（%）	占比（%）	占比（%）	占比（%）	占比（%）
（1958 年美元）	（2016 年美元）						
70	475	45.8	21.0	33.2	80.3	9.2	10.5
150	1018	36.1	28.4	35.5	63.7	17	19.3
300	2036	26.5	36.9	36.6	46	26.9	27.1
500	3393	19.4	42.5	38.1	31.4	36.2	32.4
1000	6785	19.9	39.4	40.7	17.7	45.3	37
钱纳里、艾金通和西姆斯模式人均 GDP		占比（%）	占比（%）	占比（%）	占比（%）	占比（%）	占比（%）
（1964 年美元）	（2016 年美元）						
100	608	46.3	13.5	40.2	68.1	9.6	22.3
200	1215	36.0	19.6	44.4	58.7	16.6	24.7
300	1823	30.4	23.1	46.5	49.9	20.5	29.6
400	2431	26.7	25.5	47.8	43.6	23.4	33.0
600	3646	21.8	29.0	49.2	34.8	27.6	37.6
1000	6077	18.6	31.4	50.0	28.6	30.7	40.7
2000	12154	16.3	34.2	49.5	23.7	33.2	43.1
3000	18231	12.4	38.9	48.7	8.3	40.1	51.6
钱纳里和赛尔昆模式人均 GDP		占比（%）	占比（%）	占比（%）	占比（%）	占比（%）	占比（%）
（1980 年美元）	（2016 年美元）						
300	1743	48.0	21.0	31.0	81.0	7.0	12.0
400	2324	39.4	28.2	32.4	74.9	9.2	15.9
500	2905	31.7	33.4	34.9	65.1	13.2	21.7
1000	5810	22.8	39.2	38.0	51.7	19.2	29.1
2000	11620	15.4	43.4	41.2	38.1	25.6	36.3
4000	23240	9.7	45.6	44.7	24.2	32.6	43.2

注：1958 年美元 GDP 价格缩减指数为 25.7（由 1960 年数据估算），1964 年、1980 年和 2016 年分别为 28.7、30.0 和 172.2，以 2000 年为 100（https：//databank. worldbank. org/reports. aspx？ source = 2&type = metadata&series = NY. GDP. DEFL. ZS）。

资料来源：郭克莎、王延中主编《中国产业结构变动趋势与政策研究》，经济管理出版社，1999，第 10 页；〔美〕西蒙·库兹涅茨：《各国的经济增长》，常勋等译，商务印书馆，1999，第 128 ~ 130 页。

库兹涅茨以 1958 年美元为标准将收入水平分为五个阶段，进行模拟得出三次产业劳动力资源的配置标准。[①] 钱纳里、艾金通和西姆斯以 1964 年美元为标准将收入水平划分为八个阶段，得出了每个阶段劳动力资源在三次产业间的分布标准。[②] 后来钱纳里和赛尔昆以 1980 年美元为收入标准，模拟了各国发展模式，也给出了三次产业要素结构标准。[③] 因为汇率的变动，随着时间的推移，美元确定的基准收入水平也发生了变动，所以在采用国际标准对中国经济发展阶段进行验证时，需要将当时模拟经济发展阶段以美元确定的基准收入水平换算为当下的收入水平，我们在这里通过世界银行网站查得了美元的缩减指数，并将其换算为当下的收入标准，在此基础上做出比较分析。

四　中国数据的钱纳里、艾金通和西姆斯模型验证

通过验证，发现中国的经济发展模式与钱纳里、艾金通和西姆斯模式相似，可以此作为标准进行验证。新中国成立初期采取了优先发展工业的战略，造成农业萎缩，工业在地方政府粗放式增长的推动下，形成了农业和工业劳动生产率较低、劳动力在第一产业和第二产业就业比重较高的局面，使人均GDP 的提高与 GDP 提高相背离。截至 2016 年，中国人均 GDP 已经达到 8126美元，基本处于钱纳里、艾金通和西姆斯经济发展模式的第六阶段，中国第三产业发展速度加快，基本与国际标准持平（见表 3－16）。2016 年中国第一产业就业比重已经降低到 27.7%，但还需要进一步向第二、第三产业转移；第二产业就业比重为 28.8%，第二产业就业比重仍有增大的空间；第三产业就业比重为 43.5%，已经高于国际标准。总体来看，中国产业结构的变动经历了由低于国际标准到略高于国际标准的转变过程。由于上述国际标准都是基于发展中国家数据而得出的结论，也使该标准具有一定的时效性。从目前

[①] 〔美〕西蒙·库兹涅茨：《各国的经济增长》，常勋等译，商务印书馆，1999，第 55 页。

[②] 〔美〕霍利斯·钱纳里：《工业化和经济增长的比较研究》，吴奇、王松宝译，2015，第 67 ~ 79 页。

[③] 〔美〕霍利斯·钱纳里、莫伊思·赛尔昆：《发展的型式：1950 ~ 1970》，李新华、徐公里、迟建平译，经济科学出版社，1988，第 23 页。

来看，中国产业结构基本上与国际模式相符，并且略高于国际标准。随着中国经济发展水平的进一步提高，产业结构也必然会进一步高级化。

表 3 - 16 中国经济发展水平与产业结构验证

单位：%，2016 年美元

年份	三次产业产值结构			三次产业就业结构			人均GDP
	第一产业	第二产业	第三产业	第一产业	第二产业	第三产业	
1994	19.5	46.2	34.3	54.3	22.7	23.0	1013
1997	17.9	47.1	35.0	49.9	23.7	26.4	1362
2001	14.0	44.8	41.2	50.0	22.3	27.7	1802
2004	12.9	45.9	41.2	46.9	22.5	30.6	2338
2007	10.3	46.8	42.9	40.8	26.8	32.4	3698
2012	9.4	45.3	45.3	33.6	30.3	36.1	6680
2014	9.1	43.1	47.8	29.5	29.9	40.6	7901
2016	8.6	39.8	51.6	27.7	28.0	43.5	8126

资料来源：《中国统计年鉴 2017》。

五 中国产业发展趋势分析

（一） 产业就业结构与经济发展水平的相关性分析

为了进一步探讨中国未来产业发展趋势，增加可比性，我们分析了产业就业结构与经济发展水平的相关性（见图 3 - 6、图 3 - 7、图 3 - 8、图 3 - 9）。2016 年中国各省份第二、第三产业就业比重与经济发展水平存在明显的正相关关系，各省份第一产业就业比重与经济发展水平存在明显的负相关关系，即随着经济发展水平的提高，就业结构出现了明显的高级化。

以 2016 年大陆 31 个省份人均 GDP 为自变量（X），分别以各省份第一产业就业比重（Y_1）、第二产业就业比重（Y_2）、第三产业就业比重（Y_3）、非农产业就业比重（Y_4）为因变量设定回归模型如下：

$$Y_1 = 3.106 - 0.265 \ln X \tag{3.1}$$

$$Y_2 = -1.64 + 0.138 \ln X \tag{3.2}$$

$$Y_3 = -0.941 + 0.127\ln X \tag{3.3}$$

$$Y_4 = -2.105 + 0.265\ln X \tag{3.4}$$

从表 3 – 17 所示的 t 检验结果来看，模型回归参数显著性较高，能够用于预测未来中国就业结构变动趋势，由 t 检验结果可知就业结构与经济发展水平存在显著的相关关系。当前，中国第一产业劳动力仍然需要进一步向第二产业和第三产业转移，即现在中国产业转型升级的关键是促进劳动力从低端产业向高端产业转移，工作的重点应该向提升劳动者素质和做好职业培训方面转变。

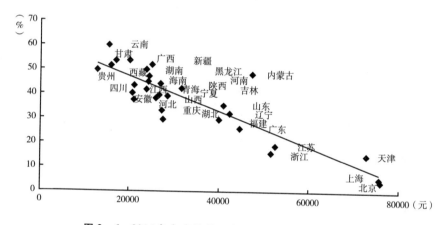

图 3 – 6　2016 年各省份第一产业就业比重与人均 GDP

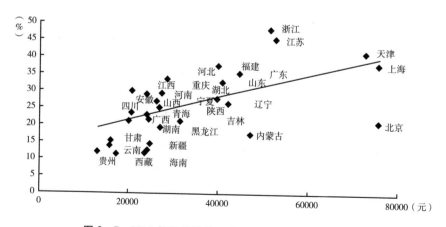

图 3 – 7　2016 年各省份第二产业就业比重与人均 GDP

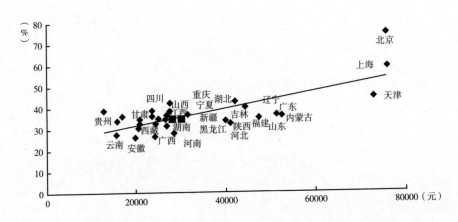

图 3-8　2016 年各省份第三产业就业比重与人均 GDP

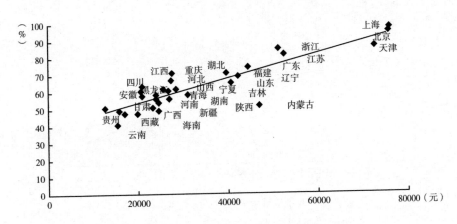

图 3-9　2016 年各省份非农产业就业比重与人均 GDP

表 3-17　就业结构高级化模型 t 检验结果

模型 1			模型 2			模型 3			模型 4		
自变量	T	P	自变量	T	P	自变量	T	P	自变量	T	P
X	-34.096	0.00	X	14.372	0.00	X	38.328	0.00	X	34.078	0.00
C	59.456	0.00	C	3.772	0.00	C	-17.991	0.00	C	-8.746	0.00

（二）中国经济发展趋势预测

根据前文分析，就业结构变动具有一定规律性，即随着经济发展水平

的提升，就业结构不断高级化。所以要想预测中国就业结构发展趋势，需
要首先知道中国经济发展水平的增长趋势。自改革开放以来中国经济保持
着快速发展的势头，在 2008 年国际金融危机中仍保持着 10.1%（按可比
价计算）的增长速度。近几年，中国的 GDP 增长速度有所下滑（10% 以
下），但发达国家的 GDP 增速一般在 2% ~ 4%，考虑到未来中国经济发展
的可能状况，选取《中国统计年鉴》公布的数据作为人均 GDP 的计算标
准，采用中国 1978 ~ 2016 年的人均名义 GDP 对其未来发展趋势进行测算，
用 SPSS 软件进行回归分析（Y 代表人均 GDP 值，X 代表时间序列），发现
Logistic 模型拟合效果最好，模型设定如下：

$$\ln\left(\frac{1}{Y} - \frac{1}{60000}\right) = \ln 0.005 + \ln(0.846^x) \tag{3.5}$$

回归结果如表 3 - 18 所示。

表 3 - 18　经济发展水平预测模型回归结果

自变量	回归系数	标准误	标准化回归系数	T	P
X	0.846	0.002	0.369	371.856	0.000
C	0.005	0.000	—	17.496	0.000

可见模型通过检验，参数设计比较合理。对模型（3.5）转化得到：

$$Y = \frac{1}{\frac{1}{60000} + 0.005 \times 0.846^x} \tag{3.6}$$

通过模型（3.6）对中国 2017 ~ 2030 年人均 GDP 发展趋势进行预测，
其总体趋势和预测结果如图 3 - 10 所示。

由图 3 - 10 可以看出模型估计比较合理，除个别年份外，预测值与实际
值拟合度较高，误差在 10% 以内。可见预测值精确度比较高，可以用来预
测中国未来经济发展水平变化趋势。

（三）就业结构变动趋势预测

以中国人均 GDP（X）为自变量，第一产业就业比重（Y_1）、第二产

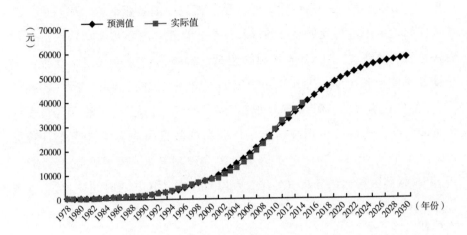

图 3 - 10   2017 ~ 2030 年人均 GDP 预测值

业就业比重（Y_2）、第三产业就业比重（Y_3）为因变量构建回归模型如下：

$$Y_1 = 1.248 - 0.085\ln X \tag{3.7}$$

$$Y_2 = -0.068 + 0.038\ln X \tag{3.8}$$

$$Y_3 = -0.18 + 0.046\ln X \tag{3.9}$$

从表 3 - 19 所示的 t 检验结果来看，模型回归参数显著性较高，能够用于预测未来中国就业结构变动趋势。

表 3 - 19   就业结构预测模型 t 检验结果

模型 1			模型 2			模型 3		
自变量	T	P	自变量	T	P	自变量	T	P
X	-9.522	0.00	X	7.912	0.00	X	10.629	0.00
C	41.914	0.00	C	26.322	0.00	C	20.755	0.00

将模型（3.6）人均 GDP 预测结果带入模型（3.7）、模型（3.8）、模型（3.9），得到未来就业结构情况（见表 3 - 20）。

表 3 - 20　2017～2030 年中国三次产业就业结构变动趋势

单位：%

年份	第一产业	第二产业	第三产业
2017	28.81	36.37	34.82
2018	26.70	37.30	36.00
2019	24.70	38.19	37.11
2020	22.83	39.01	38.16
2021	21.10	39.78	39.12
2022	19.52	40.48	40.00
2023	18.08	41.12	40.80
2024	16.79	41.69	41.52
2025	15.64	42.20	42.16
2026	14.62	42.65	42.73
2027	13.72	43.05	43.23
2028	12.93	43.40	43.67
2029	12.24	43.70	44.06
2030	11.64	43.96	44.40

注：根据模型（3.7）、模型（3.8）、模型（3.9）计算得出。

第四章 产业转型升级背景下
大学生就业现状

产业是就业的载体，产业结构调整、产业升级直接影响到劳动力市场中的岗位需求。本章主要通过调查分析，结合主要城市的现场招聘会和网络招聘会的数据资料，分析大学生就业的基本情况和结构特征。本章采用的分析方法主要是调查分析法、描述统计分析法等。研究内容主要包括：探寻不同性质的用人单位招聘大学生总量增加情况以及供求比变动情况；对不同受教育程度的大学生和不同专业的大学生供需情况进行汇总，探寻劳动力市场紧缺人才资源和相对饱和岗位变动趋势；考察往届大学毕业生就业、待业和失业情况。通过对大学生就业现状进行考察，为分析高等教育改革提供铺垫性的理论和实证分析基础。本章数据主要来自《中国劳动统计年鉴》，以及2015～2018年对上海大学生就业状况的问卷调查、2015～2018年《上海市大学生就业质量报告》，并选择具有代表性的华东师范大学、上海交通大学、复旦大学三所大学（以下简称"三所高校"）进行数据的汇总和整理，以此分析大学生就业特征、就业存在的困难及原因。

第一节 中国产业转型升级背景下大学生就业现状与特征

一 中国大学生就业现状分析

随着高校扩招，大学毕业生数量与日俱增，由图 4 - 1 可看出中国全部就业人员中大学生的就业比重从 2007 年的 6.6% 增长至 2016 年的 18.1%，表明中国劳动力资源中大学生比重在不断增加，其中专科生比重大于本科生比重，本科生比重大于研究生及以上学历毕业生比重。随着产业结构调整，创新驱动成为主要经济发展驱动力，高新产业成为主流产业，大学生作为高素质就业群体，其就业状况反映了中国产业升级对人才的需求趋势。

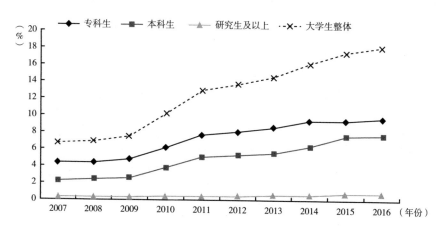

图 4 - 1　2007～2016 年不同学历大学毕业生占全部就业人员比重

资料来源：《中国劳动统计年鉴》(2008～2017 年)。

(一) 大学生就业率现状

从表 4 - 1 可以看到，上海市的高校毕业生人数一直呈上升的趋势，2015 年华东师范大学、上海交通大学和复旦大学三所高校的毕业生人数为 22716 人，到 2018 年毕业生人数已经增加到 23687 人，这与全国的趋势基本相同。在就业率方面，上海市高校的大学毕业生就业率是不断上升的，并且研究生毕业生的就业率高于本科毕业生的就业率。但是中国大学毕业生的就业率方面存在矛盾的现象，不同时间点、不同统计机构对于就业率的统计结果不同，有高有低。某些高校为了达到相关指标的考核要求，在就业率方面存在虚报现象，而且有些机构对于就业率的测量不够科学，难以体现如今多样的就业方式。所以大学生就业率只能在一定程度上反映大学生就业状况。

表4-1 上海市三所高校毕业生人数及就业率

单位：人，%

项目		毕业生人数	就业率
2015年	研究生毕业生	13088	96.62
	本科毕业生	9308	95.97
	高职毕业生	320	93.44
	合计	22716	96.30
2016年	研究生毕业生	13340	97.78
	本科毕业生	9462	96.55
	高职毕业生	96	97.92
	合计	22898	97.27
2017年	研究生毕业生	12534	98.13
	本科毕业生	10940	97.32
	高职毕业生	101	100.00
	合计	23575	97.76
2018年	研究生毕业生	14326	98.49
	本科毕业生	9358	97.44
	高职毕业生	3	100.00
	合计	23687	98.07

资料来源：根据2015~2018年《上海市大学生就业质量报告》中华东师范大学、上海交通大学和复旦大学三所高校的大学生就业数据整理所得。

麦可思《2018年中国本科生就业报告》显示，大学生平均就业率最高的10个专业分别是软件工程、能源与动力工程、电气工程及其自动化、物流管理、信息管理与信息系统、护理学、工程管理、预防医学、园林、数字媒体技术。这些专业的平均就业率都在94%以上。2017届本科毕业生毕业半年后就业率最低的专业是法学类专业，为85.3%。总体来看，理工科专业的就业率高于文科专业的就业率，一些面向企业的专业的就业率要高于面向事业单位的专业的就业率。另外，一些专业的周期性变化特征较为明显，如水利类、农业工程类专业变化周期为1年，能源动力类、地矿类等专业变化周期为2年。

根据近几年上海市三所高校就业数据来看，管理学类和工学类是大学生就业率最高的专业。建筑工程技术、电子信息工程、口腔医学、激光加工技术、过程装备与控制工程、畜牧兽医等专业的就业率也居高不下。就业率相对较低的专业主要是汉语言文学、教育学、英语、哲学、生物学、法学等几大类。调查发现这几大类专业即使达到硕士研究生或者博士研究生的学历也会在就业过程中面临较大的压力。这几大类中的具体专业有教育技术学、法律事务、科学教育、体育教育、国际贸易实务等。这也与第三方教育咨询研究机构麦可思2018年发布的《2018年中国本科生就业报告》的调查结果基本一致。

（二）大学生就业单位性质现状

根据《上海市大学生就业质量报告》中上海市三所高校毕业生就业分布情况（见表4-2），可以看到，2017年上海市三所高校大学毕业生就业的主要去向是民营企业，去民营企业的大学毕业生占比达到28.25%，到"三资"企业和医疗卫生单位的大学毕业生次之，占比分别为20.02%和19.64%。与2017年相比，2018年去民营企业工作的大学毕业生占比下降，降低到22.15%，到国有企业就业的大学毕业生占比上升，上升到26.97%，到"三资"企业就业的大学毕业生占比基本不变，到医疗卫生单位就业的大学毕业生占比略有下降，下降至17.53%。

表4-2 上海市三所高校2017年、2018年已就业毕业生去向情况

单位：人，%

项目		党政机关	民营企业	"三资"企业	医疗卫生单位	国有企业	高等教育	科研设计	其他单位
2017年	人数	520	3469	2458	2411	2271	643	175	331
	占比	4.24	28.25	20.02	19.64	18.50	5.24	1.43	2.70
2018年	人数	496	2545	2316	2014	3099	585	211	223
	占比	4.32	22.15	20.16	17.53	26.97	5.09	1.84	1.94

资料来源：根据2017~2018年《上海市大学生就业质量报告》中华东师范大学、上海交通大学和复旦大学三所高校的大学生就业数据整理所得。

（三）大学生就业行业分布现状

表4-3反映了具有专科及以上学历的大学生在不同行业中的就业比重分布状况，本书采用三次产业分类方法，将不同行业划分为第一产业、第二

产业和第三产业。从表4-3可以明显看出，就整体而言，大学生的主要就业领域集中分布在第三产业，即第三产业大学生比重最高，其次是第二产业，在第一产业中就业的大学生比重最低。

表4-3 不同行业中专科及以上学历大学生占全部就业人员比重

单位：%

产业类型	行业类型	2008年	2010年	2012年	2014年	2016年
第一产业	农林牧渔业	0.7	1.5	2.0	2.1	0.9
第二产业	采矿业	9.6	18.8	23.8	23.7	23.0
	制造业	10.6	13.3	18.6	20.8	17.6
	电力、燃气及水的生产和供应业	31.6	38.2	42.3	46.1	42.5
	建筑业	9.2	9.9	13.8	15.5	8.9
第三产业	批发和零售业	10.7	14.5	18.0	20.5	20.2
	交通运输、仓储和邮政业	11.3	14.0	19.3	20.2	17.5
	住宿和餐饮业	5.5	7.9	11.1	12.5	9.7
	信息传输、计算机服务和软件业	51.8	59.0	37.2	47.4	68.8
	金融业	58.5	64.5	61.5	65.6	70.1
	房地产业	31.2	31.0	35.8	35.8	39.2
	租赁和商务服务业	39.3	44.2	41.7	46.0	43.3
	科学研究、技术服务和地质勘查业	58.6	68.2	62.2	70.4	72.3
	水利、环境和公共设施管理业	23.2	26.2	35.3	36.6	27.9
	居民服务和其他服务业	7.0	7.1	11.9	13.5	12.6
	教育	72.8	74.8	74.4	74.7	73.2
	卫生、社会保障和社会福利业	54.2	60.3	65.2	69.4	63.1
	文化、体育和娱乐业	35.2	40.5	46.0	50.8	45.4
	公共管理和社会组织	58.9	62.5	66.0	67.6	63.9

资料来源：《中国劳动统计年鉴》（2009～2017年）。

具体来看，自2008年国际金融危机以来，第一产业大学生就业比重呈现上升趋势并在2015年达到了2.4%，但2016年第一产业大学生就业比重为0.9%，迅速下降了1.5个百分点。这一现象反映出大学生的就业理念发生了转变，随着时间的推移，大学生的就业期望值越来越高，青睐较体面的岗位类型。就大环境而言，中国目前正处于产业转型升级的关键期，第一产业产值比重整体不断下降，所容纳的劳动力，尤其是高素质劳动力越来越少。第二产业包括四大行业类型，其中电力、燃气及水的生产和供应业中大学生就业比重较高，建筑业中大学生就业比重最低。主要原因是：电力、燃气及水的生产和供应业多属于垄断性行业，就业人员多属于编制内，工作稳定且福利待遇良好，是众多大学生就业的首选；建筑业工作稳定性差，风险系数较高，工作人员以农民工为主，大学生就业比重很低。就第三产业而言，大学毕业生就业比重最高的行业类型为教育行业，教育行业工作性质稳定、福利待遇好、对工作人员受教育程度要求较高等因素使之成为大学生就业的最佳选择。其次为金融业以及科学研究、技术服务和地质勘查业等行业类型。随着中国产业升级进程不断推进，科技创新在经济发展中的作用日益突出，金融和科技行业的发展规模不断扩大，为越来越多的高素质劳动者创造了就业岗位，增加了大学生就业人数。而在住宿和餐饮业，居民服务和其他服务业，批发和零售业，交通运输、仓储和邮政等传统服务行业中大学生就业比重相对较低，这充分说明现代服务业已经成为大学生就业的主要阵地，对大学生的就业吸引力越来越大，而传统服务业并不受大学生喜欢。

随着 1999 年高校开始扩招，中国大学生数量迅速增加，大学毕业生占就业人员比重也不断提高。其就业的行业类型集中在现代服务行业，如教育，金融业，信息传输、计算机服务和软件业等行业，在住宿和餐饮业以及交通运输、仓储和邮政业等传统行业就业比重较低。根据《中国人口和就业统计年鉴》，农林牧渔业中大学生就业比例一度增长速度最快，2006～2009 年增长了 125%。国家机关、事业单位以及现代服务中大学生就业比重较高，但上述行业所对口的专业平均就业率则居所有专业的中下水平，且近年来增速明显放缓。目前大学生就业问题更多地表现为专业结构性短缺，其特征主要体现在以下几个方面。

第一，从总体来看，专业结构性短缺问题长期存在。首先，行业紧缺型人才长期供应不足。2016 年农林牧渔业、建筑业、住宿和餐饮业的从业人员中大学生所占比重低于 10%，且长期以来没有显著提高，市场需求与人才培养结构矛盾突出。其次，工作条件相对艰苦、专业要求相对较高的一线技术开发和项目管理岗位对大学生需求量较大。而大学毕业生更愿意从事工作环境相对较好、工作时间相对固定、收入相对较高的"白领"工作，对一线技术开发或项目管理等工作并不十分热衷。

第二，从就业水平来看，农林牧渔业、住宿和餐饮业、居民服务和其他服务业、建筑业、制造业等 5 个行业的大学生所占比重最低，2008 年、2010 年、2012 年、2014 年、2016 年这 5 年的大学生就业比重均值分别是 1.44%、9.34%、10.42%、11.46%、16.18%。制造业涉及专业较多，部分专业就业率还是表现得比较乐观，如机械类、电气信息类、仪器仪表类、材料科学类等专业近 5 年的平均就业率名列前茅。通过分析，我们可以清楚地看到，大学生所占比重较低的行业吸纳大学生就业的潜力更大。对于大学生而言，要及时转变就业观念，适应新的市场需求，可以将劳动密集型行业和大学生占比较低的行业作为重要的就业选择。当然，传统劳动密集型行业仍然有许多因素制约着大学生就业，如岗位设置不够合理、职业发展不够明确、薪酬待遇不够有吸引力等，但总体上仍是吸纳就业潜力较大的行业。

第三产业中大学生就业比重相对较高，其中教育行业中大学生比重最高，2008 年、2010 年、2012 年、2014 年、2016 年这 5 年的平均比例为 73.98%。第一产业就业人员中大学生所占比重最低，2008 ~ 2016 年农林牧渔业就业人员中大学生所占比重总体上呈现先上升后下降趋势，到 2016 年所占比重仅为 0.9%。从第三产业中的具体行业来看，教育，科学研究、技术服务和地质勘查业，金融业，公共管理和社会组织等行业中大学生所占比重最大。根据中国大学生在不同产业的就业特点，再结合前面中国产业结构的发展趋势，可以发现，中国大学生就业主要面向第三产业，所以在提供就业岗位时，应更多地关注服务行业的就业岗位开发。

（四）大学生分产业就业弹性现状

随着经济发展水平的提升，经济发展对高学历劳动者的需求倾向越来越大。1999 ~ 2016 年中国 GDP 年均增长率为 13.19%，而具有高等教育学历的就业人员年均增长率为 11.54%，其就业弹性为 0.8749，远高于全部就业人员的平均增长率和平均就业弹性，其中研究生就业弹性最高，为 1.8544，本科生次之，为 1.1744，专科生就业弹性最低，为 0.5527（见表 4 - 4）。从各产业情况来看，第一产业以吸纳大学专科毕业生为主，第二产业和第三产业以吸纳大学本科毕业生和研究生毕业生为主，尤其是第三产业对大学专科毕业生的需求量日益减少，对研究生等高学历人才资源的倾向性需求明显增大。从分产业情况来看，1999～2016 年全部就业人员第一产业、第二产业和第三产业的平均就业弹性分别为 - 0.35、0.23 和 0.12，明显低于具有大学专科及以上学历就业人员的分产业就业弹性。这说明，劳动力市场对高技能劳动者需求量不断增大，接受过高等教育的劳动者在劳动力市场上更受欢迎，这一点也与世界经济发展规律相一致，即经济发展水平越高的国家和地区，人才资源受重视程度就越高。

表 4 - 4　1999～2016 年大学专科及以上学历就业人员年均增长率和年均就业弹性

单位：%

项目	合计	第一产业	第二产业	第三产业
大学专科就业人员年均增长率	7.29	3.57	10.39	- 0.76
大学本科就业人员年均增长率	15.49	- 4.11	16.10	8.05
研究生就业人员年均增长率	24.46	0.00	21.34	14.90
大学专科及以上学历就业人员年均增长率	11.54	3.57	13.70	3.76
经济总产值年均增长率	13.19	11.50	15.36	22.82
大学专科就业人员年均就业弹性	0.5527	0.3100	0.6761	- 0.0333
大学本科就业人员年均就业弹性	1.1744	- 0.3574	1.0481	0.3528
研究生就业人员年均就业弹性	1.8544	0.0000	1.3894	0.6532
大学专科及以上学历就业人员年均就业弹性	0.8749	0.3100	0.8915	0.1650

注：高等教育学历指的是普通高等教育学历，包括专科、本科和研究生。

资料来源：根据《中国劳动统计年鉴》（2000～2017）、中国劳动力抽样调查（2000～2017 年）数据计算整理所得。

二　中国大学生薪金现状

（一）大学生薪金总体情况

中国大学生的薪金情况在某种程度上可以反映中国劳动力市场的供需结

构（见表 4 - 5）。1999 ~ 2002 年大学生的整体薪金占城镇单位就业人员平均工资的比重呈现上升趋势，在 2003 年之后出现了下降。这种变化主要是2003 年之后大学生人数呈现快速上升趋势，毕业生总量的增长速度过快导致薪金降低，在劳动力市场上表现为供需矛盾，这也是造成大学生就业难的原因之一。同时，一部分大学毕业生所学专业不能与市场需求相匹配，在很大程度上大学生对工作的预期值偏高，以及中国的经济结构调整等因素共同造成了大学生结构性失业。

表 4 - 5　1999 ~ 2016 年中国应届大学生毕业半年后平均工资

单位：元/月

年份	起薪	城镇单位就业人员平均工资	大学生起薪与城镇单位就业人员平均工资之比
1999	1132	696	1.63
2005	2334	1530	1.53
2010	2479	3096	0.80
2012	3048	3897	0.78
2014	3487	4697	0.74
2016	3988	5631	0.71

资料来源：《2017 年中国本科生就业报告》。

（二）不同专业大学生薪金现状

通过上海高校大学生就业情况问卷调查数据，进一步分析不同专业大学生的就业对口情况与薪金水平（见表 4 - 6）。根据调研获得的数据，专业是否对口与毕业后的薪金水平呈显著正相关，如果毕业后的工作与大学所学专业对口，则薪金水平较高。可以看到就业后薪金为 2500 元以下、2500 ~3000 元、3001 ~ 3500 元、4501 ~ 5000 元、5001 ~ 5500 元、5501 ~ 6000 元、6000 元以上的就业大学生中，专业对口的人数均多于专业不对口的人数。薪金为 3501 ~ 4000 元、4001 ~ 4500 元的就业大学生中，专业不对口的人数多于专业对口的人数。

表 4 – 6 高校毕业生专业对口情况与薪金水平

单位：%

专业对口情况	2500 元以下	2500 ~ 3000 元	3001 ~ 3500 元	3501 ~ 4000 元	4001 ~ 4500 元	4501 ~ 5000 元	5001 ~ 5500 元	5501 ~ 6000 元	6000 元以上	总体
专业对口	55.00	67.57	50.65	46.38	44.71	63.64	56.67	60.00	57.14	53.01
专业不对口	45.00	32.43	49.35	53.62	55.29	36.36	43.33	40.00	42.86	46.99
合计	100.00	100.00	100.00	100.00	100.00	100.00	100.00	100.00	100.00	100.00

资料来源：上海三所高校大学生就业调查。

（三）不同学历大学生薪金现状

通过上海高校大学生就业情况问卷调查数据，对高校毕业生学历水平与薪金水平进行交叉分析（见表 4 – 7），可以看到，不同学历的毕业生薪金水平不同，学历会对就业后的薪金水平产生一定的正向影响，高学历的大学毕业生更容易获得薪金较高的工作，相比较而言，专科生的薪金水平比较低，大多为 3000 元及以下的水平。

表 4 – 7 高校毕业生学历水平与薪金水平

单位：%

薪金情况	学历			
	博士研究生	硕士研究生	本科	专科
2500 元以下	0.00	13.64	81.82	4.54
2500 ~ 3000 元	2.33	11.63	65.12	20.92
3001 ~ 3500 元	1.19	9.52	78.57	10.72
3501 ~ 4000 元	1.28	2.56	87.18	8.97
4001 ~ 4500 元	1.09	5.43	92.39	1.09
4501 ~ 5000 元	1.27	10.13	88.61	0.00
5001 ~ 5500 元	2.70	10.81	86.49	0.00
5501 ~ 6000 元	5.26	0.00	94.74	0.00
6000 元以上	4.00	4.00	88.00	4.00

资料来源：上海三所高校大学生就业调查。

（四）不同技能水平大学生薪金现状

基于上海高校调查的大学生英语水平、计算机等级、其他技能与薪金水平的基本情况，对其进行交叉分析（见表 4 – 8、表 4 – 9、表 4 – 10），可以看到，英语水平越高，越容易获得较高的薪金，拥有计算机技能证书的毕业生也更容易获得较高的薪金。由其他技能证书和薪金水平的交叉分析可知，拥有其他技能证书的毕业生获得较高薪金的比重较高。英语证书、计算机技能证书和其他技能证书都有助于高校毕业生获得较高的薪金。

表 4-8　高校毕业生英语等级与薪金水平

单位：%

薪金情况	英语水平			所有大学生
	六级	四级	其他	
2500 元以下	3.96	3.23	8.33	4.22
2500~3000 元	7.19	18.55	2.08	9.78
3001~3500 元	20.14	20.97	4.17	18.67
3501~4000 元	17.63	17.74	10.42	16.89
4001~4500 元	18.71	25.00	14.58	20.00
4501~5000 元	15.11	8.06	31.25	14.89
5001~5500 元	8.27	1.61	10.42	6.67
5501~6000 元	4.68	0.81	6.25	3.78
6000 元以上	4.32	4.03	12.50	5.11
合计	100.00	100.00	100.00	100.00

资料来源：上海三所高校大学生就业调查。

表 4-9　高校毕业生计算机技能证书与薪金水平

单位：%

薪金情况	计算机等级				所有大学生
	三级	二级	一级	其他	
2500 元以下	4.55	2.23	2.88	11.43	4.61
2501~3000 元	9.09	10.71	8.65	6.67	9.22
3001~3500 元	15.91	21.43	16.35	10.48	17.40
3501~4000 元	6.82	15.63	23.08	16.19	16.56
4001~4500 元	18.18	19.20	31.73	7.62	19.29
4501~5000 元	11.36	13.84	12.50	28.57	16.56
5001~5500 元	11.36	7.59	4.81	8.57	7.55
5501~6000 元	11.36	4.02	0.00	3.81	3.77
6000 元以上	11.36	5.36	0.00	6.67	5.03
合计	100.00	100.00	100.00	100.00	100.00

资料来源：上海三所高校大学生就业调查。

表 4 - 10　高校毕业生其他技能证书与薪金水平

单位：%

薪金情况	其他技能证书		所有大学生
	有	无	
2500 元以下	6.78	2.88	4.95
2500 ~ 3000 元	8.47	9.62	9.01
3001 ~ 3500 元	12.29	20.67	16.22
3501 ~ 4000 元	16.53	14.90	15.77
4001 ~ 4500 元	19.49	20.19	19.82
4501 ~ 5000 元	16.53	18.27	17.34
5001 ~ 5500 元	8.05	7.69	7.88
5501 ~ 6000 元	3.81	3.37	3.60
6000 元以上	8.05	2.40	5.41
合计	100.00	100.00	100.00

资料来源：上海三所高校大学生就业调查。

三　中国大学生就业难的主要表现

根据国家统计局公布的相关数据和 2017 年对上海高校毕业生做的 1500 份就业问卷调查结果，将中国高校毕业生就业困难的主要表现概括如下。

（一）就业岗位缺乏

中国高校毕业生人数的逐年增加造成了大学毕业生的供过于求。高校毕业生人数骤增，导致了社会劳动力供给和需求的失衡，相较于政府部门、事业单位、企业等的需求量而言，高校毕业生人数过多，造成了相对过剩的状况，对于大学毕业生而言，就业岗位处于缺乏状态。中国高校毕业生还面临着结构性失业，大学所学专业与就业市场上单位的需求不匹配。第三方教育咨询机构麦可思发布的《2018 年中国本科生就业报告》显示，本科毕业后就业难的专业有化学、绘画、音乐表演、美术学、历史学、法学。大学毕业生人数增多，并且与劳动力市场人才需求不匹配，导致大学毕业生缺乏可以就业的岗位。

（二）大学毕业生主动选择不就业

20 世纪五六十年代的大学生的追求主要是"到边疆去，到农村去，到祖国需要的地方去"，而当代的高校毕业生主要追求的是"到大城市去，到大公司去，到机关去"，主要追求挣钱多的单位，在找工作的过程中心态过多地偏向眼前利益。大学扩招后，大学毕业生人数增加，劳动力市场上学历持续贬值，用人单位对人才的要求也随之提高。高校毕业生在劳动力市场上同质竞争，博士生挤占硕士生的工作岗位，硕士生挤占本科生的工作岗位，本科生挤占专科生的工作岗位，部分大学生只能与下岗职工、农民工同台竞争。在这种供需不平衡的择业环境下，大学毕业生要么接受用人单位苛刻的用人条件，要么只能主动选择不就业。部分大学生因为没有理想的工作，或者主动选择不就业，或者选择继续升学。这种状况导致"月光族""啃老族"等群体的出现。

（三）岗位空缺和就业难并存

在高校毕业生资源配置的过程中劳动力市场起到了重要作用，但是目前中国的劳动力市场不够成熟和完善，劳动力市场的分割和信息不对称加剧了原本就存在的结构性失业。某些地方具有较强的人才需求，但是高校毕业生却不愿意到那些地方工作，另一些地方毕业生过多，却仍有大批高校毕业生选择留在这些地方。高校毕业生受到人事档案管理、现行户籍制度、社会保险等因素的制约，毕业生从非公有制单位到国有企业、事业单位的流动过程存在障碍，大学生到企业工作的积极性也不够高。同时，大学生知识结构不合理，存在所学知识与社会需求不匹配的矛盾，部分学校的专业设置与劳动力市场上的人才需求脱节，造成大学毕业生就业竞争力较低等问题。

（四）大学生在找工作的过程中面临多重障碍

根据课题组 2017 年对上海大学生就业情况进行调查获得的数据进行分析，可以看到，高校毕业生在择业过程中面临着多重障碍。在受访的大学毕业生中，33.1% 的大学毕业生认为学校专业设置方面存在构成就业障碍的因素，30.6% 的大学毕业生认为学校的课程体系与教学内容方面存在构成就业障碍的因素，46.3%的大学毕业生认为毕业生本人的就业期望存在构成就业障碍的因素，24.7%的大学毕业生认为社会观念及舆论导向存在构成就业障碍的因素，41.1%的大学毕业生认为用人单位录用员工的取向存在构成就业障碍的因素，28.1%的大学毕业生认为就业市场的规范化程度方面存在构成就业障碍的因素，33.5%的大学毕业生认为现行高校毕业生就业制度与政策导向存在构成就业障碍的因素，18.5%的大学毕业生认为社会提供的就业保障条件方面存在构成就业障碍的因素（见表4－11）。由此可见，高校毕业生在寻找工作的过程中面临着很多困难。这些因素共同导致了大学生就业难的现象。

表4－11　构成大学毕业生就业障碍的主要因素

单位：%

是否认为对就业有障碍	学校专业设置	学校的课程体系与教学内容	毕业生本人的就业期望	社会观念及舆论导向	用人单位录用员工的取向	就业市场的规范化程度	现行高校毕业生就业制度与政策导向	社会提供的就业保障条件	其他因素
是	33.1	30.6	46.3	24.7	41.1	28.1	33.5	18.5	6.0
否	66.9	69.4	53.7	75.3	58.9	71.9	66.5	81.5	94.0
合计	100	100	100	100	100	100	100	100	100

资料来源：上海三所高校大学生就业调查。

四　中国大学生就业难的原因分析

（一）高校急剧扩招、就业环境变化

高校急剧扩招导致大学生就业矛盾突出。1999年后，中国高等教育的发展政策由之前的"平稳式发展"转变为"积极式发展"。西方国家从精英化的高等教育到大众化的高等教育用了二三十年甚至更长的时间，但是中国仅仅用了五六年的时间，大学生数量迅速增加，但是社会的有效需求在短期内增幅有限，导致就业市场上供需失衡，矛盾凸显。中国就业岗位的增加速度跟不上经济增长的幅度，并且高素质劳动者就业岗位的增加速度慢于普通

劳动者就业岗位的增加速度。另外，就业矛盾因就业环境的突变而加剧，经济环境不景气，产业转型升级加快，再加上不同类型的劳动力大军（下岗失业人员、农业转移劳动力、已毕业大学生）同时涌入劳动力市场，但是就业市场是有限的，导致了就业压力的增加。

（二）教育结构失衡

宏观层面上教育结构失衡是影响高校毕业生就业的原因之一。产业结构优化升级的背景下，就业市场上对各种类别的人才以及高素质的劳动力需求增大，高等学校和教育机构承担了培养市场所需人才的重要任务。但是，就中国现状来看，经济结构、产业结构和高等教育结构之间的适应性较差，没有形成具有相应特点的专业教育模式，造成高等学校培养出来的学生难以满足经济发展过程中劳动力市场的需求。在社会主义市场经济发展与高等教育结构错位的情况下，高校毕业生就业会面临一定困难。在此情况下，国家应该主动对高等学校进行改革，实现高等教育结构、产业结构、经济结构之间的平衡，促进经济社会发展与高等学校之间的良性互动。

（三）就业市场上存在歧视现象

具有年龄、学历、能力优势的大学生在就业时都感到困难，那么其他人群就业就更是难上加难。因为劳动力市场上生产要素的主要载体是人，人力与产品不同，不能在过剩时被处理掉。在劳动力市场上，并不仅仅由供需关系来决定工资。就业市场上某些潜规则的存在，相关体制、规定的不健全，导致劳动力市场上供需有效匹配率下降。就业市场上的歧视主要有女性求职者在找工作过程中受到的性别歧视、年龄较大的求职者在找工作的过程中受到的年龄歧视、学历较低的求职者在找工作的过程中受到的学历歧视、非本地户籍的求职者在找工作时受到的地域歧视等。就业市场上存在的歧视现象与市场经济发展对劳动力资源优化配置的要求相违背。就业市场上的歧视不仅导致了就业市场的扭曲，也导致了资源难以实现优化配置。

（四）大学生的就业期望过高

大学生对自己的能力、素质的认知存在一定程度的偏差，常常对自己的定位期望过高。在大学生对自己定位不清的情况下，会产生过高的就业期望，期待找到待遇好、收入高的工作单位，所以大学生就业的过程中出现了高不成、低不就的现象，对就业产生了一定影响。调查显示，大学生在择业期间的期望较高，在择业过程中主要考虑交通是不是便利、薪酬是不是丰厚、住所是不是合适等因素。部分高校毕业生急功近利、好高骛远，不选择去基层工作，也不选择去经济欠发达地区的单位工作。这进一步加剧了大学生就业市场供需失衡的问题。

（五）经济社会结构转型，市场人才需求变化

随着经济的迅速发展，经济社会结构面临较大的调整，市场对于人才的需求也在这种背景下发生了结构性的变化。经济结构的变动导致劳动力市场需求与劳动力供给质量之间出现冲突和矛盾。经济结构的调整导致了大学生所具有的专长与入职后的岗位需求不匹配，即产业升级的速度与劳动者技能、素质提升的速度不同步。在这种情况下，即使市场上出现较大的"人才缺口"，也会因为劳动者个人综合素质的不合格而难以弥补缺口。同时，用人单位在产业优化升级的背景下，提升了用人的标准和要求，劳动者因为技能差、素质低不适应新岗位的需求，容易陷入被动失业的状态。

（六）高校就业择业指导有效性较差

目前很多高校开展的就业择业指导活动内容和形式都比较单一，一般只是对就业形势进行简单分析，对大学生就业的促进作用较小。在对大学生进行就业择业指导的过程中忽略了市场对人才的需求、职业前景的规划，以及如何应对职业危机、调整择业心态等相关内容的介绍。国内高校的就业择业指导注重速效性和技巧性，往往忽略了前瞻性和科学性，很少针对不同学生进行科学的职业测试和职业规划。高校在进行毕业生就业择业指导时，应立足实际，加大对国家就业政策的宣传力度，拓宽大学生求职信息的来源渠道，促进科学合理的高校毕业生就业促进机制的建立和完善，结合职业生涯规划，提高高校就业择业指导的有效性。

第二节　发达国家产业转型升级背景下大学生就业特征

一　发达国家就业人员学历构成

通过对相关文献的梳理和有关数据的分析，可以看到发达国家在产业转型升级的过程中重视教育、重视人才、重视对于知识产权的保护。2008～2016年，发达国家人口受教育程度有了很大提升。初等教育、中等教育、高等教育的规模均在迅速扩张。整体来看，发达国家就业人员中接受过中等教育和高等教育的劳动者占劳动年龄人口的比重越来越大。部分发达国家在重视经济增长、促进产业优化升级的过程中，通过重视教育来提升劳动力人力资本的整体水平和质量，促进经济增长和就业增长相协调；通过培养人才、提升受教育程度来优化劳动力资源配置，以适应国家经济社会发展需求。

由表4－12可以看出，在初等教育方面，2008～2016年，美国接受过初等教育的人口占劳动年龄人口的比重上升速度最快，从2008年的9.5%上升到2016年的46.4%，上升了36.9个百分点。英国接受过初等教育的人口占劳动年龄人口的比重从2008年的21.9%上升到2016年的56.9%，上升了35.0个百分点。加拿大接受过初等教育的人口占劳动年龄人口的比重由2008年的13.5%上升到2016年的37.6%，上升了24.1个百分点。法国接受过初等教育的人口占劳动年龄人口的比重上升幅度最小，仅上升了5.7个百分点。

表4－12　发达国家不同学历人口占劳动年龄人口的比重

单位：%

国家	初等教育			中等教育			高等教育		
	2008 年	2013 年	2016 年	2008 年	2013 年	2016 年	2008 年	2013 年	2016 年
美国	9.5	22.1	46.4	29.4	58.5	79.8	61.1	33.2	75.0
英国	21.9	26.7	56.9	45.2	52.8	74.2	32.2	39.1	83.8
日本	58.6	—	—	—	—	53.7	41.4	—	77.6
加拿大	13.5	—	37.6	40.0	38.7	78.6	46.5	51	75.7
荷兰	25.9	32.7	45.5	42.1	42.2	70.0	31.3	32.7	80.5

续表

国家	初等教育			中等教育			高等教育		
	2008 年	2013 年	2016 年	2008 年	2013 年	2016 年	2008 年	2013 年	2016 年
法国	25.1	27.7	30.8	44.8	44.6	62.4	30.0	35.1	77.5
韩国	23.0	—	38.8	42.0	—	65.1	35.0	—	77.9
澳大利亚	27.3	—	52.1	38.9	—	76.1	33.8	—	82.6

资料来源：世界银行 WDI 数据库。

从中等教育来看，2008~2016 年，美国、加拿大和澳大利亚接受过中等教育的人口占劳动年龄人口的比重上升幅度较大。美国接受过中等教育的人口占劳动年龄人口的比重上升了 50.4 个百分点；加拿大接受过中等教育的人口占劳动年龄人口的比重上升了 38.6 个百分点；澳大利亚接受过中等教育的人口占劳动年龄人口的比重上升了 37.2 个百分点；法国接受过中等教育的人口占劳动年龄人口的比重上升幅度最小，但也增加了 17.6 个百分点。

从高等教育来看，2008~2016 年，美国接受过高等教育的人口占劳动年龄人口的比重，2013 年下降为 33.2%，2016 年上升为 75.0%，上升幅度最小。英国接受过高等教育的人口占劳动年龄人口的比重由 2008 年的 32.2% 上升到 83.8%，上升了 51.6 个百分点，上升幅度最大。荷兰、法国接受过高等教育的人口占劳动年龄人口的比重一直处于上升的趋势，上升幅度均超过了 40 个百分点。

二　发达国家大学生就业状况分析

（一）日本产业结构调整中大学生就业状况

在日本，不同劳动力市场之间存在的差异导致了不同劳动力市场之间存在分割，不同行业之间也存在较大的收入差距。由表 4－13 可以看出，日本四年制大学男毕业生在不同行业的起薪存在较大差异。其中，不动产行业的起薪比较高，运输通信行业的起薪比较低。不同行业的大学毕业生收入不同，一般来说，大学毕业后从事牙医、大学教授、医生、技术员、研究员、大学讲师等专业性、技术性较强的职业，其收入会比较高。从事机械工作一般工种、办事员、电话接线员等技术性、专业性相对较弱的工作，其收入也相对较低。

表 4-13　日本四年制大学男毕业生在不同行业的起薪

单位：千日元

年份	矿业	建筑业	制造业	运输通信	批发、零售、餐饮	金融、保险	不动产
1968	31.6	28.2	30.7	—	31.0	29.5	37.7
1970	42.4	39.0	40.2	—	40.5	38.2	48.1
1980	125.2	113.9	115.6	—	114.9	110.1	129.1
1990	175.2	173.2	172.4	164.5	169.8	163.1	182.6
2000	214.1	196.9	198.6	196.1	196.3	186.3	210.2
2003	208.4	199.8	201.6	194.2	205.9	189.2	215.7

资料来源：根据日本统计局网站（http://www.stat.go.jp/english/data/chouki/19.htm）中的"Average Monthly Starting Salary of New School Graduates by Industry, Academic Career and Sex（1968 - 2003）"数据编制。

劳动力市场供需关系对日本大学生就业产生了较为深刻的影响。在20世纪60年代到70年代中期的日本，大学毕业生在技术性、专业性强的工种中就业的比重呈现逐渐下降的趋势。在日本进入高等教育扩张期时，毕业生的数量增加，但是企业可以提供给毕业生的职位数量较少，大学毕业生的相对工资不断下降，大学毕业生的就业率并不高。由1960~2005年日本初中毕业生和高中毕业生的求人倍率（见表4-14）可知，在此阶段日本初中毕业生和高中毕业生的求人倍率大于1，但是在此阶段大学毕业生尤其是四年制大学毕业生的就业率却比较低。主要原因可能是劳动力市场存在分割，大学毕业生不愿意进入次要劳动力市场。而初中、高中毕业生从事的工作工资收入都比较低，并且大多是专业性、技术性较差的工作（见表4-15）。初中、高中毕业生在次要劳动力市场中主要从事的是制造业、服务业和办事员的工作等，但是这种类型的工作难以吸引到大学毕业生。即使激烈的就业竞争使一部分大学毕业生被迫进入次要劳动力市场，但是并不能吸引主要劳动力市场中其他过剩的大学毕业生。这导致了大学毕业生供大于求，但是次要劳动力市场上初中、高中毕业生供不应求的状况。

表 4 – 14　1960~2005 年日本初中毕业生和高中毕业生的求人倍率

年份	初中毕业生的求人倍率	高中毕业生的求人倍率
1960	1.94	1.46
1965	3.72	3.50
1970	5.76	7.06
1975	5.94	3.38
1980	2.82	1.87
1985	1.81	1.76
1990	2.98	2.57
1995	2.40	1.94
2000	1.32	1.35
2005	1.30	1.46

资料来源：日本统计局网站（http://www.stat.go.jp/english/data/chouki/19.htm）。

表 4 – 15　1960~2005 年日本初中、高中毕业生从事的工作类型

单位：人，%

年份	合计	办事员工作	销售	制造业	服务业	其他
1960	572502 （100）	223534 （39.0）	97326 （17.0）	124476 （21.7）	22565 （3.9）	104603 （18.4）
1965	700261 （100）	285203 （40.7）	115012 （16.4）	162874 （23.3）	22807 （3.3）	114365 （16.3）
1970	816716 （100）	279937 （34.3）	138836 （17.0）	255567 （31.3）	33107 （4.1）	109269 （13.3）
1975	591437 （100）	231540 （39.1）	90485 （15.3）	162953 （27.6）	32430 （5.5）	74029 （12.5）
1980	599693 （100）	204251 （34.1）	106735 （17.8）	172527 （28.8）	45544 （7.6）	70636 （11.7）
1985	563912 （100）	155744 （27.6）	93187 （16.5）	206940 （36.7）	55812 （9.9）	52229 （9.3）

续表

年份	合计	办事员工作	销售	制造业	服务业	其他
1990	622330 (100)	175361 (28.2)	105934 (17.0)	211586 (34.0)	70055 (11.3)	59394 (9.5)
1995	407914 (100)	70990 (17.4)	64515 (15.8)	159911 (39.2)	65229 (16.0)	47269 (11.6)
2000	247074 (100)	31622 (12.8)	32812 (13.3)	103358 (41.8)	47362 (19.2)	31920 (12.9)
2005	208746 (100)	23884 (11.4)	24957 (12.0)	92800 (44.5)	37143 (17.8)	29962 (14.3)

资料来源：日本统计局网站（http://www.stat.go.jp/english/data/chouki/19.htm）。

（二）英国产业转型升级中大学生就业状况

英国产业转型升级中大学生失业率上升，并且不同专业之间的失业率差异明显，表明英国产业转型升级中大学生失业主要为结构性失业。从供需角度来看，产业转型升级中社会对于具备不同专业和学科知识的人才需求量不同，这种供需关系造成了不同学科之间失业率的差异。我们可以通过表4-16了解到1978～1988年英国劳动力市场中不同学科应届大学毕业生的职位空缺状况。在20世纪80年代的英国社会失业率较高，劳动力市场上大部分学科的大学毕业生的需求量整体呈下降趋势，并且不同学科的下降幅度存在一定的差异。总体来说技术学科的大学毕业生失业率最低，就业状况相对较好，人文专业的毕业生失业率比较高。

表4-16 1978～1988年英国应届大学毕业生的职位空缺

单位：个

学科	1978～1980年	1981～1982年	1983～1984年	1985～1986年	1987～1988年
经济学	335	128	105	177	169
法律	78	36	39	38	75
会计学	186	101	60	107	154
商业研究	599	360	382	789	1014
社会科学研究	54	27	26	47	51

学科	1978~1980 年	1981~1982 年	1983~1984 年	1985~1986 年	1987~1988 年
社会科学	1392	707	635	1189	1517
土木工程	456	170	143	154	231
电子工程	1659	790	1314	1349	1348
机械工程	1234	455	259	1078	544
技术	5901	3213	3157	4736	3715
生物科学	226	93	115	212	351
化学	946	506	284	631	668
物理学	944	574	476	632	597
数学/计算机	1938	1280	929	1964	1710
自然科学	5043	3205	2766	4531	4046
语言学	193	128	64	142	164
人文科学	312	154	95	198	220
其他	5456	3833	3171	6548	9841
合计	26952	15760	14020	24522	26415

资料来源：M. Bee, and P. Dolton, "Patterns of Change in U. K. Graduate Unemployment, 1962 - 87," *Higher Education* 20（1990）：25 - 45.

（三）西班牙产业转型升级中大学生就业状况

西班牙产业转型升级中也存在着学科专业设置失衡导致的大学生结构性失业问题。西班牙不同专业、不同学科大学生的失业率有较大差异。这种差异主要表现在社会学科、人文学科的大学毕业生就业状况较差，技术类型专业的大学毕业生就业状况比较好。但是前者毕业生数量的占比要高于后者。从学校类型来看，长期项目的大学生就业状况要比以职业为导向的短期项目的大学生就业状况差。

三　发达国家产业转型升级中失业率变动

从表 4 - 17 可以看出，美国在 2000~2010 年产业升级中失业率处于上升的趋势，由 2000 年的 4.0% 上升到 2010 年的 9.6%，2012~2016 年处于下降趋势，从 2012 年的 8.1% 下降到 2016 年的 5.0%。英国的失业率在 2000~2012 年一直处于上升趋势，从 2000 年的 3.8% 上升到 2012 年的

7.9%，2013～2016 年从 7.7% 下降到 4.9%，下降了 2.8 个百分点。日本失业率在 2000～2016 年整体处于下降趋势，但在 2010 年有所波动，从 2000 年的 4.7% 下降到 2016 年的 3.1%。加拿大失业率在 2000～2010 年有所上升，从 2000 年的 6.8% 上升到 2010 年的 8.1%，之后开始下降，2014～2016 年失业率一直保持不变。荷兰的失业率在 2000～2013 年整体呈上升趋势，从 2000 年的 2.6% 上升到 2013 年的 8.3%，之后开始下降，从 2013 年的 8.3% 下降到 2016 年的 6.0%。法国的失业率一直处于上升趋势，并且失业率较高，从 2000 年的 8.6% 上升到 2016 年的 10.0%。韩国的失业率 2000～2012 年一直处于下降趋势，从 2000 年的 4.4% 下降到 2012 年的 3.2%，2013～2014 年的失业率开始出现上升，2015～2016 年的失业率又出现下降，从 2015 年的 3.6% 下降到 2016 年的 3.4%，总体上表现为波动下降趋势。澳大利亚的失业率 2000～2012 年处于下降趋势，从 2000 年的 6.3% 下降到 2012 年的 5.2%，2013～2015 年的失业率呈现上升趋势，且 2014～2015 年的失业率处于平稳状态，2015～2016 年的失业率出现下降，从 2015 年的 6.1% 下降到 2016 年的 5.8%。新加坡的失业率整体处于下降趋势，其间稍有波动，从 2000 年的 3.7% 下降到 2016 年的 2.2%。可以看出，大部分发达国家在产业转型升级中失业率出现了波动上升，只是有的国家上升幅度大，有的国家上升幅度小。

表 4-17 部分国家产业转型升级中失业率情况

单位：%

国家	2000 年	2005 年	2010 年	2012 年	2013 年	2014 年	2015 年	2016 年
美国	4.0	5.1	9.6	8.1	7.4	6.2	5.3	5.0
英国	3.8	2.8	7.8	7.9	7.7	—	—	4.9
日本	4.7	4.4	5.1	4.4	4.0	3.6	3.4	3.1
加拿大	6.8	6.8	8.1	7.3	7.1	6.9	6.9	6.9
荷兰	2.6	6.5	5.4	6.4	8.3	—	—	6.0
法国	8.6	9.0	9.3	9.8	9.9	—	—	10.0
韩国	4.4	3.7	3.7	3.2	3.2	3.5	3.6	3.4
澳大利亚	6.3	5.0	5.2	5.2	5.7	6.1	6.1	5.8
新加坡	3.7	4.1	3.1	2.8	2.8	2.7	2.8	2.2

资料来源：国际劳工组织数据库。

第三节　国外产业升级背景下大学生
就业促进模式与借鉴

一　国外产业升级背景下大学生就业促进模式

（一）美国、英国高校主导型的就业促进模式

美国和英国在大学生就业方面主要奉行不干涉原则和自由主义。学校本不需为大学生的就业承担任何责任，但是大学生就业的情况与学校声誉和地位密切相关，会影响学校的办学效益。所以高校通常会集中大量的人力、物力、财力来解决大学生的就业问题，一般的大学均设有就业辅导中心，这为建立高校主导型的就业模式创造了客观条件。美国高校中从事就业指导相关工作的人员素质都比较高，副校长对就业辅导中心进行领导，其中的专职人员需要有硕士或者博士学位，要求具备心理学、咨询学、教育学等相关学科背景，人际交往能力较好，拥有教学经验。就业辅导中心拥有提供就业信息服务、指导学生进行个人专业和职业评价、推荐学生就业、开展校园招聘和培训等主要职能。美国拥有"预备军官团""为美国而教"等以吸纳大学生就业为目的的项目。温迪作为"为美国而教"的创始人，致力于为美国欠发达地区输送教师，只有美国的优秀毕业生才具有申请这个项目的资格。另一个美国毕业生的招聘大户是"预备军官团"。选修"预备军官团"的学生可以获得奖学金，基础课程阶段免除学员的书费、学费、制服费，并且给予定期的生活津贴，获得学位后会作为军官被委派并且任职。"预备军官团"项目为美国军队培养了大量人才。2007 年底美国经济陷入衰退以来，高校毕业生求职意愿下降，面临就业机会锐减、薪酬下降等问题。美国政府采取了一系列措施应对国际金融危机，促进大学生就业。美国政府启动了复兴与再投资法案，通过公共服务的推行来扩大就业范围，出台《高等教育机会法》来减轻毕业生的就业压力。

同样，英国政府启动了一系列就业促进计划来防止产业升级给大学生造

成过大的就业压力。英国在公共部门和私有企业为高校毕业生设置相关实习岗位，在高校中安排志愿者相关工作。并通过建立相关管理机构，对大学生创业进行鼓励，启动相关的创业项目。为了给创业教育提供相关资金保障，政府出台了各种投资方案，完善创业教育这一新模式，探索教育和教学之间的新型关系。在服务大学生创业时利用商业连接网络的方式，在全国范围内提供可获得的、跟踪式的有效服务。

（二）日本全员参与型的就业促进模式

日本主要实行的是全员参与型的统一就业制度，日本的就业制度是由文部科学省和厚生劳动省进行指导、企业和各行业协会共同参与、高校提供服务、大学生积极主动就业的制度。日本对经济结构受到严重冲击的地区实行有关稳定就业的紧急计划，对于困难的企业和员工给予培训和就业相关补助，延长求职困难失业者的救济，加强跨区域跨行业和职业的就业宣传。日本政府对就业援助和就业指导的相关责任方面进行了比较明确的规定，厚生劳动省主要负责高校毕业生的就业问题，同时日本雇佣开发协会、日本雇佣信息中心、日本人才介绍事业协会等就业咨询服务机构进行协助。高校也在促进大学生就业方面积极采取相关措施，通过成立就业咨询室，为大学生提供就业咨询服务，并通过开设就业专题讲座和就业指导课程，设立与求职信息相关的资料室，组织学生开展相关实习工作，以用人单位的要求为准则对毕业生进行培训和考核等来促进就业。从社会角度看，日本的职业咨询市场拥有各种受厚生劳动省检查和监督的就业咨询、职业介绍、职业培训、人才测评、资格认证等相关企业。同时，大量与就业相关的出版物也为高校毕业生提供了较为丰富的就业信息资源。与很多国家不同，日本对于大学生实行终身雇佣制和统一就业制度，所以政府并没有出台鼓励大学生自主创业的政策，大学生毕业后几乎没有选择自主创业的。

（三）德国公共服务型的就业促进模式

在德国，大学生主要依靠政府的力量和公共服务来促进就业。德国的联邦劳动局在全国范围内设有密集的就业服务网点，但是非政府组织和高校在这方面的表现并不突出。高校毕业生的就业情况与经济发展形势密切相关，德国在向信息社会转变过程中一般服务业相关工作和制造业相关工作机会减少，但是管理、教育、咨询、研发等相关工作岗位不断增多，这种劳动力需求结构发生的变化为高校毕业生提供了更多的就业机会。政府主管全社会就业的机构是德国联邦劳工与社会事务部，这个机构对于大学生就业实行统一的法制化管理和社会化管理，让高校毕业生同其他社会成员一样，享受相应的就业服务和政策，并不针对这一群体实行差异化的就业政策。具体措施包括：对大学毕业生实行"非全日工作"制度，以达到创造更多工作机会的目的；实行"美因茨模式"，也就是对低收入岗位给予补助来扩大就业；对雇用失业人员的企业给予一定的财政补贴；鼓励大学生进行自主创业，给予自主创业大学生群体一定的创业津贴；完善相关法律，对于大学生就业进行规范和管理。

（四）俄罗斯自由放任型的就业促进模式

俄罗斯整体上地广人稀，长期以来劳动力资源处于短缺的状态，人口总量持续下降，俄罗斯大学生的就业问题并不严重，政府对于这个问题的干预较少。但是高校毕业生就业方面的结构性矛盾是存在的，所学专业不对口的现象比较严重。俄罗斯联邦通过颁布《促进职业教育机构毕业生就业并增强其劳动力市场适应性的跨部门纲领》和《促进职业教育机构毕业生工作安置及增强其劳动力市场适应性系统高效运作的措施》等相关文件来加强对于职业教育机构毕业生就业工作的法律保障。俄罗斯拥有较为健全的就业管理系统，由劳动部和教育科学部负责宏观方面的就业管理及调控，地方层次的部门负责用人单位和高校之间的交流，为失业人员和无业人员提供再教育和培训。由青年专家就业信息分配系统和青年学生就业促进中心共同构成各高校内部的就业管理系统，这个系统直接服务于高校毕业生就业。青年专家就业信息分配系统的主要职能包括：提供就业相关的信息系统平台，建立较完善的法律法规系统，提供就业指导咨询服务系统和劳动力市场分析、教育分析系统。青年学生就业促进中心的主要职能包括：分析企业对青年专家的需求情况；提供专业科学研究工作、职业定向、专家需求信息等方面的服务；联系政府、企业以及相关组织，保持交流；为大学生提供职业培训和职业进修等项目；培训负责高校毕业生就业的工作人员。

（五）韩国政府导向型的就业促进模式

韩国市场经济运行的最大特点就是政府主导，在经济运行过程中政府起到导向和定向的主要作用，受此影响，韩国的就业模式也表现为政府主导。20世纪90年代之前韩国的就业模式主要是"订单式"的职业教育就业模式，以适应其作为新兴工业国家的经济发展需求。国际金融危机之后，韩国大学生的就业模式以自主创业为主。韩国的职业教育大学根据大学毕业生的就业情况开设相关专业，更加注重相关专业的实效性和应用性。韩国高校会通过分析就业情况来调整学校的教学目标和教学内容，满足市场的供需关系。目前韩国的大学毕业生创业人数增加，韩国政府从企业活力和人民素养的角度支持大学毕业生创业。促进就业的服务主要包括：开展创业相关的职业培训；政府为创业公司提供相较于普通企业更加优惠的金融和税收支持；鼓励农科毕业的大学生返乡务农；设立大学生创业中心，建立创业基金，为高校毕业生创业提供资金支持。

二 国外产业转型升级背景下大学生就业促进模式对中国的启示

（一）建立健全就业相关的法律体系

对比部分国家促进大学生就业的相关经验，可以发现最有效、最基本的方式是通过完善就业相关的法律体系来解决就业这个重大的全局性的社会问题。这些法律法规主要涵盖了促进就业、保障就业、拓宽就业渠道、防止失业、反对就业歧视等内容。上述提到的多个国家通过本国具体而系统的立法来保障大学生的就业。

（二）从供需匹配的角度制定就业促进政策

从需求角度来看，促进大学生就业的政策主要有鼓励创业、对企业进行补贴、创造新的工作岗位等内容。从供给角度来看，促进大学生就业的政策主要有鼓励大学生灵活就业、补贴特定地区或特定职业的人群、对高校毕业生的就业能力进行提升等内容。从供需匹配角度来看，为高校毕业生提供职业指导和就业信息服务，是中国目前促进高校毕业生就业、促进劳动力市场供需匹配的重要政策着力点。

（三）注重高校毕业生的职业培训

中国政府应该加大对职业教育的改革和支持力度，推进高等教育的快速发展，加大对促进大学生就业的相关投资力度，着力对高等职业学校的办学条件进行改善。职业教育的重要组成部分就是开展技能培训，主要是提升劳动者的工作能力，促进劳动者就业。高校可以通过职业培训提升学生的职业技能和实际操作能力，尽量满足用人单位的需求。

（四）鼓励大学生自主创业

促进大学生就业的一个重要途径就是鼓励大学生自主创业。应适当降低自主创业的门槛，营造创业氛围，降低创业的风险成本、行政成本和税收成本。可以借鉴国外的相关经验创立创业融资体系和创业信息系统。对选择自主创业的大学生给予资金补贴和贷款支持，尤其是要加大对大学生创业孵化基地的支持。通过联合社会力量采用公助民办的形式建立大学生创业中心并完善相关配套设施，培养大学生的创业意识和创业情怀。

（五）推行大学生就业援助计划

政府应该积极推行大学生就业援助计划。通过实行"实习计划"来帮助没有找到工作的大学毕业生，为其安排实习工作，促进其工作技能的提高和工作经验的积累，使其最终实现就业。鼓励高校聘用有意愿担任实习研究员或者实习助教的大学毕业生，并及时给予职业培训。可以通过对企业进行补贴的方式鼓励企业扩大新人招募的规模。政府也可以出资为企业实习员工提供部分薪资补贴，以及采取税收优惠，调动企业招聘实习生的积极性。

第五章　产业转型升级背景下高等教育现状与问题

高等教育改革是经济社会可持续发展的必然要求，掌握高等教育的总量和层次架构变动趋势，可以有效地促进教育结构调整，为及时采取措施应对社会发展环境变动、促进就业、维护社会稳定提供依据，减少失业和社会矛盾。本章的研究目的是通过国际经济发展阶段比较、教育结构比较、就业结构比较、产业结构比较等，了解中国教育结构的现状和存在的问题，揭示中国经济增长转型、经济体制改革等形势下高等教育改革的必要性和紧迫性。

第一节　中国高等教育人才培养政策的特点

一　服务于传统产业

改革开放以来，中国经济保持快速稳定的发展态势，经济实力也在不断增强。一直以来，传统产业对经济体系起到支撑作用，例如钢铁、煤炭、电力、建筑、汽车、纺织、轻工、造船等工业，也包括手工业、农业等。中国是人口大国，农业是生产与生活的根本，国家的发展离不开农业和手工业共同奠定的基础。改革开放之后，以制造业为主的产业迅猛发展，成为中国经济崛起的中流砥柱。在邓小平理论指导下，教育被摆上了优先发展的战略地位，推动教育加快改革发展步伐，中国教育事业为社会主义现代化建设服务、为人民服务的能力得到明显提升。因此，高等教育主要开设的相关专业也是为这类传统产业服务。随着中国改革开放事业的顺利推进，跨国企业纷纷进入中国投资办厂，其中一个重要原因就是相对于许多发展中国家，我们拥有受过基本教育的较高素质劳动力优势和大批受过高等教育的专门人才优势。这一状态持续发展至今，不少高校的专业设置依然服务于传统产业，为传统产业的发展继续贡献着自己的力量。

二　产学研相结合

在政府引导下中国逐步建立了以企业为主体、以市场为导向、多种形式并存的产学研战略联盟。通过共同建设科技创新平台、开展合作教育、共同实施重大项目等方式，培养了一批又一批的高层次人才和创新团队。实施了研究生教育创新计划，发展专业学位教育，建立了高等学校、科研院所和企业高层次人才双向交流制度，推行了产学研联合培养研究生的"双导师制"。逐步完善了博士后制度，建立了多元化的投入渠道，充分发挥高等学校、科研院所和企业的主体作用，提高博士后培养质量。依托国家重大人才计划以及重大科研、工程、产业攻关、国际科技合作等项目，企业作用得到了积极发挥，在实践中集聚和培养了大批创新型人才。当前，中国高等教育改革已初显成效，形成了中央和省（自治区、直辖市）两级管理，并且以省（自治区、直辖市）级政府管理为主的新型管理体制，使高等学校的分布结构进一步合理化。中国高等教育体制已经具有比较广泛的、能够基本适应社会主义市场经济的微观基础。产业发展渗透到高等教育内部，并且培养、开发与之相适应的产业、专业人才，产业发展为高等教育改革指明了方向，而专门化人才的科学研究又继续为产业发展提供动力。

三　重理论轻实践

近年来，中国高等教育的课堂教学总是在强调启发式、创新式教育，但实际上还是灌输式教育占据主流地位。高等教育在培养人才的过程中，总是将学生放在被动的位置，在课堂上被动、在课堂外闲散。纵观中国高等教育的发展历程，可以看到，虽然自主式的学习方式已推广多年，但是传统教育模式还是或多或少地束缚了青年学生的创新型思维发展。大多数学生局限于传统思维的教条，注重将课堂上所学的理论知识熟记于心。学校多采取集中式教学方式，通过考试来评价学生的学习效果和教育办学质量。但是一旦走出校园、走出考试，学生不能将理论应用到实践当中，不能够灵活运用知识，这种滞后性让我们的教育呈现制度化、模式化的特征，缺少活力。

四 从精英教育向普及化教育转变

在 1978 年恢复高考之后多年里，高等教育的发展基本保持了一个相对平稳的态势，1998 年全国普通高校有 1022 所，在校研究生只有 19.8 万人，在校本专科学生有 340.8 万人，1998 年实际招生 108 万人。1999 年 6 月国务院召开第三次全国教育工作会议之后，"扩招"成为高等教育发展的大势所趋，众多高校纷纷响应，自此中国进入高等教育扩张和扩招阶段。1999年招生数剧增至 159 万人，比上年增加 51 万人，增幅达47.2%。随后几年，高校招生人数持续增加，2007 年中国高考生首次突破了 1000 万人。不可否认，1999 年最初的"扩招"政策出台，有其深刻的国际与国内背景，"扩招"在一定程度上承载着刺激消费、拉动内需、缓解升学压力、变精英教育为大众化教育等重要功能。根据美国学者马丁·特罗的研究，2004 年中国已经进入了国际社会公认的高等教育大众化阶段。根据《2018 年全国教育事业发展统计公报》，全国共有各级各类学校 51.89 万所，各级各类学历教育在校生 2.76 亿人，各级各类学校专任教师 1673 万人。全国各级教育普及水平不断提高，国民受教育机会进一步增加。学前教育毛入学率为81.7%，小学学龄儿童净入学率为 99.95%，初中阶段毛入学率为 100.9%，高中阶段毛入学率为 88.8%，高等教育阶段毛入学率为 48.1%。2019 年 2月 26 日教育部高等教育司副司长范海林在教育部发布会上表示，中国即将由高等教育大众化阶段进入普及化阶段。

五　财政支持力度不断增大

改革开放以来，中国经济发展取得了巨大成就。随着中国高等教育事业的不断发展，近年来中国财政性教育经费不断增加，对教育事业的投入已成为中国财政支出的第一大项。《国家中长期教育改革和发展规划纲要（2010—2020 年）》更是明确指出要提高教育经费支出占国内生产总值的比例，到 2020 年实现拥有高等教育文化程度的人数比 2009 年翻一番。数据显示，2004～2008 年，中国公共财政支出从 4000 多亿元增加到 9700 多亿元。财政教育支出占总支出的比例从 14.9% 提高到 16.3%，这一比例已经高于世界上大多数国家的教育支出比例。2016 年国家财政性教育经费达到 3.14 万亿元，首次突破 3 万亿元，占 GDP 的比例连续五年保持在 4% 以上。新中国成立以来，国家不断提升教育质量，对经济社会的进步与发展起到了极大的推动和促进作用。

第二节　中国高等教育发展的现状与特征

一　学科结构现状

《2017 年中国本科生就业报告》指出，2016 届大学毕业生的工作与专业相关度为 66%，虽然大部分毕业生找到了与所学专业相关的工作，但这一相关度足以证明高等教育学科设置与经济发展人才需求之间仍存在结构性矛盾。一方面本科院校中的应用心理学、美术等专业，高职高专中的法律事务等专业连续多年就业率较低，被称为红牌专业。另一方面本科院校中的软件工程、网络工程、通信工程、车辆工程等专业，高职高专中的铁道工程、电力系统自动化等专业供不应求。从学科来看，2016 年本科毕业生就业率最高的学科是管理学，为 94%，就业率最低的学科是历史学，为 86%；高职高专毕业生就业率最高的学科是生化与药品，为 93.5%，就业率最低的学科是资源开发与测绘，为 87.4%。从 1999～2015 年各学科毕业生人数来看（见表5-1），管理学毕业生总量增速最快，年均增长率为20.32%，其次是医学类、文学类、工学和教育学类毕业生，年均增长率分别为15.00%、14.52%、14.07%和11.66%；增长最慢的是历史学类毕业生，年均增长率为2.83%。可见，为了适应产业转型升级需要，高等教育在招生中已经做出了相应的结构调整。

表 5-1 1999~2015 年高等教育分学科毕业生数量

单位：人

年份	哲学	经济学	法学	教育学	文学	历史学	理学	工学	农学	医学	管理学
1999	1716	140560	34757	41279	124267	14344	98646	349549	30019	67150	80213
2001	1829	61235	65978	54113	162030	11399	124466	373970	30679	69630	148786
2003	2758	94759	117900	119836	294315	15831	186251	685443	53906	123563	293989
2005	3524	173907	177632	285217	428520	13351	186895	1163927	75569	221982	527028
2007	5063	253164	227354	362583	660068	16740	266149	1708751	99627	332842	857242
2009	6170	276591	222602	341802	820379	18626	307859	2048942	110817	425164	1078745
2011	7018	304057	226895	334338	1023167	19638	327960	2421239	120241	533013	1278725
2013	6557	306504	209208	278726	1024515	21046	299239	2651135	131053	572831	1399567
2015	6091	317621	193502	240940	1087661	22404	304810	2873744	136909	628149	1546725

注：高等教育分学科毕业生数量由分学科普通高等专科毕业生、本科毕业生和研究生毕业生数量加总得出；军事学毕业生数量不纳入统计。

总体来看，就业率低的学科，其毕业生数量占高校毕业生总量的比重在下降，就业率高的学科，其毕业生数量占高校毕业生总量的比重在上升。按照2016年教育部、人力资源和社会保障部、工业和信息化部联合印发的《制造业人才发展规划指南》，大国工匠和创新型技术领军人才、高技能紧缺人才被列为制造业人才需求的核心。这就意味着随着国家科技创新领域的深化发展，高等教育学科设置除了要满足学科知识的连续性以外，还要及时做出学科调整，满足产业升级对人才资源的需求。

二 教育规模现状

根据《中国高等教育行业市场前瞻与投资研究报告》统计数据，截至

2016 年，中国高等教育在校生总规模为 3699 万人，比 2012 年增加 373.8 万人，增长 11.2%，占世界高等教育总规模的比例达到 20%。2012～2016 年，国家财政性教育经费占 GDP 比例连续 5 年超过 4%，5 年累计投入 13.5 万亿元，超过 1952～2011 年这 60 年累计投入之和，成为世界高等教育第一大国。2016 年高等教育毛入学率为 42.7%，比 2012 年提高了 12.7 个百分点，提前实现《国家中长期教育改革和发展规划纲要（2010—2020 年）》确定的 40% 的目标，正在向国际公认的高等教育普及化阶段迈进。此外，若干高水平大学在国际学术排行榜的排名不断前移。2012～2016 年，进入 ESI（基本科学指标数据库）前 1% 的学科数从 279 个增加到 770 个。有学科进入 ESI 前 1% 的高校从 91 所增加到 192 所。实施了中西部高校基础能力建设工程，共有 24 个中部、西部地区省份的 100 所高校获得 100 亿元中央财政支持。高校学科专业结构不断优化，新增本科专业布点逾 10800 个，增设 82 个新兴战略产业和民生急需的新专业，基本实现"一带一路"沿线国家官方语言全覆盖。

根据《中国教育统计年鉴》数据，截至 2016 年，普通高等教育在校生规模从 2001 年的 758 万人增加到 2016 年的 3478 万人（包括研究生、全日制本专科生），16 年间在校生规模增加了 3.59 倍（见图 5－1）。高等教育在校生人数实现跨越式持续增长，中西部高校办学能力增强，办学质量不断提高，各种重大工程整体上提高了教育质量，包括"985 工程""211 工程""世界一流大学和一流学科""中西部高校基础能力建设工程"等。高校承载科研能力显著增强，国家对于高等教育的投入持续增长，办学条件得到根本改善，高校师资队伍素质显著提高，高校创新型人才培养机制创设，激发了大学生创新创业热情。

三　层次结构现状

高等教育层次结构对中国高等教育的发展、社会的稳定与进步都有至关重要的影响。高等教育体系从新中国成立初期就已经形成了由专科、本科、研究生所组成的完整的层次结构。1999 年以来，中国高等教育开始了

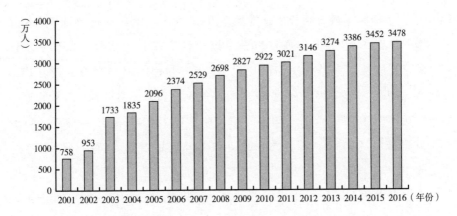

图 5-1 2001~2016 年普通高等教育在校生规模

资料来源：《中国教育统计年鉴》（2002~2017 年）。

大众化进程，高等教育事业取得了显著成绩，普通高等教育本科、专科、研究生毕业生数量大幅增长（见表5-2）。从专科、本科、研究生各层次毕业生的比例看，本科层次的发展始终是中国高等教育层次结构改革所关注的焦点。中国高等教育层次结构不断随着国情和社会需要而调整，而专科、本科层次的比例变化，对处于发展中的中国高等教育的影响最大。如21世纪初专科毕业生出现了就业难的现象，这与中国自20世纪80年代末开始大力发展专科教育有较大关系。以调整专科、本科、研究生各层次的比例为方向，以发展专科教育层次为重点，以提高本科及以上层次教育质量为基础的层次结构调整办法为中国高等教育改革提供了有力的指引。近些年，在中国普通高等教育毕业生数量不断增加的同时，研究生层次的毕业生数量增长显著，本专科层次的毕业生占比也在不断调整，以适应社会对人才的需要。

表 5-2 1999~2016 年普通高等教育毕业生层次结构

单位：人，%

年份	专科	本科	研究生	研本比	本专比	博硕比
1999	406682	440935	54670	12.40	108.42	24.07
2001	468484	567839	67809	11.94	121.21	22.55

续表

年份	专科	本科	研究生	研本比	本专比	博硕比
2003	947894	939598	111091	11.82	99.12	20.38
2005	1602170	1465786	189728	12.94	91.49	17.08
2007	2481963	1995944	311839	15.62	80.42	15.34
2009	2855664	2455359	371273	15.12	85.98	15.08
2011	3285336	2796229	429994	15.38	85.11	13.24
2013	3187494	3199716	513626	16.05	100.38	11.54
2015	3223027	3585940	551522	15.38	111.26	10.80
2016	3298120	3743680	563938	15.06	113.51	10.80

资料来源：《中国教育统计年鉴》（2000～2017年）。

《2017中国劳动力市场发展报告》指出，中高端制造业已成为拉动就业的新引擎，高技术产业从业人员规模增速明显高于各产业就业人员总量增速，新经济成为就业结构转型升级的新动能。然而高校毕业生中研究生比例仍然不高，其中博士生比例更低，科研型人才短缺。1999～2016年本科升研究生的比例平均为11.9%，硕士毕业生考取博士的比例平均为9.44%。一定的升学率为稳定就业提供了有效保障，但这一比例与发达国家相比仍有较大差距。虽然本科生总量和研究生总量都在增加，但本科升研率和硕士升博率呈现波动下降的趋势，分别从1999年的24.49%和26.78%下降到2016年的11.16%和7.61%。

智联网在线招聘数据库网络监测数据显示，2016年第三季度招聘岗位对大学毕业生学历要求中专科占比为50.37%，本科占比为45.46%，硕士占比为3.81%，博士占比为0.36%。2016年高校毕业生中专科、本科、硕士和博士的比例则分别为43.79%、48.72%、6.76%和0.73%。从以上劳动力市场上高校毕业生供需结构来看，似乎只有专科生比较紧俏，这主要是由于中国目前产业结构中制造业仍占一定比重，经济发展对具有专业技能的高专高职劳动力需求量仍较大。同时通过以上分析也可以看到，具有本科及以上学历的劳动者尤其是具有研究生学历的劳动者数量虽然较少，但增速较快，就业弹性较大。未来一段时间内专科和本科毕业生需求量还会维持在一定水平，但需求比重会出现下降。

四 专业结构现状

中国目前高等教育的专业设置通常采用"术业有专攻"模式。这种模式有利于培养专业型人才但是不利于培养现代复合型人才。"专"意味着单一的专业选择。在大部分高校，学生入学后往往仅选择一种专业，这种专业所赋予的能力标签将会在日后成为社会对学生能力判断的重要依据。过早、过细的专门化培养，使学生思维方式、应变能力等受到局限，专业适应性不强。在高校的专业设置上，近年来普遍新增了很多专业，却很难看到取消不适应社会发展现状的专业。高校专业设置的灵活性不高，没有根据专业发展情况做出相应调整。当前，高校在专业设置上虽然市场意识有所提高，但对劳动力市场需求的理解力、判断力还有待增强。在高等学校持续扩招的形势下，如果学科专业结构不合理，不能适应经济社会发展的需求，学生就业困难，教育的价值也就很难体现。由于市场意识不强，从高校自身来说，其专业结构调整缺乏对劳动力市场的分析与预见，尚未能良好地适应经济结构的变化。

五 教育机构结构现状

2016 年中国共有普通高等学校 2596 所（见图 5-2），比 2002 年增加 1200 所，14 年增长了 86.0%，其中，普通本科学校 1237 所，高职（大专）学校 1359 所，普通本科学校比 2002 年增加了 608 所，14 年增长了 96.7%；高职（大专）学校比 2002 年增加了 592 所，14 年增长了 77.2%。可见在进入 21 世纪后中国高等教育发展速度明显加快。研究生培养机构在 2016 年达到了 793 所，其中，普通高等学校 576 所，研究机构 217 所，研究生培养机构数量相对比较稳定。

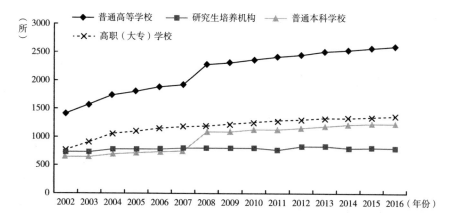

图 5 - 2　2002～2016 年普通高等教育机构

资料来源:《中国教育统计年鉴》(2003～2017 年)。

第三节　中国高等教育发展的成效

一　促进了"人力资源大国向人力资源强国转变"目标的实现

近几年中国高等教育的发展总体上体现了《国家中长期人才发展规划纲要（2010—2020 年）》的发展要求。随着中国经济社会的加速发展,对创新型人才的需求量越来越大,培养创新型人才成为中国由"人力资源大国向人力资源强国转变"的重要任务。高等教育的发展为构建与现代化社会相适应的新型人才培养模式提供了有利条件。中国现行教育体系的突出弊端就是在计划体制和应试教育的模式中,教育和生活、学校与社会、理论与实践、研究与生产以及开发等相互脱离,学校教育缺乏行业、企业和社会的广泛参与。因此,为促进人才培养的国际化,积极参与全球化时代的国际竞争,高等教育进行了一系列符合时代要求的改革。中国不仅实施了更加开放的人才政策,实施了海外高层次人才引进计划等人才项目,同时还加大了中国高等教育的对外开放程度,通过开放促进改革,学习借鉴国外现代大学制度和人才培养模式的先进成果，培养学生的科学精神、实践能力和创造性思维，促进了中国高等教育改革，推动了中国从人力资源大国向人力资源强国转变。

二 促进了经济发展方式转变

高等教育的发展以及人力资本存量的不断提升，决定性地影响着中国经济发展方式的转变。首先，高等教育为经济社会发展提供了高素质的人力资本，推动了经济发展方式转变。人力资本是经济发展的核心因素，劳动力素质对经济发展方式的转变起着关键性作用。随着经济的发展和城乡居民生活水平的提高，国民选择接受高等教育是未来社会发展的趋势，教育收益率将随着经济的发展而逐渐提高，并已超过物质资本的投资收益率。由此教育消费水平也会随之提高。从这个意义上说，高等教育将推动经济从主要依靠投资拉动向消费、投资、出口相协调转变。其次，高等教育的改革推动了科学技术的发展，加快了产业结构调整。如今，全球已经进入创新密集和产业变革时代，世界主要国家都在研究制定科技和产业发展战略，纷纷把新能源、新材料、节能环保、低碳技术作为新一轮产业发展的重点，抢占世界经济发展的制高点。中国必须加快自身经济发展方式转变的步伐，才能顺应世界发展潮流。最后，高等教育的科学发展促进了经济发展质量的提升。教育领域的刺激计划大大增加了就业岗位，在促进高等教育科学发展的同时，提升了经济发展的质量和效益。此外，高等教育自身的科学发展能更好地适应经济发展方式转变对人才的需求，在向社会输送大批高素质劳动力和提供技术支撑的同时，快速提升经济发展的科技含量，从而保证发展的质量。

三 推进了城乡教育一体化

一直以来，中国城乡二元结构体制造成了高等教育领域存在着严重的城乡教育不均衡现象。在二元结构体制下，中国长期实行城乡分治的管理模式，由此产生了城乡发展差距过大等问题。城乡教育一体化的提出有效地促进了教育公平，保障了城乡教育均衡发展，是推动实现教育公平理念的重大战略举措。改革开放 40 多年来，不仅关注城乡教育的公平，而且特别强调城乡教育的融合与共生，有效地缩小了城乡教育发展差距，为现代化建设做出了巨大贡献。高等教育改革发展的总目标就是要在城乡教育规划、发展目标、教育制度、教育政策、教育经费、学校建设、师资力量、教育质量等方面实现均衡发展和整体发展，即实现城乡教育发展一体化。改变优质教育资源向城市单向流动的格局，在教育体制上对城乡进行一体化管理，实现了城乡教育之间的良性互动与双向沟通。有力地提升了农村教育在教育机会、学校经费投入、办学条件、师资队伍、教育质量等方面的发展水平，逐渐缩小了农村教育与城市教育的差距。因此，高等教育的发展促进了中国教育的均衡发展，也提高了中国城乡教育一体化水平。

第四节　产业转型升级背景下高等教育存在的主要问题

一　结构性矛盾凸显

中国高等教育的结构性矛盾主要表现在两个方面：一是高等教育内部结构性矛盾，主要是高等教育本身的协调性问题；二是高等教育外部结构性矛盾，主要是高等教育与经济社会等方面的协调性问题。

（一）内部结构性矛盾

高等教育内部结构性矛盾主要表现在三个方面。

首先，高等教育层次不断提高，专业技术人员相对不足。对于中国高等教育内部的结构性矛盾而言，目前主要表现为层次结构、类型结构、分布结构问题等。例如，高等教育的层次结构如何适应中国经济社会发展以及对各种不同层次人才的需要，这已经成为当前高等教育改革和发展中一个非常突出的问题。许多高等学校希望成为一流大学，都将高层次作为自己的工作目标，这种现象显然是不符合社会现实需求的。而且，缺乏科学和适当的定位已经制约和影响高等学校深化改革和进一步发展。根据中国经济社会发展的阶段性任务、目前经济结构和产业结构的特点及其对人才的需求，高层次的专业技术人员，包括技工在劳动力市场上的短缺，已在一定程度上成为影响经济社会发展的人才瓶颈。

其次，高校总规模扩大，学生规模增速大于教师规模增速。由表5-3可以看出，随着高等教育大众化战略的实施，中国高等教育在校生总规模不断扩大，1999~2016年总量增加391.34%，其中，普通高等本专科招生数量增加362.08%，研究生招生数量增加599.67%。这充分说明了中国高等教育事业取得了显著成就，高等教育人才培养结构开始向大众化、高质量化、高层次化方向转变。2016年全国高等学校数量由1999年的1942所增加到2852所，增幅达46.86%，中国高等教育规模显著扩大，同时也反映出国家对全民教育的重视程度明显提高。

表5-3 中国高等教育总体状况

统计指标	1999年	2016年	2016年比1999年增加(%)
全国高等学校(所)	1942	2852	46.86
研究生招生(万人)	9.22	64.51	599.67
普通高等本专科招生(万人)	159.68	737.85	362.08
专任教师(万人)	52.33	157.26	200.52
高等教育在校生总规模(万人)	742.26	3647.00	391.34
普通高等学校教职工(万人)	126.52	236.93	87.27
教师与高等教育在校生规模之比(%)	7.05	4.31	-38.87

资料来源：《中国教育统计年鉴》(2000年、2017年)。

1999~2016年近20年的时间里，高等教育专任教师规模增长了约200%，而高等教育在校生总规模却增加了约391%，远超教师队伍扩张速度。高校教师的规模增速远远落后于高等教育在校学生总规模增速。这表明中国的高等教育师资队伍建设相对落后，长此以往将导致高校教学质量下降，不利于教育的可持续发展。

最后，高校招生数量增多，培养质量有待提升。2016年普通高中毕业生人数达792.40万人，比1999年增长了201.40%（见表5-4）。2016年普通高等教育本专科招生人数为 748.60 万人，比 1999 年增长了 368.81%。2016 年普通高等教育本专科招生占普通高中毕业生的比例为 94.47%，比 1999 年增长了 55.53%。这些数据都充分表明，本专科招生规模的增长速度大大超过了高中毕业生规模的增长速度，更多学生有了进入高校大门的机会，这就需要加快提升高中教学质量。

表 5 - 4 普通高等教育本专科招生与普通高中毕业生的比例

单位：万人，%

统计指标	1999 年	2016 年	2016 年比 1999 年增长
普通高中毕业生	262.91	792.40	201.40
普通高等教育本专科招生	159.68	748.60	368.81
普通高等教育本专科招生占普通高中毕业生的比例	60.74	94.47	55.53

资料来源：《中国教育统计年鉴》（2000 年、2017 年）。

（二）外部结构性矛盾

就高等教育的结构性矛盾而言，一方面，如何按照科教兴国和人才强国战略进一步调整和优化整个高等教育与经济社会的关系，以及在建设和谐社会中如何进一步调整高等教育与其他社会公共产品与公共服务需求之间的关系，是值得关注的问题。另一方面，高等教育与基础教育之间的关系也成为新形势下的一个新矛盾。即在整个国家的教育投资结构中，高等教育和基础教育之间的不同安排已经形成矛盾，具有一种结构性的张力。这些结构性的矛盾作为一种深层次的矛盾，已经成为新形势下制约高等教育改革和发展的突出问题。主要表现在以下几个方面。

首先，随着高校扩招，招生人数的增加必然带来大学毕业生人数的激增。目前中国劳动力市场上呈现"就业难与用工荒"并存的窘迫局面，一方面大学生仍面临较大的就业压力，另一方面则是连续多年的企业用工荒，尤其是技工荒。这种突出的结构性人才供需矛盾，说明中国高等教育系统的人才培养现状已经与国民经济发展现状不相匹配。造成此现状的其中一个方面是教育系统培养的普通脑力劳动者已经超过了经济系统的吸纳能力，造成

供应过剩。在国民经济构成中，2016 年三次产业比例为：第一产业占
8.6%，第二产业占 39.8%，第三产业占 51.6%。由此可以看出，传统制造
业和农业仍占有较高比重，而先进制造业和现代服务业虽然有所发展但发展
相对滞后，这造成经济增长对脑力劳动者的吸纳能力较弱。而中国普通高等
学历教育片面发展，职业教育受到压抑的状况显然与国民经济发展现状不匹
配。此外，教育系统无法满足产业升级换代、经济结构转型对技术技能型劳
动者的需求。尤其是职业教育发展滞后，教育系统对技术技能型人才的培养
远远不能满足经济发展的需求。

其次，高等教育财政投入规模不断增大，但增速有待提升。如表 5 - 5
所示，从 2006 ~ 2016 年的教育事业费及公用经费支出可以看出，中国的教
育经费支出在 2006 ~ 2012 年持续上升，虽然增长速度略有波动，但整体趋势
还是上升的。这表明国家财政对教育支持力度加大。但是 2013 年生均教育经
费支出出现下降，而且随着高等教育总规模扩大和经济发展水平提高，教育
支出没有保持同比例增长，难以满足现代教育发展对经费支出的需求，以及
经济快速发展对创新型人才培养的需求。

表 5 - 5 全国普通高等学校经费支出情况

单位：元，%

年份	生均公共财政预算教育事业费支出	同比增速	生均公共财政预算公用经费支出	同比增速
2006	5868.53	9.16	2515.33	12.32
2007	6546.04	11.54	2596.77	3.42
2008	7577.71	15.76	3235.89	24.61
2009	8542.30	12.73	3802.49	17.51
2010	9589.73	12.26	4362.73	14.73
2011	13877.53	44.71	7459.51	70.98
2012	16367.21	17.94	9040.02	21.19
2013	15591.72	- 4.74	7899.07	- 12.62
2014	16102.72	3.28	7637.97	- 3.31
2015	18143.57	12.67	8280.08	8.41
2016	18078.93	- 0.36	9450.76	14.14

资料来源：《中国教育统计年鉴》（2007 ~ 2017 年）。

二　大众化教育稳步发展，区域差距仍然存在

（一）教育资源区域差异变动

目前中国高等教育资源分配在不同地区间仍存在一定差异。主要体现在东部、中部、西部地区高校数量与规模、接受高等教育的人口规模、普通高等学校在校生规模、普通高等学校招生规模、高等教育类型与结构等方面。以矛盾的焦点高校来看，北京、上海等特大城市的高校数量和办学水平远高于普通省、自治区、直辖市。特别是在教育投资方面，高校的经费往往较大程度上依赖于当地政府的支持，因此，作为教育投资的回报，在招生政策上表现为向本地区倾斜，划拨出较多招生名额给当地考生。这种状况影响了高校较少的省、自治区、直辖市或偏远地区的学生升学，在教育竞争中也严重影响了学生的全面健康发展。此外，在长期的经济政策倾斜支持下，中国各地区间发展出现差异，居民收入具有一定差距。我们看到在高等教育阶段，教育资源的分配很大程度上是按照经济水平来进行的，想要享受更好的教育，就需要付出与之相匹配的教育投资，这种状况造成了高等教育资源的分配不公。社会公平与效率的矛盾突出，高等教育的发展究竟是效率优先还是公平优先，成为"两难选择"。如何在东部、中部与西部地区发展速度与发展质量上找到一个平衡点，也成为新的挑战。

（二）入学率区域差异变动

美国学者马丁·特罗将高等教育发展划分为三个阶段：当一国的高等教育毛入学率低于15%时，该国的高等教育为精英型教育；当高等教育毛入学率为15%～50%时，高等教育进入大众化阶段；当高等教育毛入学率达到50%以上时，则表明该国的高等教育已经步入普及化时代。由图5－3可以看出，2000年中国高等教育毛入学率为12.5%，2016年中国高等教育毛入学率达到42.7%，中国高等教育发展实现了从精英型教育到大众化阶段的转变，然而高等教育仍存在地区间的不平衡。从2015年中国各省份高等教育毛入学率水平来看，上海、北京、天津的毛入学率均已达到60%的水平，已经进入高等教育的普及化时代。然而甘肃、云南、四川、

广西、贵州等省份的高等教育毛入学率仅在 30% 上下，全国仍有 19 个省份没有进入高等教育大众化阶段。发达地区的高等教育普及程度远远超过了欠发达地区，教育发展呈现失衡的局面。

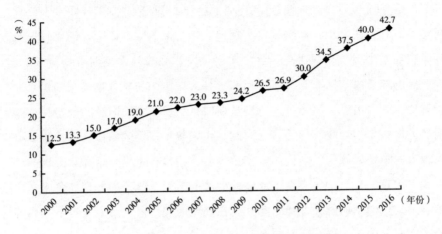

图 5 - 3 2000 ~ 2016 年中国高等教育毛入学率

资料来源:《中国教育统计年鉴》(2001 ~ 2017 年)。

三 人才培养模式的滞后性进一步显现

从大学生培养模式来看，目前大学毕业生数量呈现增长趋势，但创新型、实践型和专业型人才缺乏。随着经济全球化和第三次科技革命的到来，科学技术已成为第一生产力。经济的快速发展需要更多的创新型、实践型和专业型人才，而中国的不少高校仍将目标定位在培养研究型人才方面，缺乏对学生全面综合素质的培养。专业结构和课程设置不能适应市场和社会的需要是高等教育所显露的一大弊病。传统高等教育的最大特点就是从传统的"学科本位"模式出发，以完整的学科体系为出发点考虑课程开发，偏重理论知识的完整性、系统性和严密性，缺乏对社会需求的把握。所以，在课程设置上就造成了理论教学多、实践教学少、必修课程多、选修课程少等现象，专业设置也墨守成规，缺乏创新，不能适应社会发展。许多高校普遍存在过分强调理论教学、忽视实践应用环节的现象。以知识传授为主要目标的教育模式仍然是大学主要的教学模式，自学、讨论、调查研究等仍处于辅助地位。由于片面强调系统讲授知识，高校教学脱离社会实践的倾向十分明显，这不利于培养大学生的协作能力和健全人格。培养和提升大学生职业素质不仅关系到高校为社会培养和输送的人才质量，也关系到高校的社会声誉，更关系到大学生的就业。虽然中国高等教育已进入大众化阶段，但在教学过程中，学科的最新信息、发展状况和教师的研究成果及其研究中的心得并未及时融入教学内容之中。

同时，虽然高校学科建设日益完善，但技能型人才培养有待加强。目前中国高校学科共设十二大门类：哲学、经济学、法学、文学、历史学、教育学、医学、工学、理学、农学、军事学、管理学。其大类下分设一级科目和二级科目。由科目设置可以看出，高等教育内容的理论性导致培养的人才大多为脑力劳动者，职业教育比重相对较小，学生的操作技能较差。这与中国企业需求现状存在很大分歧。学科建设的根本目的在于切实解决中国高等教育实践中遇到的矛盾和问题，通过宏观教育决策，为一线的教授、学生及高校管理者提供新视野、新思路和新举措。因此学科的设置应该坚持发展的观点，一切从实际出发，实事求是，改变中国普通高等学历教育片面发展、职业教育受到压抑的状况，使其与国民经济发展现状相匹配。

四　产业结构与高等教育结构的偏离度增大

由于中国的产业结构正处在一个不断优化升级的阶段，一方面，新兴产业的兴起与发展带来了新职业门类发展的需要；另一方面，随着产业结构的不断优化，有些行业在国民经济中的比重下降，这些行业对相关人才的需求也随之缩减，而有些行业在国民经济中比重上升，这些行业对相关人才的需求也随之增加。尽管中国高等学校已经探索打破计划经济时代的专业设置方式和就业模式，逐渐扩大高校专业设置自主权和打破传统的统招统分的就业模式，但由于中国高等教育受传统计划经济影响较深，专业设置与产业结构的适配程度有待提高，主要表现在以下几个方面。

（一）理工科学与社会科学、人文科学未能均衡发展

随着国民经济的不断发展和人民生活水平的提高，第三产业迅速发展，

就职于第三产业的大学毕业生也不断增多。而中国高等教育文科专业学生数所占比例偏低，如哲学、历史学专业学生数所占比例持续下降，这个趋势与中国经济社会的迅速发展是不相适应的，因为经济社会的发展需要精神文化的支撑与引导，在发达国家，哲学、历史等人文社会科学专业是受到高度重视的。

（二）专业目录的设置缺乏职业型导向

中国高校专业目录的设置基本遵循的是学术型导向，侧重于培养研究型、学术型人才，职业型人才培养不足。随着产业结构不断调整，传统产业逐步改造升级，目前中国一线技术力量薄弱、匮乏，需要培养出大批应用型人才才能生产出合格、优秀的产品，并且对这一需求的满足还能比较好地解决大学生毕业后的去向、出路问题。

（三）高校专业设置未能充分结合产业区域分布的特征

目前各地各类高校专业设置未能充分考虑地区差异性和区域产业特征，未能将专业设置与地方产业优势充分结合起来，高校人才培养难以对区域经济的发展发挥应有的推动作用，这加剧了就业难的问题。

第五节　产业转型升级背景下高等教育改革的必要性

一　适应经济环境和产业升级的要求

目前，中国正在全面推进"供给侧改革"，经济供给侧存在的主要问题是，低端供给明显过剩，亟须开启"去产能"的过程；高端供给明显不足，需要匹配不断升级的国民需求。这就需要我们大力推进供给侧结构性改革，加快产业转型升级，注重制度创新、技术创新、产品创新，调整优化内部供给结构，改善消费环境，避免消费需求大幅外溢。并且需要将增长动力由要素驱动、投资驱动转向创新驱动。在生产要素成本上升的压力下，依靠要素驱动、投资驱动的经济发展方式必然改变，转而依靠创新驱动。这就需要提升劳动、信息、知识、技术、管理、资本的效率和效益，提升科技进步对经济发展的贡献度，营造"大众创业、万众创新"的政策环境和制度环境。

基于中国经济发展新常态的背景，结合当前产业发展趋势，应加快构筑全球价值链和产业链。为此，应逐步对接高标准国际规则，促进中国产业更深地嵌入发达国家主导的全球价值链，同时利用自身大国优势拓展以中国优质企业为主导的全球价值链，提升国内产业链高新技术水准，以高效优质地完成产业升级。这些都对中国高等教育人才培养模式和人才培养质量提出了更高要求。

二　提升学生创新能力和自我学习能力的需求

产业转型最重要的决定因素就是人力资源，只有在劳动者能够有效掌握新技术的情况下，才能真正促进产业转型。但是就目前而言，中国的大学生人才培养模式并不符合产业转型升级的要求，不能随着社会需求的变化而迅速转变。因此，想要推进产业转型必须首先加强对学生创新能力的培养。创新能力是知识时代对人才的基本要求之一，因为创新能力可以改变一个人的修养、思想以及命运。科技创新往往与良好的专业基础和实验技能密不可分。所以，有良好的专业理论、知识水平做保障，同时善于学习以及拥有良好的学习习惯都有助于科技创新的成功。创新活动可以激发成才的动力，市场经济急需创新型人才，创新型人才能够成为国家机关及企事业单位的工作骨干，在应对千变万化的市场经济活动时，能够为企业带来较大的经济效益。激发学生的创新热情，有助于培养学生良好的合作意识、集体意识、团队精神和社会责任感，有助于培养学生正确的人生观、价值观和世界观。将提升自主创新能力作为国家战略，贯彻到现代化建设的各个方面，培养高水平创新型人才，形成有利于自主创新的体制，才能够不断巩固和发展中国特色社会主义的伟大事业，确保到 2020 年实现全面建成小康社会的奋斗目标。

三　适应国家经济实力增强的要求

高等教育想要发展，教育投资是物质基础和基本条件，而一国的经济基础与经济发展水平将决定政府对教育的投入。当今世界，以新能源、新材料、新技术与互联网的高度交互融合与创新为特征的第三次工业革命正扑面而来。在教育领域，第三次工业革命带来了个性化、数字化、远程化、定制化、差异化、分散合作、扁平式组织结构等新的教育理念，对目前的人才培养模式将产生革命性的影响。经济实力的增强，首先就是对高等教育的规模和发展速度产生影响。国民经济基础越薄弱，经济发展水平越低，可投资于高等教育的经费就越少，高等教育的规模也就越小，发展速度也会越慢。从世界各国的统计数据来看，高等教育发展的差距非常明显，发达国家与欠发达国家之间高等教育的入学率相差几十倍。因此，一个国家高等教育发展的规模和速度主要取决于经济发展的水平和可用于高等教育的投资数量。高等教育要为国民经济和社会生产各部门培养高级专门人才，其培养目标、教育内容和手段都必须从社会实际出发。我国正在建设中国特色社会主义市场经济，这决定了高等教育培养的人才要符合经济发展的需要，既要有能够参与新兴产业市场的高素质专门人才，也要有能够充实一般生产部门以及满足农村需要的人才。因此，国家经济实力的增强将会创新高等教育的人才培养模式，加快高等教育转型升级，培养出适应现代产业发展的创新型、发展型和专业型人才，以顺利实现中国产业转型升级。

四 从被动调整向主动制定人才培养战略规划转变的需求

随着中国经济实力的不断增强，高等教育的发展环境已经发生了深刻变化，其价值正在从"提供高端学历文凭"向"提供满足学生需要的教育"转变，大学的本质从"人才培养"转变为"提供需要的教育"。以信息技术为代表的科技发展，正在推动教育范式的根本性变革，学习的途径、方法与内涵，人际交往方式，教育的时间空间，知识与信息资源等都在被重新连接和定义。在2015年11月9日中央深改组第十八次会议上，习近平总书记也强调了发展与改革的辩证关系，指出发展和改革高度融合，发展前进一步就需要改革前进一步，改革不断前进也能为发展提供强劲动力。事实上，发展的重要抓手和途径就是改革，要依靠改革来出实招、破难题、建机制。高校深化综合改革也是如此，被动的发展将会被社会淘汰，无法适应当今全球化的世界发展大趋势。因此，在高等教育发展过程中，根据经济社会发展的实际需要，从被动到主动，促进高等教育主动调整发展方向，向主动制定人才培养战略规划转变。只有这样才能在世界发展的潮流之中走出真正属于自己的特色道路。

五　与生产关系反作用于生产力的理论呼应

马克思主义理论认为，生产力与生产关系是社会生产的两个方面，二者的有机统一构成生产方式。在生产方式中，生产力是内容，生产关系是形式；生产力决定生产关系，生产关系对生产力具有反作用。生产关系一定要适应生产力发展的状况，这是人类社会发展的普遍规律。生产力的发展是生产关系变化的原因和新旧生产关系更替的依据。是否能够推动生产力发展，是评判生产关系先进或落后的根本标准。高等教育质量的提升归根结底是一种被解放、被发展了的生产力。从这个意义上讲，遵循和运用社会基本矛盾运动的规律，通过变革高等教育生产关系，解放和发展高等教育生产力，是高等教育改革发展的必由之路。高等教育是高层次的教育生产活动，遵循非物质生产规律。因此，当高等教育的"生产关系"成为高等教育"生产力"发展的桎梏时，只有变革"生产关系"，建立效率更高的"生产方式"，才能够解放和发展生产力，实现高等教育质量的提高和可持续发展的目标。对照"生产力三要素"（劳动者、劳动工具和劳动对象），高等教育生产力是由以下三种要素构成的：属于人力资本的管理者和生产者，属于非人力资本的物力资本、制度资本和信息资本，以及属于人力资本的投资者和教学科研任务。变革中国高等教育"生产关系"，就是要改变所有权代理者对经营和经营者的管理方式，以及经营者开展经营活动所依靠的机构和机制，实际变革的就是"生产方式"。高等教育生产关系变革，关键在管理体制，核心在利益纽带，重点在运行机制。高等教育的所有制关系，体现于教育行政的实现形式。高等学校能否实现内部和谐以及最终能否实现教育质量的根本提升，主要取决于师生员工占有和支配生产资料的方式和水平。同时，要建立"和而不同"的新型人际关系和科学合理的分配体制。当前，高等教育生产关系已经不适应生产力的发展，深化改革的第一要义就是要变革高等教育"生产关系"。

第六章　产业转型升级对大学生就业
影响的实证分析

本章从产业转型升级的三个层次（产值水平提高、产业结构升级和产业价值链升级）探讨产业转型升级对大学生就业的影响程度。产业产值增加是产业转型升级的第一个层次，因此本章第一节主要研究产值水平提高对大学生就业的影响；第二节探究产业结构升级对大学生就业的影响；第三节探究产业价值链升级对大学生就业的影响。

第一节　产值水平提高对大学生就业影响的实证分析

一　模型设定与变量说明

大学生就业弹性是指经济总量每变动 1 个百分点所对应的大学生就业数量变化的比例。当大学生就业弹性大于 0 时，表明经济增长能够拉动大学生就业；当大学生就业弹性小于 0 时，此时经济增长对大学生就业的作用需分两种情况讨论：当经济增长为正而大学生就业增长为负时，就业弹性的绝对值越大，对就业的抑制效应就越大；当经济增长为负而大学生就业增长为正时，就业弹性的绝对值越大，对就业的促进效应就越大。[①] 由于大学生就业弹性可以很好地反映经济增长与大学生就业变动关系，本章采用大学生就业

---

① 谢归鸿：《中国经济增长的就业效应研究》，硕士学位论文，华南理工大学，2015，第 19 页。

弹性来分析产业转型升级对大学生就业的影响。

目前关于就业弹性的估计主要有定义法和就业弹性模型构建两种方法。定义法就是根据经济学关于弹性的定义，将就业弹性表示为经济产出每变动一定幅度所带来的就业幅度的变动情况。根据时间点的截取不同，进一步将其分为点弹性[①]和弧弹性[②]。点弹性指的是具体某一年份的就业增长率与经济增长率的比值；弧弹性指的是两个不同节点之间的增长率取平均数后求比值。由于二者只考虑到某个时点的就业弹性，难以反映整体的真实情况。就业弹性模型的构建，是在就业弹性定义的基础上构建相应模型。有学者直接采用对数模型 $\ln L = \alpha + \beta \ln Y$（$L$ 代表就业人数，Y 代表产出水平，β 代表就业弹性系数）进行弹性估计，这种方法将就业规模完全归因于产出增长，在理论与现实中均说不通，难以反映真实情况。[③] 还有学者在对数模型基础上加入一些控制变量，考察经济增长与就业的变动关系，既避免了模型设定的随意性，又能够更好地估计结果。[④] 本节根据研究目的，借鉴赖德胜和包宁的模型构建方法，在柯布－道格拉斯生产函数 $Y = AK^\alpha L^\beta$ 两边取对数的基础上，再添加不同的控制变量对就业弹性进行估计测算。[⑤]

弹性估计的定义法受时间跨度的影响较大，不同年份间弹性波动较大，选取时间的差异会导致弹性估计结果不稳定，因此很难真实反映就业增长与经济发展之间的变动关系。而通过构建弹性模型的方法测算出来的就业弹性较为稳定准确，很多学者采用时间序列数据进行就业弹性估计，但是由于数

① 蔡昉、都阳、高文书：《如何实现经济与就业同步增长》，《中国经贸导刊》2004 年第 24 期，第 17～18 页。

② 李红松：《我国经济增长与就业弹性问题研究》，《财经研究》2003 年第 4 期，第 23～27 页。

③ 张江雪：《我国三大经济地带就业弹性的比较》，《数量经济技术经济研究》2005 年第 10 期，第 100～110 页。

④ 杜传忠、韩元军：《中国影响就业因素的区域差异分析——基于省级面板数据的实证检验》，《当代财经》2011 年第 5 期，第 16～23 页。

⑤ 赖德胜、包宁：《中国不同区域动态就业弹性的比较——基于面板数据的实证研究》，《中国人口科学》2011 年第 6 期，第 11～19 页。

据维度的影响，很可能产生单位根问题，而采用面板数据估计就业弹性可以很好地避免这个问题，从而更好地反映经济增长对就业增长的带动效应。本节在前人对劳动力就业弹性研究的基础上，将大学生群体分离出来，采用 2007~2016 年大陆 31 个省份的省际面板数据，对中国东部、中部和西部地区的就业弹性进行动态估计。

（一）模型设定

首先假定企业采用柯布 - 道格拉斯生产函数进行生产，其表达式为：

$$Y = AK^{\alpha}L^{\beta} \tag{6.1}$$

其中，Y 指的是实际总产出，A 指技术进步，K 指资本投入量，L 指劳动力投入量，α、β 分别表示资本、劳动力的产出弹性。由于等式两边均为绝对量，不同省份年度数据波动效应较大，为了减少数据间的波动效应对估计效果的影响，现对（6.1）式两边取对数：

$$\ln Y = \ln A + \alpha \ln K + \beta \ln L \tag{6.2}$$

根据厂商利润最大化原则，令 $VMP_K = r$，$VMP_L = w$，即资本边际产值 = 资本成本，劳动边际产值 = 实际工资，得到：

$$r = \alpha AK^{\alpha-1}L^{\beta} \tag{6.3}$$

$$w = \beta AK^{\alpha}L^{\beta-1} \tag{6.4}$$

由（6.3）式和（6.4）式可得：$K = \dfrac{\alpha w}{\beta r}L$，将其代入（6.2）式可得：

$$\ln L^* = -\frac{\alpha}{\alpha+\beta}\ln\frac{\alpha}{\beta} + \frac{1}{\alpha+\beta}\ln Y - \frac{1}{\alpha+\beta}\ln A + \frac{\alpha}{\alpha+\beta}\ln r - \frac{\alpha}{\alpha+\beta}\ln w \tag{6.5}$$

假定厂商对劳动力要素的投入遵循以下调整过程：

$$\ln L_t - \ln L_{t-1} = \delta(\ln L_t^* - \ln L_{t-1}) \tag{6.6}$$

其中，δ 表示劳动力投入的调整系数，$\delta \in (0, 1)$，δ 越大，表示厂商实现最优劳动力投入的调整速度越快。L_t是第 t 年劳动力投入数量，L_{t-1} 是第 $t-1$ 年劳动力投入数量。

将（6.6）式代入（6.5）式，可以得到：

$$\ln L_t = -\frac{\alpha\delta}{\alpha+\beta}\ln\frac{\alpha}{\beta} + \frac{\delta}{\alpha+\beta}\ln Y - \frac{\delta}{\alpha+\beta}\ln A + \frac{\alpha\delta}{\alpha+\beta}\ln r - \frac{\alpha\delta}{\alpha+\beta}\ln w + (1-\delta)\ln L_{t-1}$$

$$(6.7)$$

将（6.7）式进行简化处理，得到大学生的动态就业弹性模型：

$$\ln L_t = \alpha_0 + \alpha_1\ln Y + \alpha_2\ln A + \alpha_3\ln r + \alpha_4\ln w + \alpha_5\ln L_{t-1} + \varepsilon_t \qquad (6.8)$$

ε_t 为随机误差项，通过对（6.7）式和（6.8）式进行比较，可知 $\alpha_1 = \frac{\delta}{\alpha+\beta}$，代表短期就业弹性；$\alpha_5 = 1-\delta$，因此就业调整速度为 $\delta = 1-\alpha_5$；长期就业弹性等于短期就业弹性与调整速度的比值，即 $\frac{\alpha_1}{\delta} = \frac{1}{\alpha+\beta}$。

（二）变量说明

1. 因变量

本节的因变量是 $\ln L$，即大学生就业人数的对数。根据数据的可获得性，本节各省份大学生就业总量采用各省份就业人员中受教育程度为大专及以上的大学生比例与各省份每年就业总人数的乘积近似推算得出。资料来源于 2008～2017 年的《中国劳动统计年鉴》。

2. 自变量

本节自变量为技术进步水平、工资水平[①]、经济发展水平和滞后一期的大学生就业变量。

（1）技术进步水平（A）。采用《中国科技统计年鉴》中的 R&D 投入占 GDP 的比重作为衡量技术进步的指标。在经济发展水平达到一定程度后，科技研发投入能够极大地推动生产力水平的提高，使社会生产规模不断扩

[①] 储丽琴、曹海敏：《提高劳动报酬的就业效应分析》，《经济问题》2013 年第 9 期，第 18～22 页。

大，从而使国家认识到各层次人才对经济发展的重要性，随着经济的发展，对大学生的需求增加。[①] 此外，其次科技创新的投入推动了新兴产业的发展，新兴产业的迅速发展为大学生创造了更多的就业岗位。[②]

（2）工资水平（W）。采用城镇单位就业人员的年平均工资来代表工资水平，包括计时工资、计件工资、奖金和补贴、各种津贴和其他工资。刘修岩和贺小海、张文武和梁琦认为职工平均工资与各地区的企业效益挂钩，[③] 这也符合本节的要求。从企业需求角度看，工资越高，生产成本越高，雇主就会减少对劳动力的需求；工资越低，生产成本越低，雇主扩大生产规模就会增加对劳动力的需求。[④] 考虑到各省份实际生活成本因素的影响，以2007 年为基期，根据各省份历年居民消费价格指数对其职工平均工资进行调整。

（3）经济发展水平（Y）。采用人均 GDP 代表经济发展水平，以 2007 年为基期，将 2007～2016 年各省份人均 GDP 调整为可比价下的数值。

二 实证分析

（一）变量描述性统计

表 6-1 是 2007～2016 年中国全国、东部、中部和西部地区的人均生产总值 Y、大学生就业人数 L 和城镇就业人员年平均工资 W 的变量描述性统计。就整体而言，根据表中的平均值和标准差两列数据，可以直观看出所有变量数值的标准差均小于平均值，所以数据中排除存在极端异常值的情况，整体数据样本质量较好。具体来看：①就人均生产总值而言，东部地区平均值是西部地区平均值

① 周德禄：《技术进步、资本深化、产业升级与大学生就业》，《中国人口科学》2012 年第 2 期，第 14～24 页。

② 钟仁耀、刘苇江：《科技进步对上海就业影响的实证分析》，《人口与经济》2013 年第 2 期，第 78～85 页。

③ 刘修岩、贺小海：《市场潜能与地区工资差距：基于中国地级面板数据的实证研究》，《管理世界》2007 年第 9 期，第 48～55 页；张文武、梁琦：《劳动地理集中、产业空间与地区收入差距》，《经济学》（季刊）2011 年第 2 期，第 691～708 页。

④ S. Lemos, "Comparing Employment Estimates Using Different Minimum Wage Variables: The Case of Brazil," *International Review of Applied Economics* 23 (2009): 405－425.

的3倍以上，中部地区平均值是西部地区平均值的将近2倍，接近全国平均水平；②就大学生就业人数而言，东部地区大学生就业人数平均值是西部地区2倍以上，中部地区就业人数平均值介于二者之间，与全国平均水平持平；③就城镇就业人员年平均工资而言，东部地区平均工资水平高于中部和西部地区，而中部和西部地区平均工资水平相差不大，但均低于全国平均水平。

表6-1 产值水平对大学生就业影响模型主要变量的描述性统计说明

单位：元，万人

变量	地区	观测值	平均值	最大值	最小值	标准差
人均生产总值(Y)	全国	310	16236.35	79512.05	341.43	15357.79
	东部	110	27019.85	79512.05	1254.17	18429.35
	中部	80	16078.67	40160.01	5284.69	7944.76
	西部	120	8587.85	32680.50	341.43	6799.51
大学生就业人数(L)	全国	310	899.66	4961.12	19.7	862.25
	东部	110	1342.99	4961.12	77.15	982.97
	中部	80	888.18	1973.06	262.08	382.48
	西部	120	500.91	2468.79	19.70	389.25
年平均工资(W)	全国	310	45761.10	119935	19220	18284.16
	东部	110	51305.55	119935	19220	21941.04
	中部	80	43040.85	73326	19220	13907.97
	西部	120	42492.11	103232	19912	15244.98

从表6-1可以看出，东部地区各项指标的平均值均大于中部和西部地区，西部地区各省份的人均生产总值、就业人数和就业人员年平均工资水平的平均值均为最低，表明中国区域经济发展水平差异较大，西部地区经济发展水平大大落后于东部地区，就业规模平均水平也远远低于全国平均水平，全国区域经济发展不平衡。除此之外，中部和西部地区各个变量的标准差均低于东部地区，说明中部和西部地区普遍存在经济发展水平较低、就业规模较小和工资水平不够高的问题，并且这种现状并未随着时间的推移有所改善。

（二）实证结果分析

对于短面板数据的模型设定，通常采用固定效应模型或随机效应模型来构建，其计量模型设定方式为：

$$y_{it} = x_{it}\beta + z_{it}\delta + u_i + \varepsilon_{it}(i = 1,2,3,\cdots,N; t = 1,2,3,\cdots,T) \qquad (6.9)$$

其中，u_i 是代表个体异质性的截距项，ε_{it} 是随个体与时间改变的扰动项，并假设 $\{\varepsilon_{it}\}$ 服从独立分布并与 u_i 不相关，本节的回归模型为：

$$\ln L_{it} = \alpha_0 + \alpha_1 \ln Y_{it} + \alpha_2 \ln A_{it} + \alpha_3 \ln r_{it} + \alpha_4 \ln W_{it} + \alpha_5 \ln L_{i(t-1)} + u_i + \varepsilon_{it} \quad (6.10)$$

其中，i 表示省份，t 表示年份，α_0 为常数项，$\alpha_1 \sim \alpha_5$ 为待估参数。

本节先对模型进行豪斯曼（Hausman）检验，结果如表 6 - 2 所示，P 值等于 0.0001，即拒绝原假设，应选择固定效应模型进行实证分析。

表 6 - 2　产值水平对大学生就业影响模型的豪斯曼检验

统计量	检验结果
χ^2	35.07
P	0.0001

通过 White 检验和时间序列单位根检验，发现回归方程存在异方差和序列一阶自相关问题，此时直接进行 OLS 回归可能导致结果失真，为了消除其影响，对中国东部地区样本、西部地区样本和全国样本采用截面加权法的个体固定效应模型进行估计。而对于横截面个数小于时序个数的中部地区样本（中部地区样本包括 8 个省份和各省份 10 年数据，8 < 10）采用截面不相关加权的个体固定效应模型进行估计，回归结果如表 6 - 3 所示。

表 6 - 3　产值水平对大学生就业影响模型的回归结果

自变量	全国	东部地区	中部地区	西部地区
$\ln Y$	0.173 ***	0.174 ***	0.207 ***	0.156 **
	(0.029)	(0.034)	(0.056)	(0.075)
$\ln A$	0.079 ***	0.073 ***	0.141	0.057
	(0.027)	(0.025)	(0.073)	(0.075)

续表

自变量	全国数据验证	东部地区数据验证	中部地区数据验证	西部地区数据验证
$\ln r$	0.067 ***	0.024 ***	0.023 ***	− 0.106 ***
	(0.122)	(0.138)	(0.136)	(0.285)
$\ln w$	0.071 *	0.089	0.257 **	0.014
	(0.054)	(0.094)	(0.120)	(0.120)
$\ln L_{(t-1)}$	0.776 ***	0.756 ***	0.679 ***	0.796 ***
	(0.025)	(0.040)	(0.053)	(0.046)
C	− 1.297	− 1.471	− 3.260	− 0.329
	(0.760)	(1.138)	(1.303)	(1.175)
R^2	0.962	0.967	0.959	0.938
观测值	310	110	80	120

注：*** 、** 、* 分别代表1%、5%和10%的显著水平，括号内为标准误。

由表6-3可以看出回归结果中的 R^2 很高，调整后的 R^2 也大于0.9，表明模型的整体拟合度良好，能够很好地反映产值水平对就业的影响效应。从全国的大学生就业弹性估计结果可以看出，各个变量均通过了显著性检验。代表工资水平的变量在东部和西部地区没有通过显著性检验，代表技术进步的变量在中部和西部地区没有通过显著性检验。

根据前文模型设定部分的分析可以知道 $\ln Y$ 的系数 α_1 代表短期就业弹性，1与滞后一阶 $\ln L_{(t-1)}$ 的系数 α_5 的差值代表就业调整速度，长期就业弹性为 $\dfrac{\alpha_1}{1-\alpha_5}$，即长期就业弹性＝短期就业弹性/就业调整速度。全国和东部、中部、西部地区的就业弹性估计结果如表6-4所示。

表6-4 全国和东部、中部、西部地区就业弹性估计结果

项目	全国	东部	中部	西部
短期就业弹性	0.173	0.174	0.207	0.156
就业调整速度	0.224	0.244	0.321	0.204
长期就业弹性	0.772	0.713	0.645	0.765

由表 6-3、表 6-4 可以得出以下几个结论。

首先，从整体上看，人均 GDP、技术进步、年平均工资与大学生就业具有正相关关系。人均 GDP 每增长 1 个百分点将带动大学生就业增长 0.173 个百分点，并在 1% 的水平上显著。这与中国经济发展现状基本吻合，经济发展水平仍是中国劳动力就业的坚实保障，大学生群体就业亦是如此。代表技术进步的变量每增长 1 个百分点将会带动大学生就业增长 0.079 个百分点，并在 1% 的水平上显著。表明中国目前技术进步的"补偿机制"效应大于"破坏机制"效应，即技术进步带来的就业创造效应大于就业替代效应。工资水平增长 1 个百分点将带动就业增长 0.071 个百分点，并在 10% 的水平上显著。

其次，从地区上看，中部地区人均生产总值的就业拉动效应大于东部地区，东部地区人均生产总值的就业拉动效应大于西部地区。由此可以看出，随着东部地区经济水平的提升，其对人才的就业吸纳能力有所减弱，与此相反，相对于东部地区，经济发展落后的中部地区随着经济发展水平的提升对大学生的就业吸纳能力显露出较大的潜力。另外，由表 6-3 可知，东部地区工资水平变动对该地区的大学生就业并没有显著影响，进一步表明了东部地区对大学生就业吸纳能力减弱。与此相对的是，中部地区的工资水平变动对大学生就业影响很大，中部地区工资水平每增长 1 个百分点，就会带动大学生就业增长 0.257 个百分点。尽管西部地区人均生产总值的就业拉动效应较小，但仍然与大学生就业呈显著正相关，因而大力推动中部和西部地区整体经济发展水平提升将有效推动中国大学生就业水平提高。

最后，由表 6-4 全国就业弹性估计结果可以得出，全国短期就业弹性为 0.173，长期就业弹性为 0.772。这与邓志旺和蔡晓帆、周建安测算结果相当。[①] 从地区上看，西部地区短期就业弹性（0.156）＜东部地区短期就

---

① 邓志旺、蔡晓帆：《就业弹性系数急剧下降：事实还是假象》，《人口与经济》2002 年第 5 期，第 37~41 页；周建安：《中国劳动就业与经济增长的实证分析》，《中山大学学报》（社会科学版）2007 年第 1 期，第 116~121 页。

业弹性（0.174）＜中部地区短期就业弹性（0.207）。短期来看，中部地区就业弹性略高于东部地区，成为就业弹性最高的地区。这一事实表明中部地区通过发挥紧邻东部地区的地缘优势，依靠地区间产业转移，对高素质人才的吸纳能力不断提升。而东部地区经济发展水平远高于中部和西部地区，吸纳了大量人才集聚，大学生劳动力市场供过于求，经济增长带动大学生就业增长的边际效应下降。中部地区由于人才缺乏，经济增长对就业的带动效应大于东部地区。西部地区由于地处边远，地理环境较差，经济发展水平较低，对大学生就业吸纳能力不高。

通过以上实证分析可以发现：无论是全国还是东部、中部、西部地区，产值水平与大学生就业均存在明显正相关，即产值水平的增长会带动大学生就业数量的增加。除此之外，从长期来看，西部地区就业弹性＞东部地区就业弹性＞中部地区就业弹性；从短期来看，中部地区就业弹性＞东部地区就业弹性＞西部地区就业弹性。表明短期内中部地区对大学生的就业吸纳能力更强。

第二节 产业结构升级对大学生就业影响的实证分析

本节将继续研究产业升级的第二个层次——产业结构升级对大学生就业的影响，同样是运用2007～2016年大陆31个省份的面板数据，构建大学生就业回归模型，具体分析中国整体产业结构升级对大学生就业数量的影响以及这种影响在东部、中部、西部地区的空间差异性。

一 模型设定与变量说明

（一）模型设定

由上节相关分析，本节在如（6.8）式所示的模型的基础上进一步加入代表产业结构升级情况的变量指标，用于研究产业结构升级对大学生就业影响，包括前文提及的"破坏效应"和"补偿效应"。除此之外，考虑到其他因素也会对就业产生一定影响，因此将宏观因素城镇化水平、就业扶持力度等纳入模型。由于技术进步在一定程度上会促进产业结构升级，二者具有明显的相关性，因此在模型中加入技术进步变量和产值比重的交互项。由于大学生的就业调整具有滞后性，因此在模型中加入滞后一期的大学生就业变量，拓展后的大学生就业动态模型为：

$$
\begin{aligned}
\ln L_{it} = & \alpha_0 + \alpha_1 P_{2it} + \alpha_2 P_{3it} + \alpha_3 Q_{it} + \alpha_4 A_{it} + \alpha_5 \ln W_{it} + \alpha_6 Urb_{it} + \alpha_7 Work_{it} \\
& + \alpha_8 A_{it} \times P_{2it} + \alpha_9 A_{it} \times P_{3it} + \alpha_{10} \ln L_{i\,(t-1)} + \mu_{it}
\end{aligned} \tag{6.11}
$$

其中，i 表示省份，t 表示年份，P_{2it} 为第 i 个省份、第 t 年的第二产业产值比重，P_{3it} 为第 i 个省份、第 t 年的第三产业产值比重，Q_{it} 为第 i 个省份、第 t 年的产业结构变化度，W_{it} 为第 i 个省份、第 t 年的工资水平，Urb_{it} 为第 i 个省份、第 t 年的城镇化水平，$Work_{it}$ 为第 i 个省份、第 t 年的就业扶持力度，$A_{it} \times P_{2it}$ 为第 i 个省份、第 t 年的技术进步与第二产业产值比重的交互项，$A_{it} \times P_{3it}$ 为第 i 个省份、第 t 年的技术进步与第三产业产值比重的交互项，$\ln L_{i(t-1)}$ 为第 i 个省份、第 $t-1$ 年的大学生就业人数的对数。

由于不同地区经济发展水平不一，本节采用国家统计局对全国东部、中部、西部的划分办法，并分别检验了产业结构升级对大学生就业影响程度的空间差异。构建模型如（6.12）式所示，这里的 s 代表地区（东部、中部、西部），其他变量含义与（6.11）式相同：

$$
\begin{aligned}
\ln L_{st} = & \alpha_0 + \alpha_1 P_{2st} + \alpha_2 P_{3st} + \alpha_3 Q_{st} + \alpha_4 A_{st} + \alpha_5 \ln W_{st} + \alpha_6 Urb_{st} + \alpha_7 Work_{st} \\
& + \alpha_8 A_{st} \times P_{2st} + \alpha_9 A_{st} \times P_{3st} + \alpha_{10} \ln L_{s\,(t-1)} + \mu_{st}
\end{aligned} \tag{6.12}
$$

（二）变量说明

1. 因变量

本节的因变量是 $\ln L$，即大学生就业人数的对数。大学生就业人数采用学历层次在大专及以上的从业人员表示，含义同上节。

2. 自变量

本节自变量为产业结构升级的相关指标，包含 P_2（第二产业产值比重）、P_3（第三产业产值比重）和 Q（产业结构变化度）三个主要指标。其

中 P_2 和 P_3 指标的选取依据来源于周德禄使用三次产业产值占国内生产总值的比重反映产业结构优化程度。[①] 因为产业结构升级主要表现为第一产业产值比重的下降和第二、第三产业产值比重的上升，所以本节选取第二产业产值比重、第三产业产值比重代表产业结构优化升级程度。除此之外，还考虑到产业结构变动对就业的破坏效应，于是将产业结构变化度指标纳入就业回归模型，计算公式为 $K_{it} = \mid P_{it} - P_{i(t-1)} \mid$，其中，$K_{it}$ 表示 i 产业在第 t 年的结构变化度，P_{it} 和 $P_{i(t-1)}$ 分别表示 i 产业产值在第 t 年和第 $t-1$ 年占国内生产总值的比重。本研究在此基础上，以产业平均结构强度 $Q_t = \dfrac{\sum\limits_{t=1}^{n} \mid P_{it} - P_{i(t-1)} \mid}{3}$

（$n=1$，2，3）代表产业结构变化度，将其纳入就业回归模型中。[②]

3. 控制变量

除了经济发展水平和产业结构会对大学生就业产生影响外，大学生求职偏好、政府就业扶持政策等也会对大学生就业产生一定影响。从宏观角度分析，在已有研究的基础上选取技术进步水平、工资水平、城镇化水平和地方就业扶持力度等指标作为控制变量加入就业回归模型中，以保证估计结果更加贴合经济发展实际水平。技术进步水平（A）的衡量指标与上一节相同，仍然采用《中国科技统计年鉴》中的 R&D 投入占 GDP 的比重。工资水平（W）也与上一节相同，仍采用城镇单位就业人员年平均工资来代表工资水平，并根据各省份历年居民消费价格指数对其职工平均工资进行调整。

对于城镇化水平（Urb），采用城镇人口占总人口的比例来代表城镇化水平。城镇化对就业的影响表现为基础设施建设的增加，这创造了更多的就业岗位。与此同时伴随着基础设施的后期完善，吸引大量的企业投资，从而增加对劳动力的需求。城镇化水平越高的地区，大学生就业人数可能会更多。

[①] 周德禄：《人力资本配置效益研究——以山东省为例》，博士学位论文，山东师范大学，2012。

[②] 刘英杰：《我国产业转型升级的就业效应》，硕士学位论文，南京财经大学，2015，第16页。

对于就业扶持力度（Work），采用社会保障和就业支出在一般公共预算支出中的占比来衡量地方就业扶持力度。随着人们对高质量生活的追求，大学生就业区域选择越来越倾向于福利制度完善的地区，就业扶持力度越大的地区，大学生就业规模越大。

二 实证分析

（一）变量描述性统计

由表 6-5 可以看出，中部和西部地区第三产业产值比重平均水平低于全国平均水平，且低于东部地区平均水平，表明中部和西部地区的产业结构具有很大的升级空间，同时东部地区产业结构要优于中部和西部地区。其中，中部地区第二产业产值比重平均水平最高，第三产业产值比重平均水平最低，表明中部地区以发展第二产业为主。西部地区的产业结构变化度最大，而产业结构变化度越大通常带来的就业负面效应也会越大，因此，相对于东部、中部地区而言，西部地区产业结构升级对大学生就业的破坏效应要更大。从大学生就业空间分布来看，东部地区平均规模最大，西部地区平均规模最小，但西部地区内历年各省份大学生就业数量的波动性大，内部分布不均。

表 6-5 产业结构升级对大学生就业影响模型主要变量的描述性统计说明

单位：万人，%

地区	变量	观测值	平均值	最大值	最小值	标准差
全国	$\ln L$	310	4.29	6.83	-2.96	1.33
	P_2	310	0.47	0.61	0.19	0.08
	P_3	310	0.42	0.8	0.29	0.09
	Q	310	1.26	5.8	0.04	0.95
东部地区	$\ln L$	110	5.08	6.83	1.39	1.10
	P_2	110	0.45	0.6	0.19	0.11
	P_3	110	0.47	0.8	0.33	0.12
	Q	110	1.06	4.89	0.04	0.87

续表

地区	变量	观测值	平均值	最大值	最小值	标准差
中部地区	$\ln L$	80	4.40	5.59	2.48	0.71
	P_2	80	0.50	0.61	0.29	0.06
	P_3	80	0.38	0.56	0.29	0.05
	Q	80	1.42	5.8	0.21	1.04
西部地区	$\ln L$	120	3.49	5.79	-2.96	1.40
	P_2	120	0.46	0.58	0.29	0.06
	P_3	120	0.41	0.55	0.31	0.07
	Q	120	1.43	5.8	0.21	1.04

（二）实证结果分析

本章第一节已经对短面板数据的模型构建方法进行了详细阐述，因此本节在此前的基础上首先对面板数据回归模型进行豪斯曼（Hausman）检验，确定是选择随机效应模型还是固定效应模型。检验结果显示应该选择固定效应模型（见表6-6）。

表6-6　产业结构升级对大学生就业影响模型的豪斯曼检验

统计量	检验结果
χ^2	31.07
P	0.0001

通过 White 检验和时间序列单位根检验，发现回归方程存在异方差和序列一阶自相关问题，此时直接进行 OLS 回归可能导致结果失真，为了消除其影响，对于中国东部地区样本、西部地区样本和全国样本也采用截面加权法的个体固定效应模型进行估计；而对于横截面个数小于时序个数的中部地区样本（中部地区样本包括 8 个省份和各省份 10 年数据，8 < 10）采用截面不相关加权的个体固定效应模型进行估计。产业结构升级对全国大学生就业影响模型的回归结果如表6-7所示。

由表6-7可以看出，模型1在不加入其他控制变量的情况下，第二产业产值比重、第三产业产值比重对大学生就业数量具有正向影响，并且在

1%的水平上显著。产业结构变化度对大学生就业具有显著的负效应。总体而言，中国当前经济发展水平下产业结构合理升级对大学生就业的影响表现为积极效应大于负面效应。相较于第二产业产值比重，第三产业产值比重变动对大学生就业的影响更大。

表6-7　产业结构升级对全国大学生就业影响模型的回归结果

自变量	模型1	模型2	模型3	模型4
P_2	22.997 *** (3.269)	5.543 *** (2.533)	1.221 *** (0.035)	1.115 *** (0.331)
P_3	29.213 *** (2.540)	2.533 *** (1.880)	1.728 ** (0.512)	1.573 ** (0.412)
Q	-0.080 *** (0.034)	-0.019 (0.017)	-0.016 *** (0.019)	-0.028 *** (0.057)
A	— —	0.001 ** (0.000)	0.027 ** (0.063)	0.031 ** (0.011)
$\ln W$	—	-2.318 *** (0.246)	-0.179 *** (0.071)	-0.168 *** (0.091)
Urb	—	0.456 * (1.388)	0.441 ** (0.162)	0.406 ** (0.077)
$Work$	—	3.460 * (2.663)	1.997 ** (0.728)	1.823 ** (0.551)
$\ln L_{(t-1)}$	—	0.865 *** (0.013)	0.923 *** (0.041)	0.907 *** (0.081)
$A \times P_2$	—	—	0.051 ** (0.071)	—
$A \times P_3$	—	—	—	0.015 ** (0.026)
C	-18.749 *** (2.695)	-24.380 *** (3.895)	7325 *** (4.488)	7.926 *** (2.631)
Obs	310	310	310	310

注：***、**、* 分别代表1%、5%和10%的显著水平，括号内为标准误。

模型2在产业结构升级指标的基础上加入技术进步、工资水平、城镇化水平和就业扶持力度等控制变量后，发现第二产业产值比重和第三产业产值比重对大学生就业的影响依然显著，但是影响系数大大下降，表明模型 1 中存在高估产业结构升级对大学生就业影响效果的现象。产业结构变化度对就业的影响变得不显著，技术进步对大学生就业具有显著的正效应，这说明产业结构升级对大学生就业的影响受到技术进步的作用，即单纯地由产业结构升级带来的大学生就业效应是不存在的。工资水平对大学生就业具有显著的负面影响，城镇化率和就业帮扶力度对大学生就业具有显著的正向影响。

　　模型 3 在模型 2 的基础上加入了技术进步与第二产业产值比重的交互项。可以发现第二产业产值比重的主效应为 1.221（$P < 0.01$），表明技术水平越低的地区，第二产业产值比重上升，更能带动大学生就业。技术进步变量的主效应为 0.027（$P < 0.05$），表明第二产业产值比重较低的地区，技术进步对大学生就业具有更大的正面效应。第二产业产值比重与技术进步的交互效应为 0.051，且在统计上显著，表明技术进步对大学生就业的影响是受第二产业产值比重制约的，对第二产业产值比重低的地区影响更大。

　　在模型 4 中，检验了第三产业产值比重与技术进步对大学生就业的交互效应。可以看出第三产业产值比重与技术进步的交互效应为 0.015（$P < 0.05$），表明在技术水平不同的地区之间，第三产业产值比重变动对大学生就业的影响存在显著差异。第三产业产值比重提高对技术水平较低的地区影响更大。

三　不同经济发展水平下产业结构升级对大学生就业的影响

　　通过上文分析，可以了解全国范围内产业结构升级对大学生就业的影响程度，以及这种影响在不同技术进步水平下的变动。那么，不同经济发展水平下，产业结构升级对大学生就业的影响有何变化，以及导致这种变化的作用机制是什么，需要进一步深入研究。接下来将全国分为东部、中部和西部三大区域，以反映不同经济发展水平（不同技术进步水平）下的就业效应，并分别检验不同区域内产业结构升级对大学生就业的影响。

由表6-8东部、中部、西部地区的大学生就业回归结果可以看出，东部地区产业结构升级的指标均通过显著性检验，其中第二产业产值比重、第三产业产值比重对大学生就业具有明显的正效应，且第三产业产值比重对大学生就业的影响程度高于第二产业。东部地区产业结构变化度对大学生就业具有明显的负效应，这也比较符合前文的验证结果。第二产业产值比重对西部地区大学生就业的正面效应最大。在控制了产业结构升级变量之后，技术进步对东部和中部地区的大学生就业不再具有显著影响，而对西部地区的大学生就业仍具有显著影响，这说明西部地区各省份之间技术水平存在较大差异。

表6-8 产业结构升级对东部、中部、西部地区大学生就业影响模型的回归结果

自变量	东部地区	中部地区	西部地区
P_2	2.630***	2.050	4.143**
	(0.856)	(2.959)	1.620
P_3	3.963**	1.892	0.527
	(1.658)	(2.524)	(1.886)
Q	-0.063**	0.018**	-0.029
	(0.024)	(0.011)	(0.015)
A	0.068	2.839	-2.946**
	(0.052)	(2.438)	(1.312)
$\ln W$	-0.209	0.745***	1.236***
	(0.127)	(0.196)	(0.454)
Urb	-0.653**	2.515***	0.342**
	(0.604)	(0.753)	(0.151)
$Work$	0.092	-1.530	-1.001**
	(0.821)	(0.973)	(0.413)
$A \times P_2$	0.021	-3.044	0.014
	(0.015)	(2.145)	(0.026)
$A \times P_3$	-0.161	-3.848**	-0.050
	(0.121)	(1.594)	(0.072)
$\ln L_{(t-1)}$	0.853***	0.552***	0.866***
	(0.046)	(0.103)	(0.014)
C	0.643	-6.207***	1.526***
	(1.582)	(2.954)	(0.489)
Obs	110	80	120

注：***、**分别代表1%、5%的显著水平，括号内为标准误。

从东部地区来看，城镇化水平对大学生就业也呈现负效应，可能的原因是东部地区属于经济相对发达地区，随着城镇化水平提高，受户口限制以及生活、住房压力等因素影响，城镇化率对东部地区大学生就业的拉动效应减弱。就业扶持力度变量也没有通过显著性检验，可能的原因是东部地区的就业扶持力度等已经达到相对较高的水平，由于边际效应的递减规律，对于大学生就业的推动作用呈现弱化趋势。

从中部地区来看，产业结构变化度、工资水平和城镇化水平对大学生就业均具有显著的正效应，而第二产业产值比重和第三产业产值比重没有通过显著性检验。这说明中部地区工业化水平仍然较低，第二产业产值比重和第三产业产值比重都不高，难以发挥出对大学生就业的带动作用。技术进步与第三产业产值比重的交互项系数为负，说明在第三产业产值比重较低的中部省份中技术进步反而恶化了大学生就业环境。

从西部地区来看，第二产业产值比重通过显著性检验，对大学生就业具有明显的正效应，而第三产业产值比重没有通过显著性检验。说明在西部地区第二产业仍占据着主导地位，第三产业产值比重较低，还不能有效推动大学生就业。由于西部地区经济基础相对较差，第三产业发展以传统服务业为主，对低层次劳动力需求较多，对大学生就业吸引力较小。工资水平和城镇化水平提升对西部地区大学生就业具有明显的吸引力。技术进步、地区就业扶持力度与大学生就业呈现负相关，表现为技术进步对劳动力就业的"挤出效应"大于"创造效应"，表明西部地区的产业结构升级仍属于传统服务业升级，对低层次劳动力的需求相对较多，对高素质人才需求量较少。虽然就业扶持力度不断加大，但大学生就业人数增长缓慢。

综上所述，从三大区域的第二产业产值比重和第三产业产值比重的回归系数可以得出：东部地区第三产业的回归系数远高于中部和西部地区，表明东部地区第三产业结构升级对大学生就业的拉动效应十分明显，而西部地区主要依靠第二产业结构升级来带动大学生就业。中部地区的第二产业产值比重和第三产业产值比重提高对大学生就业的带动作用不显著。东部地区产业结构变化度对大学生就业具有明显负面作用。

四 稳健性检验

为了检验大学生就业回归模型的稳健性，本研究采用 White 稳健标准误的稳健性回归方法，对全国和东部、中部、西部地区进行大学生就业稳健性回归，回归结果如表 6-9 所示。由表 6-9 可以看出，主要变量回归结果的估计系数的显著性几乎没有发生变化。

表 6-9　产业结构升级对全国和东部、中部、西部地区的大学生就业影响模型的稳健性回归结果

自变量	全国	东部地区	中部地区	西部地区
P_2	0.945 ***	2.630 ***	2.050	4.143 **
	(0.306)	(0.856)	(2.959)	1.620
P_3	1.166 ***	3.963 **	1.892	0.527
	(0.526)	(1.658)	(2.524)	(1.886)
Q	−0.041 ***	−0.063 **	0.018 **	−0.029
	(0.013)	(0.024)	(0.011)	(0.015)
A	0.029	0.068	2.839	−2.946 **
	(0.024)	(0.052)	(2.438)	(1.312)
$\ln W$	−0.245 ***	−0.209	0.745 ***	1.236 ***
	(0.534)	(0.127)	(0.196)	(0.454)
Urb	0.378 **	−0.653 **	2.515 ***	0.342 **
	(0.183)	(0.604)	(0.753)	(0.151)
$Work$	−0.650	0.092	−1.530	−1.001 **
	(0.448)	(0.821)	(0.973)	(0.413)
$A \times P_2$	0.005	0.021	−3.044	0.014
	(0.010)	(0.015)	(2.145)	(0.026)
$A \times P_3$	−0.064	−0.161	−3.848 **	−0.050
	(0.057)	(0.121)	(1.594)	(0.072)
$\ln L_{(t-1)}$	0.923 ***	0.853 ***	0.552 ***	0.866 ***
	(0.017)	(0.046)	(0.103)	(0.014)
C	2.124 ***	0.643	−6.207 ***	1.526 ***
	(0.540)	(1.582)	(2.954)	(0.489)
Obs	310	110	80	120

注：***、** 分别代表 1%、5% 的显著水平，括号内为标准误。

　　由全国和东部、中部、西部地区大学生就业回归结果的分析可以得出以下结论。

　　首先，就全国而言，产业结构升级对大学生就业具有明显的正效应，随着控制变量（工资水平、城镇化水平、就业扶持力度等变量）和交互项的加入，产业结构升级指标对大学生就业影响的回归系数虽有所下降，但依然显著。究其原因，随着产业结构的转型升级，产业优化程度不断提升，创新高科技产业的发展为高素质人才提供了更多的就业机会，新兴产业的发展对高素质人才的需求也在不断增加。

　　其次，从东部、中部和西部地区大学生就业回归结果可以看出，东部地区的第二产业升级、第三产业升级对大学生就业均呈现显著正效应，其中第三产业结构升级对大学生就业的回归系数大于第二产业。表明东部地区的第三产业转型属于高层级的升级，对高素质人才的需求增加。相对于东部和西部地区而言，中部地区的第二产业升级、第三产业升级对大学生就业影响并没有通过显著性检验，一方面中部地区经济发展水平相对较低，环境相对恶劣；另一方面中部地区第三产业的发展相对于东部地区而言较为落后，因此给大学生群体提供的就业机会相对较少，就业吸引力较弱。西部地区的第二产业产值比重通过了显著性检验，并且就业系数很大，表明西部地区尽管经济发展相对落后，但是国家通过大力扶持西部地区制造业的发展，为大学生提供了更多的就业机会。西部地区第三产业升级对大学生就业影响不显著，原因与中部地区具有相似之处。

　　最后，就控制变量而言，城镇化水平在东部、中部、西部地区对大学生就业影响的回归结果均通过了显著性检验，城镇化水平较高的地区为大学生提供了更多的就业岗位。工资水平在中部和西部地区的回归结果中其系数均在1%的水平上显著，可能的原因是中部和西部地区经济发展水平和生活环境相对于东部地区较差，因此为了能够吸引更多的高素质人才去中部和西部地区就业，必要的经济补偿是必不可少的。地区就业扶持力度对西部地区的大学生就业具有明显的负效应，较大力度的就业扶持可能会助长大学生滋生求职惰性，因此会阻碍大学生积极寻找工作。技术进步与第三产业产值比重的交互项对中部地区的大学生就业具有显著的负效应，表明中部地区的技术进步对劳动力产生替代，减少了大学生就业机会，不利于大学生就业。

第三节 产业价值链升级对大学生就业影响的实证分析

前面两节已经分别介绍了产业转型升级中产值水平提高与产业结构升级对大学生就业的影响，然而产业结构调整虽然作为中国当前经济发展重要战略，但产业升级的内涵更多地反映在价值链的升级上，因此本节将围绕产业转型升级的第三个层次产业价值链升级对大学生就业的影响展开讨论分析。劳动生产率和技术效率的提高往往能够反映出产业价值链的升级情况，而大学生就业的领域集中于第三产业。因此，本节运用全国统计数据构建大学生就业弹性模型，研究第三产业内部结构变动对大学生就业的影响。

一 第三产业内部结构变迁

产业结构对劳动力就业结构起着决定性作用。行业的繁荣与衰退引导着劳动者在不同行业之间进行流动转换。第三产业内部结构的变迁会造成大学生就业结构的变动，类型不同对大学生就业的影响也存在差异。因此，为了更好、更详尽地分析第三产业对大学生就业的影响，本节将第三产业内部结构进行细分，分别探讨细分产业类型对大学生就业的影响。目前对第三产业进一步细分的标准，学者所持观点不尽统一。有的学者按照产生时间划分，有的学者按照服务对象划分，还有部分学者按照要素密集度进行划分。

三种分类标准各有优点，但是按照产生时间进行划分不能体现细分产业之间的具体差别，分类标准较为模糊；按照服务对象划分的分类标准相对统一规范，但是无法体现第三产业内部结构的高级化和技术的转型升级。因此本研究采用第三种分类标准，即按照要素密集度进行产业细分，[①] 原因是按照要素密集度划分的产业类别可以很好地体现技术要素和人力资本要素在产业发展中的变动情况（见表6-10），从而更好地体现第三产业转型升级现状。

表6-10　按照要素密集度划分的产业类型

产业类型	特点	涵盖行业
劳动密集型	投资少，对技术要求低，劳动力需求大	批发和零售业，住宿和餐饮业，居民服务和其他服务业，公共管理和社会组织
资本密集型	投资多，劳动力需求少，对技术要求不高	交通运输、仓储和邮政业，房地产业，水利、环境和公共设施管理业
技术密集型	技术人员比重高，劳动生产率高（劳动生产率用单位工资指标衡量）	信息传输、计算机服务和软件业，金融业，租赁和商务服务业，科学研究、技术服务和地址勘查业，教育，卫生、社会保障和社会福利业，文化、体育和娱乐业

（一）第三产业内部产值比重变化

产业升级不仅表现为产业间结构优化，还体现在产业内部结构的优化升级。本节以大学生主要就业的第三产业为例，分析产业内部产值构成变化。由图6-1可以看出，中国第三产业中技术密集型产业产值比重整体呈现上升趋势，劳动密集型产业产值比重自2008年后呈现下降趋势，资本密集型产业产值比重呈现缓慢下降趋势。这充分表明中国第三产业内部结构正在由低级向高级转变，但是劳动密集型产业产值所占的比重约为1/3，占比仍然较高，表明中国第三产业内部结构不够合理，产业发展水平仍然较低。

（二）大学生在三类细分产业中的就业比重变化情况

行业的繁荣与衰退引导着劳动者在不同行业之间流动转换。产业结构的不同发展阶段对劳动者的素质结构要求各不相同。劳动密集型产业对劳动者个人的学习能力、技能素质、受教育程度等要求都相对较低。当产业结构逐步由以劳动密集型产业为主过渡到以资本和技术密集型产业为主时，产业发

[①]　邹琪、田露月：《FDI对中国服务业产业效应的实证分析》，《财经科学》2010年第11期，第101~107页。

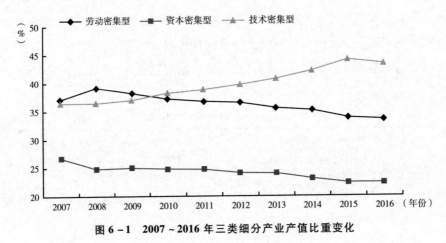

图 6 – 1　2007 ~ 2016 年三类细分产业产值比重变化

资料来源:《中国劳动统计年鉴》(2008 ~ 2017 年)。

展对劳动力的专业技能、个人素质和受教育程度等要求会越来越高。尤其是随着技术密集型产业的发展,对劳动力素质的要求会越来越严格。因此,第三产业内部结构的变动必然会带来大学生就业结构的变化,引领大学生的就业方向。

大学生就业结构的变化可以分别用三类细分产业中大学生就业人数占第三产业就业总人数的比重变化表示,大学生就业人数计算方法同本章第一节。

图 6 – 2 反映了 2007 ~ 2016 年中国大学生在三类细分产业中的就业比重变化情况,可以看出中国大学生就业集中于第三产业中的技术密集型产业,表明其对大学生的就业吸引力最大,其次是劳动密集型产业,最后是资本密集型产业。劳动密集型产业的大学生就业人数高于资本密集型产业就业人数,主要原因在于:大学生就业普遍青睐于公共管理和社会组织这一行业,其较好的福利待遇和相对稳定的工作环境吸引了大量的大学生就业,抬高了劳动密集型产业的整体就业水平。该行业的主要职责是维护社会的公共利益和福祉,造福人民群众,属于社会服务业。随着生活水平提高,人们越来越注重生活质量改善,必然会对该行业服务人员素质提出更多要求,因此其对大学生就业吸纳能力越来越高。从整体上看,这一就业现状同三类细分产业产值比重变化走势趋同,表明中国大学生在第三产业内部的就业结构偏离度较小,大学生就业质量较高。

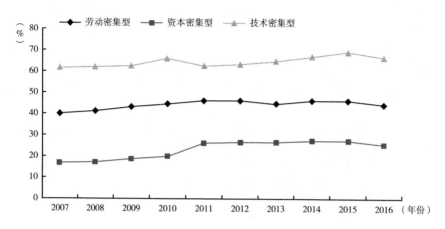

图 6 – 2　大学生在三类细分产业中的就业比重变化

资料来源：《中国劳动统计年鉴》（2008～2017 年）。

二　第三产业结构变动对大学生就业的影响

（一）三类细分产业的就业弹性模型估计

就业弹性可以直观地反映经济增长对就业人口的吸纳程度，本节将通过构建就业弹性模型分析三类细分产业的大学生就业弹性差异。

关于就业弹性模型在本章第一节做了较为详细的说明，这里不再重复论述。本节采用双对数函数模型构建三类细分产业大学生的就业弹性模型，其表达式为：

$$\ln L = \alpha + \beta \ln Y \qquad (6.13)$$

其中，L 表示就业人数，Y 表示产业产值，α、β 为模型的估计参数，对（6.13）式两边同时微分，可以得到 $\beta = \dfrac{\mathrm{d}\ln L}{\mathrm{d}\ln Y} = \dfrac{\mathrm{d}L/L}{\mathrm{d}Y/Y}$，可以看出，$\beta$ 为就业弹性。因此，构建三类细分产业的大学生就业弹性模型：

$$\ln L_i = \alpha + \beta_i \ln Y_i + \varepsilon \ (i = 1,2,3) \qquad (6.14)$$

模型中的 $\ln L_i$ 为大学生在 i 类细分产业中就业人数，该数据由 2008～2017

年《中国人口和就业统计年鉴》相关数据整理计算得出。Y_i表示i类细分产业的产值，资料来源于《中国劳动统计年鉴》。ε为随机误差项，β_i为i类细分产业的大学生就业弹性。

从表6-11中的R^2值可以看出，劳动密集型产业、资本密集型产业和技术密集型产业的大学生就业弹性模型的拟合效果都很好，拟合优度均大于0.9，而且通过了F检验和t检验。三类细分产业对大学生就业的回归系数均为正值，即三类细分产业发展均会对大学生就业产生明显促进效应。但对大学生就业的影响效应却存在显著差异，其中资本密集型产业对大学生就业的回归系数最大，其次是劳动密集型产业，技术密集型产业对大学生就业的促进作用相对较小，说明资本密集型产业涵盖的交通运输、仓储和邮政业等五大行业仍然是吸纳大学生就业的主力军，劳动密集型产业对大学生的就业吸纳水平位于中间层次，对促进大学生就业仍然发挥重大作用，而技术密集型产业对吸纳大学生就业的贡献率很低，具有较大的提升空间。

表6-11 三类细分产业的就业弹性估计

产业类型	β	c	F	R^2	Adjusted R^2
劳动密集型	0.415 ***	2.322 ***	193.31	0.960	0.955
资本密集型	0.952 ***	-4.686 ***	137.25	0.945	0.938
技术密集型	0.342 ***	3.951 ***	335.44	0.977	0.934

注：*** 代表1%的显著水平，括号内为标准误。

（二）三类细分产业结构升级与就业结构变动的协调性分析

关于产业结构与就业结构协调性分析，国内大多数学者采用灰色关联度、结构偏离度和偏离-份额法来测量，除此之外，近两年有不少学者使用斯托克夫指数来测量产业结构与就业结构的偏离程度。本研究采用斯托克夫指数来测量细分产业结构与大学生就业结构协调程度，指数数值越大，表明就业结构偏离度也越大。

本研究利用张抗私等①采用的斯托克夫指数的计算公式:

$$SI_{it} = \sum_{i=1}^{n} \mid g_{it} - \overline{g}_t \mid \times \frac{N_{it}}{N_t} \tag{6.15}$$

其中,SI_{it} 代表 i 产业在 t 期的斯托克夫指数,g_{it} 表示 i 产业在 t 期的就业增长率,$\overline{g}_t$ 表示 t 期所有产业的加权平均就业增长率,权数为 i 产业在 t 期产值占所有产业总产值的比重,N_{it} 表示 i 产业在 t 期的就业人数,N_t 表示所有产业在 t 期的就业总人数。

由图 6 - 3 的折线图走势可以看出:整体而言,中国第三产业的斯托克夫指数呈现波动下降的趋势,表明中国第三产业结构和大学生就业结构的协调性不断提高。从三类细分产业来看,劳动密集型产业的斯托克夫指数最小,其就业协调性也最好;资本密集型产业的斯托克夫指数小于技术密集型产业,表明技术密集型产业结构与就业结构的协调性最差,亟待改善。

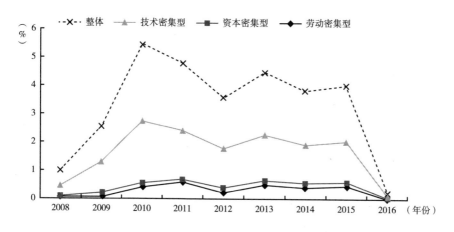

图 6 - 3 三类细分产业的斯托克夫指数

通过第三产业内部结构变动对大学生就业影响的就业弹性模型估计和斯托克夫指数,可以得出以下结论。

---

① 张抗私、盈帅、戴丽霞:《产业结构变动对就业有何影响?——基于斯托克夫指数的视角》,《产业组织评论》2012 年第 4 期,第 1~16 页。

第一，资本密集型产业的大学生就业弹性最大，该产业结构与大学生就业结构偏离度居于中间层次。

第二，技术密集型产业与大学生就业结构偏离度最大，对大学生就业促进作用最小。

第三，劳动密集型产业对大学生就业促进作用仍然很大，并且劳动密集型产业结构与大学生就业结构的协调性最好。

第四，就第三产业整体而言，就业结构偏离度随着时间推移呈现波动下降趋势，表明第三产业对大学生就业具有明显的促进作用，而且整体发展趋势向好。

第七章 产业转型升级与高等教育协调
发展评价及其趋势预测

大学生就业涉及经济增长、产业结构、对外开放、高等教育、人口变动、国家政策等诸多因素，各变量之间又相互联系。随着各生产要素价格的上升，各行各业技术水平不断提高，国际竞争日益激烈，这对中国产业转型升级形成"倒逼"机制，进一步加快了中国产业转型升级的步伐。高等教育服务于经济发展，产业转型升级使各产业对劳动力数量和劳动力技术种类的需求发生了变化。这客观上要求劳动力所具备的知识结构适应当前产业形态，在一定程度上需要高等教育适时进行改革。本章主要构建高等教育人才培养机制与产业转型升级耦合协调发展模型，通过国际比较、国内调研、大学生供需预测，综合借鉴已有经验，推进高等教育人才培养机制创新。

第一节 产业转型升级与高等教育的关系

产业转型升级与高等教育改革相互支撑、相互促进。产业转型升级需要高等教育为其培养和积累人才。产业结构的优化调整和产品科技含量的提升，会对高技术人才产生巨大需求，而高等教育能够在人才培养方面为产业转型提供人才支撑。如果没有高等教育为产业转型升级提供人才支持，产业转型升级将寸步难行，甚至转型失败。同时，产业转型升级有利于加快高等教育改革的步伐。由于社会对人才的需求发生了变化，科技创新对高技术、高素质劳动者的需求越来越大，而对掌握初级劳动技能的劳动者的需求将会逐渐降低，并且这类岗位最终会被智能化设备替代。这就需要高等教育创新人才培养模式、调整教育结构，加快培养国家社会需要的人才。因此，产业转型升级与高等教育改革是一种相互促进的关系。

一 产业转型升级需要高等教育支撑

高等教育作为人才培养的摇篮，以服务经济社会发展为宗旨。[①] 高等教育结构适应产业转型升级，则高等教育通过教育、科研、社会服务等能够促进经济发展，反之则难以达到预期教育效果。高等教育实现可持续发展的首要前提就是要实现高等教育与产业转型升级的协调发展，然而在实际发展中二者的关系呈现一定的结构性矛盾。[②]《2017 年中国本科生就业报告》指出，2016 届大学毕业生的工作与专业相关度为 66%。1999～2016 年中国普通高等教育大学毕业生年均增长率为 11.54%，其中研究生、本科生和专科生的年均增长率分别为 24.46%、15.49% 和 7.29%。《2016 中国劳动力市场发展报告》指出，中高端制造业已成为拉动就业的新引擎，高技术产业就业人员数量增长明显快于其他产业就业人员数量增长，新经济成为就业结构转型升级新动能。当前产业转型升级加快，产业结构变化巨大，使高等教育人才培养表现出种种不适应，市场呼唤高等教育人才培养改革。中国近年来在信息化、网络化建设方面取得了巨大成就，深刻改变了中国产业结构和创新理念，并将引领和改变中国高等教育改革和发展格局。引领高等教育为产业转型升级和社会发展提供具有批判思维、创新思维和高级技术的复合型人才。

二 高等教育发展需要高端产业引领

党的十九大报告明确指出要支持传统产业优化升级，促进中国产业迈向

---

① 潘懋元：《探讨大学文化育人之道，提高大学文化育人之效》，《临沂大学学报》2013 年第 6 期，第 143～144 页。
② 朱国红：《从市场供需矛盾看高等教育人才培养措施》，《中国成人教育》2015 年第 6 期，第 54～55 页。

全球价值链中高端，培育若干世界级先进制造业集群。产业转型升级直接影响不同岗位上的人才需求，客观上要求高等教育为升级后的产业培养出与之相适应的不同层次、不同学科的劳动者。根据微笑曲线原理，在产业链中，附加值更多体现在两端，即上游的产品设计研发和下游的零售服务是附加值最高的部分，而处于中间环节的产品制造附加值最低。改革开放以来，中国东南沿海承接了世界范围内的大量初级制造业的转移，成为制造业基地，吸纳了大量劳动力就业。然而，初级制造业对劳动者的技能和知识没有过高的要求，这就造成了产业发展无法吸纳文化素质较高的大学生就业。随着经济发展方式的转变和供给侧结构性改革的深化，经济质量优势显著增强，互联网、大数据、人工智能和实体经济深度融合逐渐成为新的经济增长点，对大学生的需求也逐渐增多。

第二节　产业转型升级与高等教育发展的协调性分析

关于产业转型升级与高等教育发展协调性的研究呈现多层次性、多维度性。部分学者以产业转型升级为切入点研究高等教育与劳动力市场供需之间的关系。胡静和马琳指出，高等教育人才培养模式的改革，要重视教育与科学、生产的关系，从市场需求、培养高层次创新型人才的角度出发进行改革。[①] 谭菊华指出要加快人才培养模式的改革，树立创新型、应用型、复合型的人才培养目标。[②] 也有部分学者利用灰色关联模型分析了经济增长与高等教育学科结构之间的关系。[③] 纵观已有成果，学者们对高等教育与产业转型升级关系的研究为促进二者协调发展做出了积极贡献。但相关研究在高等教育结构的衡量指标中对高等教育质量这一指标重视不够。此外，部分研究

---

① 胡静、马琳：《高等教育人才培养模式的变革和思考》，《中医药导报》2012 年第 3 期，第 20～27 页。
② 谭菊华：《大学生就业视野下高等教育人才培养模式改革探索》，《江西师范大学学报》（哲学社会科学版）2014 年第 2 期，第 127～132 页。
③ 鲍静：《高等教育人才培养结构对大学生就业的影响分析》，《广东交通职业技术学院学报》2008 年第 4 期，第 116～121 页。

对产业转型升级的衡量指标要么较为简单，要么无法量化，不能全面反映产业转型升级与高等教育的协调关系。那么，在供给侧结构性改革背景下产业转型升级与高等教育结构协调性如何，高等教育质量呈现何种变化趋势，高等教育能否有效地服务于产业转型，有待进一步深入研究。故本节构建了包括产业价值链升级、产出水平提升和产业结构高级化三个层次的产业转型升级衡量指标体系和包括高等教育层次结构、学科结构、质量结构的高等教育结构衡量指标体系，利用改进的灰色关联系数，测算了产业转型升级和高等教育结构两个系统内不同指标间的关联程度，以及产业转型升级与高等教育结构在不同时期的动态关联度，以寻找制约二者协调发展的关键因素。

一 指标选取与研究方法

（一）指标体系构建

高等教育结构是指高等教育系统内各组成部分之间的比例关系，相关研究一般将高等教育结构划分为内部结构和外部结构。外部结构主要包括层次结构、学科结构、质量结构等；内部结构主要包括专业结构、课程结构、教材结构、队伍结构等。本研究中的高等教育结构主要指外部结构，即以高等教育层次结构、学科结构和质量结构为对象进行指标设计，研究中以专科生、本科生、研究生等各层次毕业生比重和教育部规定的 11 个学科中各学科毕业生比重作为测量指标（见表 7-1）。由于高等教育质量是由多个因素决定的，这里质量结构采用师生比、生均教育经费、工作与专业相关度、就业满意度、用人单位满意度、教育满意度 6 个指标来反映高等教育质量。

采用产业价值链升级、产出水平提升、产业结构高级化来衡量产业转型升级进展。并选择产业转型升级内部指标测算产业转型升级与高等教育层次结构、学科结构、质量结构的关系，以期发现直接造成大学生供需失衡和结构性就业难的原因，考察目前产业转型升级对大学生层次、学科和质量的偏好，进而为高等教育结构调整提供参考。

表 7-1　产业转型升级与高等教育结构指标体系

一级指标	二级指标	三级指标
高等教育结构	层次结构	专科毕业生总量(x_1)、本科毕业生总量(x_2)、硕士毕业生总量(x_3)、博士毕业生总量(x_4)、本科升研率(x_5)、硕士升博率(x_6)、专本比例(x_7)、硕博比例(x_8)、本硕比例(x_9)
	学科结构	哲学类毕业生总量(x_{10})、经济学类毕业生总量(x_{11})、法学类毕业生总量(x_{12})、教育学类毕业生总量(x_{13})、文学类毕业生总量(x_{14})、历史学类毕业生数总量(x_{15})、理学类毕业生总量(x_{16})、工学类毕业生数总量(x_{17})、农学类毕业生总量(x_{18})、医学类毕业生总量(x_{19})、管理学类毕业生总量(x_{20})
	质量结构	师生比(x_{21})、生均教育经费(x_{22})、工作与专业相关度(x_{23})、就业满意度(x_{24})、用人单位满意度(x_{25})、教育满意度(x_{26})
产业转型升级	产业价值链升级	万人专利授权数(y_1)、劳均新产品销售收入(y_2)、劳均技术市场成交额(y_3)、技术贡献率(y_4)、资本劳动比(y_5)、专业化分工水平(y_6)
	产出水平提升	人均 GDP(y_7)、万元产值煤炭消耗量(y_8)、万元产值水消耗量(y_9)
	产业结构高级化	第三产业产值与第二产业产值比例(y_{10})、第三产业就业人数与第二产业就业人数比例(y_{11})

（二）研究方法与资料来源

本节数据主要来自 2000~2017 年《中国劳动统计年鉴》、《中国教育统计年鉴》、《中国统计年鉴》，以及中国劳动力市场抽样调查数据。之所以选取 1999 年的数据作为起始年份数据，是因为 1999 年是高校开始扩招后的第一年，普通高等学校招生规模都出现大幅度增长，高校招生数增长幅度一度超过经济增长幅度，1999 年之后大学生就业的结构性问题更加凸显。高等教育质量衡量指标的数据主要来自麦可思全国大学生调查数据和历年《中国本科生就业报告》。经济增长中的技术贡献率（全要素生产率 TFP）借鉴田洪川的做法采用曼奎斯特指数（Malmquist）进行测算。[①] 专业化分工水平采用制造业空间基尼系数测算。同时，由于高等教育结构与产业转型升级的关系具有复杂性，在研究中采用了灰色关联分析法，对高等教育与产业转型升级的关联机制进行了分析，以探求产业转型升级对高等教育改革的客观要求。

由于所选高等教育结构衡量指标存在指标间量纲差异，于是首先需要对原始数据进行标准化，以消除指标间的量纲差异。

指标标准化公式为：

$$zx_i = \frac{x_i - \min x_i}{\max x_i - \min x_i} \tag{7.1}$$

$$zy_i = \frac{y_i - \min y_i}{\max y_i - \min y_i} \tag{7.2}$$

zx_i、zy_i 为标准化后的第 i 个指标数据，以此类推，标准化后的指标数据代替原始数据组成新的样本。

灰色关联模型为：

$$\varepsilon_{ij}(k) = \frac{\min_i \min_j |zx_i(k) - zy_j(k)| + \xi \max_i \max_j |zx_i(k) - zy_j(k)|}{|zx_i(k) - zy_j(k)| + \xi \max_i \max_j |zx_i(k) - zy_j(k)|} \tag{7.3}$$

（7.3）式中，$\varepsilon_{ij}(k)$ 是 k 时刻第 i 个高等教育转型升级指标 zx_i 与第 j 个产业转型升级指标 zy_j 的相对差值，这种形式的相对差值称为 zx_i 对 zy_j 在 k 时刻的关联系数。ξ 为分辨系数，引入 $\xi \in [0,1]$ 是为了减少极值对计算的影响。在实际使用时，应根据序列间的关联程度选择分辨系数，一般取 $\xi \leqslant 0.5$ 最为恰当，本节选择 $\xi = 0.5$ 为计算依据。

据此可以计算出 zx_i 和 zy_j 的关联系数：为了综合分析产业转型升级与高等教育结构的关联程度，将 1999 ~ 2016 年 zx_i 对 zy_j 的每一组关联系数求和，

---

① 田洪川：《中国产业升级对劳动力就业的影响研究》，硕士学位论文，北京交通大学，2013，第 26 ~ 37 页。

然后取均值得到平均关联系数，形成平均关联矩阵（见表 7-5）。

$$\varepsilon_{ij}^{*}(k) = \frac{\sum \varepsilon_{ij}(k)}{17} \tag{7.4}$$

为了进一步分析高等教育结构中哪些因素与产业转型升级密切关联，哪些因素作用不大，将平均关联系数按照某一系统指标数（平均关联矩阵的行与列）c 求其平均值，得到一个相对关联系数 r，r 代表着高等教育结构某一指标与产业转型升级协调发展程度或产业转型升级某一指标与高等教育系统协同程度的高低。关联度 r 的表达式为：

$$r_{ij} = \frac{1}{c}\sum_{c=1}^{n}\varepsilon_{ij}^{*}(k) \quad (c = 1,2,3,\cdots,n) \tag{7.5}$$

r_{ij} 取值为 $0 \sim 1$，r_{ij} 取值越接近于 1，则说明高等教育结构中某一指标 zx_i 与产业转型升级之间的协调性越大，反之则协调性越小，zy_i 解释同理。当 $0 < r_{ij} \leqslant 0.35$ 时为低关联，当 $0.35 < r_{ij} \leqslant 0.65$ 时为中等关联，当 $0.65 < r_{ij} \leqslant 0.85$ 时为较高关联，当 $0.85 < r_{ij} < 1$ 时为高关联。

二　产业转型升级与高等教育结构的协调性检验

为了揭示产业转型升级与高等教育结构的协调性，将产业转型升级指标与高等教育结构中的层次结构、学科结构和质量结构的内部指标两两进行线性回归。产业转型升级指标体系由三个层次的指标构成，这里采用 AHP 层次分析法对各指标赋权，然后对标准化后的产业转型升级指标按照权重进行加总，并求得 1999～2016 年历年总得分。以产业转型升级指标总得分为因变量、以高等教育层次结构指标为自变量进行回归分析，回归结果如表 7-2 所示。从回归结果看出，产业转型升级与本科毕业生总量模型的拟合度最高，二者发展的联动作用最为明显。产业转型升级与硕士毕业生总量模型、硕博比例模型、博士毕业生总量模型的拟合度次之，说明这两个层次的毕业生与产业转型升级的步调基本一致，协调发展能力在不断提升，硕士研究生和博士研究生教育在日后发展中容易形成合力，推动产业转型升级的整体水平不断提高。相比之下，产业转型升级与专科毕业生总量模型、专本比例模型的拟合度略低，其在教育结构调整中与产业转型升级的协调性有待进一步提升。

表 7-2　产业转型升级与高等教育层次结构模型的回归结果

高等教育层次结构	P	R^2
专科毕业生总量	0.000	0.568
本科毕业生总量	0.000	0.742
硕士毕业生总量	0.000	0.728
博士毕业生总量	0.000	0.613
本科升研率	0.000	0.565
硕士升博率	0.002	0.454
专本比例	0.000	0.367
本硕比例	0.000	0.506
硕博比例	0.000	0.721

注：$P < 0.001$ 为极端显著，可以认为回归结果在 $\alpha = 0.001$ 的水平上显著，或者置信度达到了 99.9%；$0.001 < P < 0.01$ 为非常显著。

从产业转型升级与高等教育学科结构协调性来看，学科结构也直接影响二者的相互作用机制。以产业转型升级指标总得分为因变量、以高等教育 11 个学科中每一个学科毕业生总量为自变量进行回归，回归结果如表 7-3 所示。产业转型升级与高等教育学科结构模型的拟合度总体较高。说明高等教育学科结构与产业转型升级的协调性较高，在促进高等教育学科结构调整上，产业转型升级发挥了较大作用。今后高等教育分学科招生计划应该与产业转型升级整体水平相适应，高等教育部门应该更加积极地加强与经济发展规划部门的联系，形成双方相互协调、相互促进的发展格局。按照 2016 年教育部、人力资源和社会保障部、工业和信息化部联合印发的《制造业人才发展规划指南》，大国工匠和创新型技术领军人才、技能紧缺人才被列为制造业人才需求的核心。这意味着随着国家科技创新领域的深化发展，高等教育学科设置除了要满足学科知识的连续性以外，还要及时做出学科调整，满足产业升级对人才资源的需求。

表 7 - 3　产业转型升级与高等教育学科结构模型的回归结果

高等教育学科结构	P	R^2
哲学类毕业生总量	0.000	0.472
经济学类毕业生总量	0.000	0.556
法学类毕业生总量	0.001	0.426
教育学类毕业生总量	0.021	0.698
文学类毕业生总量	0.000	0.678
历史类学毕业生总量	0.000	0.661
理学类毕业生总量	0.000	0.556
工学类毕业生总量	0.000	0.692
农学类毕业生总量	0.000	0.681
医学类毕业生总量	0.000	0.697
管理学类毕业生总量	0.000	0.252

注：$P < 0.001$ 为极端显著，可以认为回归结果在 $\alpha = 0.001$ 的水平上显著，或者置信度达到了 99.9%；$0.001 < P < 0.01$ 为非常显著。

从高等教育质量结构来看，产业转型升级的加快为高校毕业生提供了越来越多的高端就业岗位，提升了大学生的就业满意度。以高等教育质量结构指标为自变量与产业转型升级指标总得分进行线性回归，回归结果如表 7 - 4 所示。产业转型升级与高等教育质量结构模型整体拟合度良好。在产业转型升级中，高等教育质量提升发挥了较大的积极作用。尤其是生均教育经费的增加，有效地促进了高等教育质量提升，进而加快了产业转型升级的步伐。产业转型升级与用人单位满意度模型的拟合度不是很高，主要是因为随着产业转型升级的加快，企业对人才高度渴望，有时候即使提高工资，也难以招到紧缺人才。所以今后的教育发展需要注重教育质量的提升，注重学生创新能力的培养，培养出更多高质量毕业生，以满足企业在转型升级中对人才的需求。

表 7 - 4　产业转型升级与高等教育质量结构模型的回归结果

高等教育质量结构	P	R^2
师生比	0.000	0.691
生均教育经费	0.000	0.723
工作与专业相关度	0.003	0.697
就业满意度	0.000	0.603
用人单位满意度	0.000	0.516
教育满意度	0.000	0.708

注：$P < 0.001$ 为极端显著，可以认为回归结果在 $\alpha = 0.001$ 的水平上显著，或者置信度达到了 99.9%；$0.001 < P < 0.01$ 为非常显著。

三　产业转型升级与高等教育结构的关联度分析

为了探究产业转型升级与高等教育结构之间的内部相互作用机制，我们利用灰色关联模型计算得出了高等教育结构与产业转型升级的关联度矩阵。二者各指标间关系复杂，关联系数均大于 0.35，这说明产业转型升级与高等教育结构之间的关系比较密切，进行关联分析具有较大意义。为了揭示产业转型升级与高等教育协调发展的主要驱动力，对计算得到的关联系数进行简单平均求和排序，分别得到高等教育结构与产业转型升级相互作用的主要影响因素。

通过分析表 7 - 5 可以得出以下几点结论。

第一，产业转型升级中产业结构高级化对高等教育发展的影响最大。经计算得出，中国高等教育结构与产业结构关联度矩阵中，第三产业产值与第二产业产值比例与高等教育结构的综合关联系数达到 0.7139，第三产业就业人数与第二产业就业人数比例与高等教育结构的综合关联系数为 0.7120。随着中国经济发展水平提高，服务业在国民经济中扮演的角色越来越凸显，其就业吸纳能力也越来越强，成为大学毕业生就业的主要流向。这表明产业结构高级化是促进高等教育结构调整的主要动力。

第二，产业转型升级中产出水平提升对高等教育发展的影响居中，平均关联系数为 0.6916。其中人均 GDP 与高等教育结构具有较强的关联度，平

表 7－5　我国高等教育结构与产业转型升级的关联度矩阵

指标	zy_1	zy_2	zy_3	zy_4	zy_5	zy_6	zy_7	zy_8	zy_9	zy_{10}	zy_{11}	平均值(r)	
zx_1	0.6090	0.6795	0.6806	0.5829	0.7023	0.6695	0.6507	0.6273	0.6413	0.6966	0.6959	0.6030	
zx_2	0.5934	0.6847	0.6978	0.6160	0.6811	0.6513	0.6883	0.7834	0.6928	0.6846	0.7087	0.6235	
zx_3	0.5809	0.6976	0.7332	0.6029	0.7673	0.6621	0.6808	0.7389	0.7070	0.7593	0.6780	0.6340	
zx_4	0.6132	0.6792	0.6844	0.5858	0.7090	0.6656	0.7077	0.5939	0.6255	0.7453	0.6850	0.6079	
zx_5	0.6596	0.6304	0.6177	0.6580	0.6016	0.6589	0.6105	0.7235	0.5450	0.6717	0.6591	0.5863	0.5852
zx_6	0.6136	0.6379	0.6115	0.6113	0.6077	0.6201	0.6757	0.6238	0.5059	0.5877	0.5725	0.5556	
zx_7	0.5706	0.5459	0.5238	0.5852	0.5652	0.5393	0.6459	0.5482	0.6095	0.6081	0.5634	0.5254	
zx_8	0.5955	0.5296	0.6431	0.5992	0.5902	0.5542	0.6107	0.5264	0.6176	0.6681	0.7600	0.5579	
zx_9	0.7329	0.5772	0.6121	0.6944	0.5279	0.6376	0.6197	0.5772	0.6246	0.6424	0.6297	0.5730	
zx_{10}	0.6081	0.6203	0.6613	0.6354	0.6545	0.6141	0.6545	0.6727	0.6965	0.6972	0.6872	0.6002	
zx_{11}	0.8518	0.8148	0.8317	0.7939	0.8008	0.6835	0.8691	0.8491	0.8387	0.8194	0.8048	0.7465	
zx_{12}	0.6354	0.6043	0.6890	0.6190	0.6891	0.6794	0.7109	0.6969	0.6764	0.6799	0.6750	0.6129	
zx_{13}	0.6011	0.6326	0.7215	0.6769	0.7254	0.7237	0.8173	0.7796	0.6785	0.7319	0.7327	0.6518	
zx_{14}	0.6030	0.6379	0.6750	0.6067	0.6370	0.6997	0.6965	0.6647	0.6142	0.7034	0.6934	0.6026	
zx_{15}	0.6921	0.6183	0.6115	0.6237	0.6121	0.6759	0.6216	0.6199	0.6136	0.7178	0.7012	0.5923	0.6718
zx_{16}	0.7973	0.8245	0.8840	0.7804	0.7799	0.7797	0.7728	0.6794	0.8260	0.7356	0.7142	0.7145	
zx_{17}	0.7561	0.8316	0.8516	0.7287	0.7673	0.8135	0.7971	0.8561	0.7939	0.7405	0.7275	0.7220	
zx_{18}	0.7355	0.8037	0.7135	0.7379	0.7387	0.7908	0.7165	0.6311	0.6990	0.7502	0.7341	0.6709	
zx_{19}	0.8002	0.7234	0.7596	0.7720	0.7504	0.7297	0.8683	0.6779	0.6439	0.8634	0.8475	0.7030	
zx_{20}	0.8512	0.8076	0.8190	0.8250	0.8816	0.7511	0.8848	0.8712	0.8161	0.8901	0.8816	0.7733	
zx_{21}	0.6298	0.7478	0.7382	0.6038	0.7524	0.7280	0.6868	0.6595	0.7451	0.7383	0.7562	0.6488	
zx_{22}	0.7595	0.6435	0.6782	0.6892	0.6560	0.5969	0.5631	0.7509	0.7017	0.6779	0.7889	0.6255	
zx_{23}	0.7562	0.7459	0.7587	0.7280	0.7350	0.7091	0.6225	0.7134	0.8100	0.6797	0.6648	0.6603	0.6390
zx_{24}	0.7545	0.6474	0.6685	0.7008	0.7322	0.6734	0.6235	0.8286	0.6275	0.6225	0.6811	0.6300	
zx_{25}	0.7051	0.6350	0.6552	0.5688	0.6367	0.6669	0.7066	0.6425	0.6669	0.7175	0.7375	0.6116	
	0.7889	0.8050	0.6581	0.7537	0.7220	0.6157	0.6956	0.7116	0.6791	0.7313	0.7327	0.6578	
平均值(r)	0.6883	0.6848	0.6992	0.6684	0.6932	0.6765	0.6999	0.6941	0.6806	0.7139	0.7120		
				0.6851				0.6916			0.7129		

155

均关联系数为 0.6999。经济发展水平的提高，意味着一个国家和地区经济增长方式的转变，直接影响着对资本、技术、劳动力等生产要素的需求情况，也对高等教育的人才培养质量提出了更高要求。

第三，产业转型升级中产业价值链升级对高等教育发展的影响也较大，平均关联系数为 0.6851。其中，劳均技术市场成交额与高等教育结构的平均关联系数达到 0.6992，专业化分工水平对高等教育结构的影响略小，平均关联系数为 0.6765。万人专利授权数和劳均新产品销售收入与高等教育也具有密切关系，平均关联系数分别为 0.6883 和 0.6848，表明产业价值链升级也需要高等教育结构做出调整，培养出更多具有创新思维的大学生。专利和新产品销售额增加对高等教育发展具有引导性作用，但单纯的结构性调整不能有效地推动高等教育改革，需要在结构性调整中提升教育质量。总体来看，产业价值链升级与高等教育结构的关联系数要小于产业结构高级化和产出水平提升与高等教育结构的关联系数，主要是因为目前中国科研创新能力还比较弱，技术研发规模较小，难以对高等教育结构调整造成较大影响。需要在创新型国家建设中，提升二者的协调发展能力。

第四，高等教育结构对产业转型升级的影响不容忽视。高等教育人才培养能力、高等教育学科结构和层次结构都会影响产出水平提升、产业结构高级化和产业价值链升级。为适应经济发展和产业转型升级的要求，高等教育需要不断做出调整。在计算得出的高等教育结构与产业转型升级关联矩阵中，总体而言高等教育学科结构对产业转型升级的影响最大，平均关联系数为 0.6718，要大于高等教育层次结构和高等教育质量结构与产业转型升级的平均关联系数。主要是因为随着经济发展水平的提高，产业转型升级对人才的专业性需求结构和层次性需求结构会发生较大的变动，但在工业化初期和中期专业性需求结构变动幅度会大于层次性需求结构变动幅度，在工业化后期则更凸显层次性需求结构的变动。

第五，从高等教育学科结构对产业转型升级的影响来看，管理学类毕业生对产业转型升级的影响最大，平均关联系数达到 0.7733，其次是经济学类、工学类和理学类毕业生，平均关联系数分别为 0.7465、0.7220 和

0.7145。一般来看，经济发展水平越高，其对管理类人才的需求就会越大，管理类学科中的财务管理、会计、旅游管理、工商管理等专业能够有效地满足产业转型升级对管理人才的需求，而工学类和理学类毕业生能够满足技术研发和科技创新对人才的需求。历史学类和哲学类毕业生与产业转型升级的平均关联系数相对较小，即随着产业转型升级的加快，经济增长对历史学类和哲学类毕业生的结构性需求相对较小。医学类毕业生与产业转型升级的关联度也较大，平均关联系数为0.7030。高等教育学科结构的变动会促进专业技术人才结构的变动，进而满足产业转型升级对人才的需求。

第六，从高等教育层次结构来看，硕士毕业生总量和本科毕业生总量对产业转型升级的影响最大，平均关联系数分别为0.6340和0.6235。高等教育层次结构变动有效地满足了产业转型升级对高层次人才的需求。也说明产业结构高级化、产出水平提升和产业价值链升级都受到高等教育层次结构的制约。同时，专本比例和硕博比例与产业转型升级的关联系数相对较小，分别为0.5254和0.5579。这说明在高等教育结构调整中过于关注总量结构，而对高等教育层次比例结构关注不够，降低了高等教育层次比例与产业转型升级的关联度。在今后发展中，需要更多地关注专、本、硕、博比例的协调性，在高等教育改革中需要有选择性地去重点关注。

第七，高等教育质量结构对产业转型升级的影响总体而言要大于高等教育层次结构，高等教育质量结构与产业转型升级的平均关联系数为0.6390。其中工作与专业相关度和教育满意度与产业转型升级的平均关联系数分别为0.6603和0.6578。这说明大学生所学专业知识能不能被市场认可，能不能应用到社会实践中成为影响其工作能力和创新能力发挥的重要因素。随着产业转型升级的加快，对大学生的需求会越来越多地倾向于专业知识扎实、创新能力强的人才。用人单位满意度与产业转型升级的平均关联系数相对较低，为0.6116。因为随着产业转型升级，用人单位要招聘到让自己满意的人才存在困难。这就需要在今后的发展中注重提升高等教育质量，提升高等教育质量结构、层次结构、学科结构与产业转型升级的协调性。

四 产业转型升级与高等教育结构关联度的动态分析

从动态来看，高等教育结构与产业转型升级的关联度经过了先下降后上升的过程。根据关联系数计算公式，可以得出 1999～2016 年高等教育结构与产业转型升级的关联系数。关联系数呈现的波动性表明，不同时期产业转型升级与高等教育结构的关联强度与协调性存在一定差异。对关联系数取对数后考察其波动情况（见图 7-1），依据关联系数波动特点大致可以划分出以下两个阶段。第一个阶段为 1999～2008 年，表现为关联系数在波动中下降，这主要是因为高等教育扩招以来，高等教育规模增大，部分学科大学生规模出现了快速增长，产业转型升级进程一时滞后于高等教育结构调整速度，相应出现了大学生就业难的问题。第二阶段为 2009～2016 年，该阶段高等教育结构与产业转型升级的关联系数逐渐升高，2008 年之后随着高等教育规模增速的稳定，以及中国经济发展方式转变的加快，高等教育结构与产业转型升级的关联度日益密切。产业转型升级对大学毕业生的需求不仅仅是数量上的需求，更多的是对大学毕业生学科结构、层次结构和质量结构的需求。一般在经济发展初期，产业发展对大学生的需求主要体现在数量上，后期更加体现为对大学生的结构性需求和教育质量需求，这必然会使高等教育结构与产业发展需求在某个阶段存在不适应性，需要磨合和调整。随着高等教育结构的优化和产业转型升级的加快，二者关系逐渐走向协调。但在未来很可能二者关系还会出现失调。因此，要推动经济可持续发展，应关注产业转型升级的趋势，优化高等教育结构。

本节在构建指标体系的基础上利用灰色关联模型对高等教育结构与产业转型升级的协调性及其变动趋势进行了分析，得出如下结论。

首先，高等教育结构与产业转型升级的关联机理比较复杂，对 1999～2016 年中国高等教育结构与产业转型升级进行的灰色关联分析表明，中国高等教育结构与产业转型升级的关联度总体较高，这说明中国高等教育结构与产业转型升级基本相适应。但是随着产业转型升级的加快和经济发展水平的提升，高等教育学科结构、层次结构和质量结构都表现出一定的不

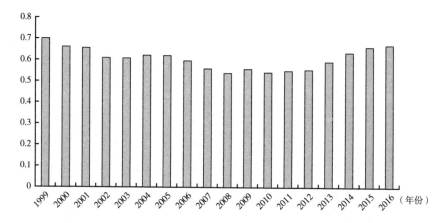

图 7 - 1　产业转型升级与高等教育结构综合关联系数变动情况

适应，需要关注高等教育中专科、本科、硕士、博士层次比例结构和高等教育质量问题。

其次，随着产业转型升级的加快，劳动力市场对大学毕业生的需求会发生结构性变动，这一变动包括学科结构、层次结构和质量结构等多个方面，并通过劳动力市场反馈给高等教育。如果高等教育能够及时调整人才培养模式，则能够提高人才培养质量，满足劳动力市场需求，促进产业转型升级，否则会造成结构性矛盾，不利于产业转型升级的推进。正如新加坡的高等教育与人力资源管理部门相连，每年的招生计划首先要报人事部门审批，人事部门根据劳动力市场需求和技术人员缺口来确定招生的结构性规模，以避免在劳动力市场上出现结构性失业问题。所以中国在发展高等教育过程中，还需要进一步增强高等教育与产业转型升级的关联度，完善教育部门与人力资源管理部门在人才培养中的沟通协作机制，实现产业转型升级与高等教育发展的协调。

再次，中国高等教育结构与产业转型升级的关联度表现出一定的阶段性和波动性。1999～2008 年是关联度在波动中下降的时期，2009～2016 年是关联度逐渐升高的时期。高等教育结构与产业转型升级关联度的阶段性和波动性特点与高等教育政策和经济发展水平密不可分。政府政策的制定实施与反馈机制是促进教育、就业、产业多方联动、相互调整、相互优化，进而促进劳动力优化配置的保障。产业转型升级与高等教育的协调发展既需要市场自行调节，也离不开政府宏观调控。符合市场需求的人才培养和教育机制、合理的高等教育发展规划和产业发展战略都能够有效地促进人力资源配置效率的提升，减少结构性矛盾。

最后，高等教育的学科结构、层次结构和质量结构对产业转型升级具有不同的影响，反之产业转型升级能够从产业结构、产出水平、产业价值链三个层面促进高等教育结构的优化，使其向适应和推动经济发展的方向转变。二者的关联关系总体趋势是呈现螺旋式上升。二者之间既有矛盾也有协调，并且相互作用。随着经济发展水平的提高，关于二者关联度的周期性特点以及影响因素是值得关注的一个重点问题。应加强先期预测，促进高等教育结构与产业转型升级的动态协调发展，根据产业转型升级发展趋势先行调整高等教育结构，提升高等教育质量，促进二者协调发展。因为市场信息传递具有时滞，所以适度超前调整是高等教育发展的客观要求，但在发展中又要避免冒进，只有高质量的适合本国经济发展水平的高等教育结构才是理想的教育模式。

第三节　产业转型升级背景下大学生需求趋势预测

一　产业结构升级对大学生就业人员的需求预测

为了说明产业结构与大学生就业的关联性，这里使用分产业就业弹性系数来揭示。运用统计分析方法来寻找各产业增加值与就业的关联性，通过曲线拟合等来分析产业结构变动与就业的依存程度。就业弹性系数是指就业数量变化率与产业增加值变化率之比，如果就业弹性系数为正，就说明产业结构转型对于劳动力需求有拉动效应，反之则存在挤出效应。为了预测产业转型升级背景下大学生需求量的变化趋势，我们采用各行业大学生就业弹性系数预测各行业大学生就业规模，进而加总得到经济发展对大学生总需求量的趋势。就业弹性系数计算公式为：

$$就业弹性系数 = \frac{就业数量变化率}{产业增加值变化率}$$

（一）各行业增加值变动趋势预测

由于经济增长遵循一定的规律，短期内中国经济仍会保持在中高速增长水平。但仍需要通过采用多种模型对各产业增加值进行模拟，选择拟合度最高的模型，进而采用该模型预测各产业增加值。利用 SPSS 对 2010～2017 年数据进行回归估计，通过对比多种模型，发现对数模型拟合度非常高。其模型方程为：

$$Y_1 = -49396230 + 6499902 \ln t \tag{7.6}$$

$$Y_2 = -266556665 + 35072810 \ln t \tag{7.7}$$

$$Y_3 = -524387051 + 68968283 \ln t \tag{7.8}$$

其中，Y_1、Y_2 和 Y_3 分别为第一产业增加值、第二产业增加值和第三产业增加值，t 为以年为单位的时间序列，其拟合优度 R^2 分别为 0.957、0.960 和 0.997，接近于 1，拟合度非常好。整个方程通过了显著水平小于 0.001 的 F 检验，回归系数通过了显著水平小于 0.001 的 t 检验（见表 7 - 6）。

表 7 - 6　三次产业增加值模型的回归结果

因变量	自变量	回归系数	标准误	标准系数	T	P
Y_1	$\ln t$	6499902	563918.2	0.978	11.526	0.000
	C	-49396230	4290080	—	-11.514	0.000
Y_2	$\ln t$	35072810	2928094	0.98	11.978	0.000
	C	-266556665	22275856	—	-11.966	0.000
Y_3	$\ln t$	68968283	1644304	0.998	41.944	0.000
	C	-524387051	12509252	—	-41.92	0.000

通过拟合方程对三次产业增加值进行预测，预测结果如图 7 - 2 所示。可以看出，第一产业增加值 2030 年将达到 105672 亿元，比 2010 年增长 174.9%；第二产业增加值 2030 年将达到 550533 亿元，比 2010 年增长 187.3%；第三产业增加值 2030 年将达到 860984 亿元，比 2010 年增长 372.9%。

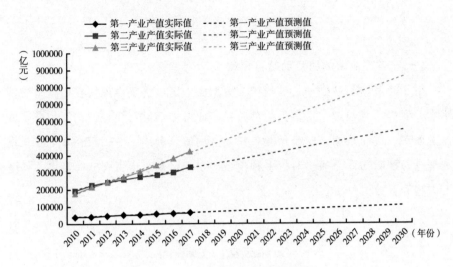

图 7 - 2　三次产业增加值预测

通过三次产业的发展趋势，能够清晰地了解未来中国产业结构的变动方向，但三次产业的划分过于宏观，要想预测未来产业结构变动后对大学生需求的趋势，就必须对各行业发展趋势做出预测。下文以 2007～2016 年各行业增加值为因变量，以时间 t 为自变量，构建各行业的发展趋势预测模型（见表 7 - 7），得到的结果如表 7 - 8 所示。

表 7 - 7　各行业未来发展趋势预测模型

行业	拟合模型	R^2	F	P
农林牧渔业	$y = 24411.54 + 4360.74t$	0.986	579.42	0.000
采矿业	$y = 8262.93 + 5373.02t - 441.33t^2$	0.797	13.75	0.004
制造业	$y = 73435.91 + 14784.63t$	0.986	552.46	0.000
电力、燃气及水的生产和供应业	$y = 6677.11 + 1172.36t - 23.88t^2$	0.845	19.151	0.001
建筑业	$y = 9013.71 + 5197.69t - 106.67t^2$	0.994	582.26	0.000
批发和零售业	$y = 13920.68 + 5864.51t$	0.994	132.94	0.000
交通运输、仓储和邮政业	$y = 11428.55 + 2106.65t$	0.988	671.07	0.000
住宿和餐饮业	$y = 5146.27 + 565.35t + 24.51t^2$	0.997	138.41	0.000
信息传输、计算机服务和软件业	$y = 7161.47 - 212.21t + 166.13t^2$	0.998	152.61	0.000
金融业	$y = 3147.83 + 5670.65t$	0.984	479.65	0.000
房地产业	$y = 8232.34 + 3849.91t$	0.991	858.47	0.000

行业	拟合模型	R^2	F	P
租赁和商务服务业	$y = 3696.72 + 690.79t + 90.61t^2$	0.997	978.15	0.000
科学研究、技术服务和地质勘查业	$y = 1141.33 + 1350.06t$	0.981	408.05	0.000
水利、环境和公共设施管理业	$y = 825.48 + 194.12t + 15.71t^2$	0.996	935.32	0.000
居民服务和其他服务业	$y = 3465.61 + 550.85t + 33.78t^2$	0.988	300.78	0.000
教育	$y = 6304.66 + 1136t + 92.72t^2$	0.999	460.21	0.000
卫生、社会保障和社会福利业	$y = 3641.39 + 166.68t + 120.05t^2$	0.998	172.3	0.000
文化、体育和娱乐业	$y = 1337.97 + 273.31t + 13.68t^2$	0.998	145.91	0.000
公共管理和社会组织	$y = 10757.99 + 977.31t + 91.93t^2$	0.988	286.71	0.000

依据各行业发展趋势预测模型，预测得到各行业 2020～2030 年增加值的变动趋势（见表 7-8）。从预测结果可以看到，大部分行业的增加值都呈现上升趋势。农林牧渔业增加值在 2007～2030 年持续上升，农林牧渔业增加值将由 2007 年的 28627 亿元上升到 2030 年的 129069.3 亿元。采矿业增加值呈现先上升后下降的趋势，由 2007 年的 13460.7 亿元上升到 2010 年的 20936.6 亿元，再下降到 2030 年的 16161.33 亿元。制造业，建筑业，批发和零售业，交通运输、仓储和邮政业，住宿和餐饮业，信息传输、计算机服务和软件业，金融业，房地产业，租赁和商务服务业，科学研究、技术服务和地质勘查业，水利、环境和公共设施管理业，居民服务和其他服务业，教育，卫生、社会保障和社会福利业，文化、体育和娱乐业，公共管理和社会组织等行业的增加值均在 2007～2030 年呈现持续上升的趋势。制造业增加值由 2007 年的 87465 亿元增长到 2030 年的 428267.03 亿元，建筑业增加值 2030 年增加到 72316.35 亿元，批发和零售业增加值 2030 年增加到 154668.92 亿元，交通运输、仓储和邮政业增加值 2030 年增加到 61988.15 亿元。住宿和餐饮业增加值及信息传输、计算机服务和软件业增加值预计 2030 年分别增加到 32832.43 亿元及 97759.31 亿元。金融业增加值和房地产业增加值预测增幅较大，2030 年分别增加到 139243.43 亿元和 100630.18 亿元。据预测，租赁和商务服务业增加值 2030 年将增加到 72467.04 亿元。文化、体育

和娱乐业增加值及公共管理和社会组织增加值据预测 2030 年将分别增加到 15777.09 亿元及 87165.11 亿元。

表 7 - 8　2007～2030 年各行业增加值

单位：亿元

行业	2007 年	2010 年	2015 年	2020 年	2025 年	2030 年
农林牧渔业	28627	40533.6	62911.8	85461.9	107265.6	129069.3
采矿业	13460.7	20936.6	19104.5	18376.53	18252.18	16161.33
制造业	87465	130325	202420.1	280420.73	354343.88	428267.03
电力、燃气及水的生产和供应业	9609.2	9460.6	14981.7	18409.67	20331.27	21058.87
建筑业	15296.5	26661	46626.7	60874.05	69261.95	72316.35
批发和零售业	20937.8	35904	66186.7	96023.82	125346.37	154668.92
交通运输、仓储和邮政业	14601	18777	30487.8	40921.65	51454.9	61988.15
住宿和餐饮业	5548.1	7712	12153.7	17865.13	24736.03	32832.43
信息传输、计算机服务和软件业	6705.6	8950	18546.1	36752.01	63102.41	97759.31
金融业	12337.5	25679	57872.6	82536.93	110890.18	139243.43
房地产业	13809.7	23569	41701	62131.08	81380.63	100630.18
租赁和商务服务业	4694.9	7475	17111.5	31127.34	49531.94	72467.04
科学研究、技术服务和地质勘查业	3441.3	5691	13479.6	20042.17	26792.47	33542.77
水利、环境和公共设施管理业	1110.7	1802	3851.9	6622.32	10185.07	14533.32
居民服务和其他服务业	3996.5	6411	10854.5	17798.39	26126.34	36143.29
教育	7693.2	12018	24253.1	40381.78	61360.58	86975.38
卫生、社会保障和社会福利业	4013.8	5856	14955.1	29504.71	50146.36	76790.51
文化、体育和娱乐业	1631.3	2674	4931.2	7845.59	11469.34	15777.09
公共管理和社会组织	10830.4	16302	26622.6	42458.61	62513.61	87165.11

注：根据表 7 - 7 预测模型得到，所有年份数据详见附录 4。

（二）　各行业大学生就业弹性计算

　　由于各产业增加值提高带来的大学生就业增加存在差异，在预测未来大学生需求总量的时候，需要做的第二项准备工作就是预测各行业大学生就业弹性。但各行业增加值是所有劳动者创造的，很难对各行业中大学生劳动力创造的增加值和非大学生劳动力创造的增加值进行区分。只能用各行业增加值增长率和各行业中大学生就业人员增长率估算各行业大学生就业弹性，进而以此为基础采用线性模型预测未来各行业大学生就业弹性。虽然这样计算出来的大学生就业弹性会偏大,但由于计算得到的大学生就业弹性仅用于后文中各行业大学生需求量预测,只用于反映各行业增加值与大学生就业人员之间的关系,所以这里不再苛求就业弹性的可比性。计算出的 2007~2016 年各行业大学生平均就业弹性如表 7-9 所示。

表 7-9 2007~2016 年各行业大学生平均就业弹性

行业	2007~2016 年大学生平均就业弹性
农林牧渔业	0.18
采矿业	0.51
制造业	1.6
电力、燃气及水的生产和供应业	0.67
建筑业	0.98
批发零售业	1.41
交通运输、仓储和邮政业	1.63
住宿和餐饮业	1.88
信息传输、计算机服务和软件业	1.5
金融业	1.1
房地产业	1.3
租赁和商务服务业	0.97
科学研究、技术服务业	1.2
水利环境和公共设施业	0.61
居民服务业	1.47
教育	0.54
卫生、社会保障和社会服务业	0.77
文化、体育和娱乐业	0.65
公共管理和社会组织	1.14

(三) 各行业大学生就业人数预测

如果以各行业平均就业弹性为依据,假定未来十年各行业就业弹性为 2007~2016 年各行业平均就业弹性。结合表 7-8 各行业增加值预测结果,就可以得到历年各行业大学生就业规模(见表 7-10)。从表 7-10 可以看到,2007 年大学生就业规模排在前三的行业是教育、公共管理和社会组织、制造业,大学生就业规模分别是 1537.65 万人、1054.10 万人、490.11 万人。预计到2020年，大学生就业规模排在前三的行业依然是教育、公共管理和社会组织、制造业，这三个行业大学生的就业规模将是3653.74万人、3412.27万人、2965.17万人。预计到2030年，大学生就业规模排在前三的行业是信息传输、计算机服务和软件业，公共管理和社会组织，制造业，就业规模将是9473.49万人、7024.51万人、5615.59万人。采矿业的大学生就业规模在2007~2030年呈现先上升后下降的趋势。制造业，电力、燃气及水的生产和供应业，批发和零售业，交通运输、仓储和邮政业，住宿和餐饮业，信息传输、计算机服务和软件业，金融业，房地产业，租赁和商务服务业，科学研究、技术服务和地质勘查业，水利、环境和公共设施管理业，居民服务和其他服务业，教育，卫生、社会保障和社会福利业，文化、体育和娱乐业，公共管理和社会组织等行业的大学生就业规模在2007~2030年呈现持续上升的趋势。农林牧渔业、建筑业的大学生就业规模呈现先上升再下降再上升的趋势。不同行业之间大学生就业规模差异较大，呈现不平衡、不均衡的特点。

表7-10 2007~2030年产业结构升级对各行业大学生就业人员需求量

单位：万人

行业	2007年	2010年	2015年	2020年	2025年	2030年
农林牧渔业	4.18	9.82	10.09	5.71	5.95	6.14
采矿业	80.91	184.04	308.41	260.77	259.86	244.06
制造业	490.11	842.61	1808.96	2965.17	4218.33	5615.59
电力、燃气及水的生产和供应业	141.47	206.60	334.44	433.98	466.81	479.01
建筑业	126.54	218.57	777.71	693.59	796.69	834.49
批发和零售业	70.98	135.15	303.27	621.11	908.77	1227.85
交通运输、仓储和邮政业	91.61	153.90	295.70	488.03	715.30	976.96
住宿和餐饮业	14.05	28.79	68.54	110.18	217.29	393.41
信息传输、计算机服务和软件业	105.16	190.94	244.67	1506.84	4145.00	9473.49
金融业	320.87	528.15	621.07	1439.58	1921.58	2400.76
房地产业	76.01	114.26	248.39	546.18	782.81	1039.59
租赁和商务服务业	135.69	238.74	337.42	758.44	1177.20	1687.23

行业	2007 年	2010 年	2015 年	2020 年	2025 年	2030 年
科学研究、技术服务和地质勘查业	192.23	347.23	451.96	997.37	1382.62	1780.72
水利、环境和公共设施管理业	63.95	99.90	156.41	234.81	315.49	402.42
居民服务和其他服务业	4.98	7.44	17.58	35.67	63.07	102.26
教育	1537.65	2060.91	2261.12	3653.74	4596.96	5563.74
卫生、社会保障和社会福利业	396.00	664.33	911.25	2040.60	3259.65	4746.77
文化、体育和娱乐业	64.41	92.70	123.66	206.97	276.26	351.94
公共管理和社会组织	1054.10	1555.13	1888.33	3412.27	5031.45	7024.51

注：根据各行业增加值和各行业平均就业弹性计算得出，所有年份数据详见附录5。

高等教育发展的任务还很艰巨，按照当前各行业发展状况，未来各行业增加值的增长会带来更多的大学生就业需求。通过对 2018～2030 年各行业新增大学生就业人数进行预测，可以看到采矿业自 2024 年新增大学生就业人数就开始呈现负增长，其他行业的新增大学生就业人数均为正增长（见表 7–11）。纵向来看，2018 年新增大学生就业人数最多的行业是公共管理和社会组织，据预测，2020 年、2022 年、2024 年、2026 年、2028 年、2030 年新增大学生就业人数最多的行业均为信息传输、计算机服务和软件业。新增大学生就业人数最少的行业，在 2018 年、2020 年和 2022 年均为农林牧渔业，在 2024 年、2026 年、2028 年和 2030 年均为采矿业，为负增长。从预测的合计值来看，从 2018～2030 年各行业新增的大学生就业人数呈现持续上升的趋势，各行业都将有更多的大学生投入就业。

表 7–11　2018～2030 年产业结构升级对各行业新增大学生就业人员需求量

单位：万人

行业	2018 年	2020 年	2022 年	2024 年	2026 年	2028 年	2030 年
农林牧渔业	0.06	0.05	0.05	0.05	0.04	0.04	0.04
采矿业	2.78	1.56	0.39	-0.76	-1.93	-3.14	-4.43
制造业	218.61	231.96	244.64	256.75	268.37	279.55	290.34
电力、燃气及水的生产和供应业	11.05	9.18	7.41	5.71	4.05	2.43	0.83
建筑业	33.28	28.3	23.21	18.05	12.82	7.57	2.28

续表

行业	2018 年	2020 年	2022 年	2024 年	2026 年	2028 年	2030 年
批发和零售业	50.3	53.36	56.21	58.89	61.43	63.84	66.15
交通运输、仓储和邮政业	38.11	41.12	44.04	46.88	49.65	52.35	54.99
住宿和餐饮业	11.88	15.16	19.05	23.62	28.91	35.01	41.97
信息传输、计算机服务和软件业	208.56	309.55	440.57	605.67	808.89	1054.1	1345.5
金融业	97.15	96.82	96.52	96.27	96.04	95.83	95.64
房地产业	42.56	44.59	46.47	48.21	49.84	51.38	52.83
租赁和商务服务业	64.97	72.57	80.06	87.46	94.78	102.02	109.2
科学研究、技术服务和地质勘查业	73.78	75.22	76.49	77.64	78.68	79.64	80.52
水利、环境和公共设施管理业	14.68	15.3	15.87	16.41	16.91	17.39	17.84
居民服务和其他服务业	3.54	4.26	5.04	5.9	6.82	7.82	8.89
教育	181.94	185.01	187.58	189.78	191.7	193.4	194.92
卫生、社会保障和社会福利业	185.87	209.8	232.79	255.01	276.56	297.55	318.04
文化、体育和娱乐业	12.46	13.04	13.59	14.13	14.64	15.14	15.62
公共管理和社会组织	249.21	279.04	308.89	338.78	368.68	398.61	428.55
合计	1500.79	1685.89	1898.87	2144.45	2426.88	2750.53	3119.72

注：根据附录 5 历年各行业大学生就业人数计算得出，所有年份数据详见附录 6。

二 经济增长对大学生就业人员的需求预测

根据上文对各行业就业弹性的分析可以得到各行业增加值与大学生就业人数之间的关系。经济发展水平的提高会带来国内生产总值的增加，所以这里根据 GDP 与全部就业人员中专科生数量、本科生数量和研究生数量计算就业弹性，以反映经济发展水平提升后的大学生就业人员需求量。这里首先预测 GDP，再依据就业弹性预测大学生就业人数，最后依据大学生就业人数计算出 2017～2030 年新增大学生就业人数。

（一）国内生产总值趋势预测

选取《中国统计年鉴》中的国内生产总值的统计数据作为计算标准，采用 1978~2016 年中国名义 GDP 数据对其未来的发展进行测算，运用 SPSS 软件进行回归分析（Y 代表 GDP，X 代表时间序列），发现 Logistic 模型拟合效果最好，回归结果如表 7-12 所示：

$$\ln\left(\frac{1}{Y} - \frac{1}{1400000}\right) = \ln 0.00039 + \ln 0.849^X \tag{7.9}$$

表 7-12 国内生产总值预测模型的回归结果

自变量	回归系数	标准误	标准化回归系数	T	P
X	0.849	0.002	0.369	554.963	0.000
C	0.00039	0.000	—	24.183	0.000

可见模型通过检验，参数设计比较合理。由（7.9）式可得：

$$Y = \frac{1}{\dfrac{1}{1400000} + 0.00039 \times 0.846X} \tag{7.10}$$

通过模型（7.10）对中国 2017~2030 年 GDP 发展趋势进行预测，其总体趋势和预测结果如图 7-3 所示。

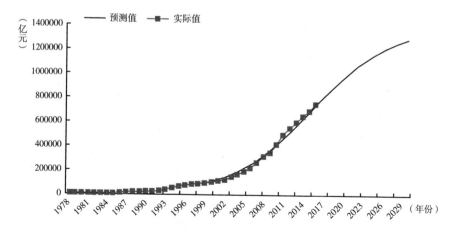

图 7-3 国内生产总值预测

由图 7 - 3 可以看出模型估计结果比较合理，除个别年份外，拟合效果整体较好，误差在 10% 以内。可见预测精确度比较高，可以用来预测中国未来 GDP 的变动趋势。

(二) 大学生就业规模预测

从 2000～2016 年大专及以上学历就业人员的就业弹性（见表 7 - 13）可以看出，具有专科学历的就业人员就业弹性在 2000～2016 年呈现波动下降的趋势。专科就业人员就业弹性 2000 年为 1.64，到 2004 年下降到 - 0.39，到 2006 年上升到 0.96，到 2012 年下降到 - 0.24，到 2016 年略有回升，为 0.15。本科就业人员就业弹性在 2000 年为 1.55，到 2004 年下降到 - 0.54，到 2006 年上升到 1.51，到 2010 年下降到 - 0.52，到 2016 年上升到 0.54。研究生就业人员就业弹性由 2000 年的 0.09 下降到 2006 年的 0.05，到 2008 年上升到 3.45，到 2016 年下降为 0.29。

表 7 - 13　2000～2016 年大专及以上学历就业人员的就业弹性

年份	专科学历	本科学历	研究生学历
2000	1.64	1.55	0.09
2002	1.81	1.37	0.09
2004	- 0.39	- 0.54	0.07
2006	0.96	1.51	0.05
2008	0.51	1.24	3.45
2010	- 0.83	- 0.52	0.83
2012	- 0.24	0.03	1.67
2014	0.02	0.02	- 0.55
2016	0.15	0.54	0.29

资料来源：《中国统计年鉴 2017》《中国劳动统计年鉴 2017》。

以全部就业人员中专科就业人员就业弹性（Y_1）、本科就业人员就业弹性（Y_2）、研究生就业人员就业弹性（Y_3）为因变量，以时间 X 为自变量，构建回归模型如下：

$$Y_1 = 1.472 - 0.214X \tag{7.11}$$

$$Y_2 = 1.326 - 0.151X \tag{7.12}$$

$$Y_3 = 0.427 + 0.048X \tag{7.13}$$

模型 t 检验结果如表 7-14 所示。

表 7-14 就业弹性预测模型 t 检验结果

模型(7.11)			模型(7.12)			模型(7.13)		
自变量	T	P	自变量	T	P	自变量	T	P
X	1.629	0.00	X	-2.522	0.00	X	7.912	0.00
C	0.755	0.00	C	1.914	0.00	C	2.322	0.00

无论是从 R 检验来看，还是从 t 检验和 F 检验来看，模型回归参数显著性较高，能够用于预测未来大学生就业弹性的变动趋势。大学生就业弹性实际值和预测值波动性都较大，故此对 2000~2030 年大学生就业弹性进行指数平滑，2017~2030 年就业弹性预测结果如表 7-15 所示。

表 7-15 2017~2030 年大学生就业弹性预测结果

年份	专科就业人员 就业弹性	本科就业人员 就业弹性	研究生就业人员 就业弹性
2017	0.5482	1.6576	1.4213
2018	0.3317	1.6754	1.5599
2019	0.4847	1.6675	1.6534
2020	0.4548	1.6668	1.5449
2021	0.4237	1.6699	1.5861
2022	0.4544	1.6681	1.5948
2023	0.4443	1.6683	1.5752
2024	0.4408	1.6688	1.5854
2025	0.4465	1.6684	1.5851
2026	0.4439	1.6685	1.5819
2027	0.4438	1.6685	1.5841

续表

年份	专科就业人员 就业弹性	本科就业人员 就业弹性	研究生就业人员 就业弹性
2028	0.4447	1.6685	1.5837
2029	0.4441	1.6685	1.5833
2030	0.4442	1.6685	1.5837

根据模型（7.10）GDP 预测结果得到 GDP 增长率，结合表 7 - 15 大学生就业弹性的预测结果得到未来经济发展对大学生需求量变动情况。由2017~2030 年经济增长对大学生就业人员需求量（见表 7 - 16）可以看出，具有专科、本科、研究生学历的就业人员规模呈现逐年增加趋势。从每年增加的需求量来看，随着经济增长，对具有专科学历的就业人员的需求增量在波动中出现了下降，2017 年具有专科学历的就业人员需求量当年增加量为320.38 万人，预计在 2030 年需求量当年增加量将降为 257.34 万人。经济发展对具有本科和研究生学历的就业人员需求量呈现增加的趋势。具有本科学历的就业人员需求量在 2017 年当年增加了 789.80 万人，预计到 2030 年需求量当年增加量上升为 1967.45 万人。具有研究生学历的就业人员在 2017 年当年增加了 63.21 万人，预计到 2030 年当年增加量上升为 162.17 万人。

表 7 - 16 2017~2030 年经济增长对大学生就业人员需求量

单位：万人

年份	专科学历		本科学历		研究生学历		大专及以上学历	
	累计规模	当年增加	累计规模	当年增加	累计规模	当年增加	累计规模	当年增加
2017	7445.88	320.38	6598.63	789.80	605.37	63.21	14649.87	1173.39
2018	7630.94	185.06	7427.10	828.47	676.13	70.76	15734.17	1084.30
2019	7882.52	251.59	8269.50	842.40	752.17	76.04	16904.19	1170.02
2020	8102.50	219.98	9115.21	845.71	823.46	71.29	18041.18	1136.98
2021	8291.38	188.88	9952.60	837.39	895.31	71.85	19139.30	1098.12
2022	8510.61	219.23	10918.56	965.96	978.39	83.08	20407.56	1268.26
2023	8724.65	214.03	11949.52	1030.96	1065.61	87.23	21739.77	1332.22
2024	8945.38	220.73	13093.96	1144.44	1162.58	96.96	23201.91	1462.13
2025	9173.03	227.66	14339.04	1245.09	1267.60	105.03	24779.69	1577.78

续表

年份	专科学历		本科学历		研究生学历		大专及以上学历	
	累计规模	当年增加	累计规模	当年增加	累计规模	当年增加	累计规模	当年增加
2026	9405.92	232.89	15707.35	1368.31	1382.29	114.69	26495.56	1715.88
2027	9644.23	238.31	17203.70	1496.34	1507.31	125.02	28355.23	1859.67
2028	9889.32	245.09	18843.93	1640.23	1643.72	136.41	30376.97	2021.74
2029	10140.19	250.87	20639.80	1795.87	1792.37	148.65	32572.37	2195.39
2030	10397.53	257.34	22607.25	1967.45	1954.54	162.17	34959.33	2386.96

注：累计规模为全部就业人员中具有专科学历、本科学历和研究生学历的人员当年总规模，当年增加为全部就业人员中具有专科学历、本科学历和研究生学历的人员当年增加数量。

第四节　产业转型升级背景下大学生供给趋势预测

中国的高等教育自 1999 年扩招以来，招生数量逐年增加，在校生规模越来越大。对于大学生供给的预测，能够清晰地把握未来大学生数量变动趋势。但大学生供给的变动趋势受到多种因素影响，对其趋势的预测，首先需要掌握高等教育适龄人口规模，以及高等教育毛入学率的变动趋势。本节基于人口移算模型来预测高等教育适龄人口规模，利用回归分析来预测毛入学率。对于高等教育学龄人口年龄界定，依据《国际教育标准分类》，结合中国学制，把高等教育适龄人口年龄设置在 18～22 岁。

一　高等教育适龄人口预测

对高等教育适龄人口进行预测，需要对人口进行分年龄移算。所需要的因素包括育龄妇女分年龄生育率、男性分年龄死亡率、女性分年龄死亡率、出生人口性别比等。所使用的基础数据来源于 2010 年第六次全国人口普查（见附录7）。

人口年龄移算是根据某个时间点的各个年龄组的人口数按照某种生存比例推算未来某个时间点上相应年龄组的人口数。人的年龄随时间而变化，时间每过一年，年龄就增长一岁。年龄移算是依据相对稳定的存活率水平，在人口群体中，各个年龄组的死亡率水平存在差异，不同年龄组的存活率也存在一定差异。只要经济社会发展水平稳定，这种存活率短时间内不会发生太大变化，借助这种相对稳定的存活率水平，就可以测算未来相应年龄的人数。

构建年龄移算的模型如下。

第（$t+1$）年（$x+1$）岁的人数 = 第 t 年 x 岁的人数 × 第 t 年 x 岁的存活率：

$$P_{x+1,t+1} = P_{x,t} \times P_x$$
$$P_{x+2,t+2} = P_{x,t} \times P_x \times P_{x+1}$$

以此类推，可得一般公式：

$$P_{x+n,t+n} = P_{x,t} \times P_x \times P_{x+1} \times \cdots \times P_{x+n-1}$$

出生人数的预测是人口预测的重要组成部分之一。出生人数的预测方法有多种：出生率法、一般生育率法、分年龄生育率法等。其中前两种比较简单，所需要的基础资料比较少，但预测结果粗糙。本节采用第三种分年龄生育率法，该方法是出生人数预测最常用的方法，预测结果比较可信。

分年龄生育率模型为：

$$
\text{预测某年出生人数} = \sum_{x=15}^{49} \text{某年龄组妇女生育孩子数}
$$
$$
= \sum_{x=15}^{49} \text{某年龄组生育率} \times \text{该年龄组妇女平均人数}
$$

通过出生人口预测、性别比预测、死亡概率预测，使用人口移算法，最终得到 18~22 岁年龄组人口规模，如表 7-17 所示。

表 7-17 高等教育适龄人口预测结果

单位：万人

年份	18 岁	19 岁	20 岁	21 岁	22 岁	总数
2010	2076	2154	2803	2656	2447	12136
2012	1878	2076	2074	2152	2800	10980
2014	1587	1800	1876	2074	2072	9409

续表

年份	18 岁	19 岁	20 岁	21 岁	22 岁	总数
2016	1537	1519	1586	1798	1874	8314
2018	1442	1390	1536	1518	1584	7469
2020	1362	1420	1440	1388	1534	7145
2022	1475	1337	1361	1419	1439	7030
2024	1515	1466	1473	1336	1359	7150
2026	1553	1516	1513	1465	1471	7518
2028	1368	1554	1551	1515	1512	7499
2030	1306	1299	1367	1552	1549	7073

注：以18周岁高中毕业为接受高等教育的起始时间，详细预测结果见附录8。

二 高等教育毛入学率预测

高等教育毛入学率是指某学年高等教育在校生人数占适龄人口数的比重，是相对的教育规模和受教育机会，是衡量一个国家教育发展水平的重要指标。《国家中长期教育改革和发展规划纲要（2010—2020 年）》提出了要实现更高水平的普及教育，具体到高等教育的战略目标为"高等教育大众化水平进一步提高，毛入学率达到40%。高等教育毛入学率的计算公式如下：

$$G_i = \frac{第 i 年在校生人数（M_i）}{第 i 年适龄人口数（S_i）}$$

其中，G_i 为第 i 年的毛入学率，M_i 为第 i 年在校生人数，S_i 为第 i 年18 ~ 22 岁的高等教育适龄人口数。为了突出普通高等教育的地位，这里的毛入学率采用两种计算口径进行核算，第一种计算口径中高等教育在校生人数包括普通本专科在学人数、成人本专科和网络本专科在学人数，下文称毛入学率1；第二种计算口径中高等教育在校生人数只含有普通本专科在学人数，不含成人本专科和网络本专科在学人数，下文称毛入学率2。

表 7 - 18 为 2010 ~ 2016 年来中国高等教育毛入学率。

表 7 - 18   2010 ~ 2016 年中国高等教育毛入学率

单位：%，万人

年份	毛入学率	高等教育适龄人口数
2010	26.5(19.66)	12136
2011	26.9(21.03)	11761
2012	30.0(23.35)	10980
2013	34.5(26.54)	9977
2014	37.5(29.04)	9409
2015	40.0(31.81)	8854
2016	42.7(34.81)	8314

注：括号外为采取毛入学率 1 的计算口径，括号内为采取毛入学率 2 的计算口径。

资料来源：《中国教育统计年鉴》（2011 ~ 2017 年）。

本节对高等教育毛入学率的预测采用了回归分析，通过估计方程对毛入学率进行预测。利用 SPSS 对表 7 - 18 中的数据进行回归分析，通过对比多种模型，发现线性模型拟合度最高。包含成人本专科和网络本专科在学人数的毛入学率估计方程为（7.14）式，不包含成人本专科和网络本专科在学人数的毛入学率估计方程为（7.15）式。

$$y = 0.223 + 0.029x \qquad (7.14)$$

$$y = 0.158 + 0.027x \qquad (7.15)$$

其中，y 为毛入学率，x 为年份，采用 1，2，3……代替，其拟合优度 R^2 均大于 0.98，接近于 1，拟合度非常好。整个方程均通过了显著水平小于 0.001 的 F 检验，回归系数也均通过了显著水平小于 0.001 的 t 检验（见表 7 - 19）。

表 7 - 19   高等教育毛入学率预测模型 t 检验结果

模型(7.14)				模型(7.15)			
自变量	标准误	T	P	自变量	标准误	T	P
X	0.005	29.153	0.000	X	0.005	29.153	0.000
C	0.001	25.362	0.000	C	0.001	25.362	0.000

通过曲线估计的对数分析，建立了拟合度较高的预测模型，进行趋势外推，可得2017～2030年的毛入学率（见表7-20）。由于《国家中长期教育改革和发展规划纲要（2010—2020年）》中40%的毛入学率在2015年已经实现，预测结果发现包括普通本专科在学人数、成人本专科和网络本专科在学人数计算口径下的高等教育毛入学率在2019年将突破50%的水平，而只含有普通本专科在学人数计算口径下的高等教育毛入学率到2022年才能突破50%的水平。

表7-20　高等教育毛入学率与在校生人数预测结果

单位：%，万人

年份	毛入学率	高等教育适龄人口	高等教育在校生人数
2017	45.7(37.64)	7828	3577(2946)
2018	48.7(40.37)	7469	3637(3015)
2019	51.6(43.09)	7303	3768(3147)
2020	54.6(45.82)	7145	3901(3274)
2021	57.5(48.55)	6946	3994(3372)
2022	60.4(51.27)	7030	4246(3604)
2023	63.3(54.00)	7055	4466(3810)
2024	66.3(56.73)	7150	4740(4056)
2025	69.2(59.45)	7304	5054(4342)
2026	72.1(62.18)	7518	5420(4675)
2027	75.0(64.91)	7599	5699(4932)
2028	77.9(67.63)	7499	5842(5072)
2029	80.9(70.36)	7285	5894(5126)
2030	83.8(73.09)	7073	5927(5169)

注：括号外的毛入学率和在校生人数根据模型（7.14）计算得出，括号内的毛入学率和在校生人数根据模型（7.15）计算得出。

三　应届大学生数量预测

在前文已经对高等教育适龄人口和毛入学率进行了预测，因此，可以很容易计算出在校大学生规模。由于在校大学生内部结构呈现不断调整趋势，在校生中专科生比重呈现下降趋势，本科生和研究生比重呈现上升趋势（见表7-21）。为了准确预测未来不同层次大学生供给趋势，需要对在校大学生的层次结构进行预测。

表 7 – 21   2007～2016 年高等教育在校生层次结构

单位：%

年份	专科生	本科生	研究生
2007	42.94	51.10	5.96
2008	42.66	51.38	5.97
2009	42.22	51.63	6.15
2010	40.50	53.05	6.45
2011	38.77	54.57	6.66
2012	37.62	55.67	6.71
2013	36.78	56.45	6.78
2014	36.84	56.40	6.76
2015	37.23	55.98	6.79
2016	37.42	55.74	6.85

资料来源：《中国教育统计年鉴 2017》。

以高等教育在校生中专科生比重（Y_1）、本科生比重（Y_2）、研究生比重（Y_3）为因变量，以时间 X 为自变量，$X = 1，2，3 \cdots\cdots$，构建回归模型如下：

$$Y_1 = 43.243 - 0.398X \tag{7.16}$$

$$Y_2 = 51.143 + 0.516X \tag{7.17}$$

$$Y_3 = 5.614 + 0.183X \tag{7.18}$$

回归结果如表 7 – 22 所示。

表 7 – 22   高等教育结构预测模型 t 检验结果

模型(7.16)			模型(7.17)			模型(7.18)		
自变量	T	P	自变量	T	P	自变量	T	P
X	-6.724	0.00	X	4.314	0.00	X	4.058	0.00
C	61.393	0.00	C	63.083	0.00	C	18.386	0.00

无论是从 R 检验来看，还是从 t 检验和 F 检验来看，模型回归参数显著性较高，能够用于预测未来在校大学生结构的变动趋势。2017～2030 年

高等教育在校生层次结构预测结果如表 7-23 所示。通过预测结果可以看到，2017～2030 年高等教育在校生层次结构发生了较大变化。2017 年普通高等教育在校生中本科生占比较高，为 56.82%；专科生占比为 35.56%；研究生占比为 7.62%。据预测，专科生占比将逐渐减少，本科生和研究生占比将逐年增加。

表 7-23　2017～2030 年高等教育在校生层次结构

单位：%

年份	专科生	本科生	研究生
2017	35.56	56.82	7.62
2018	34.86	57.33	7.81
2019	34.16	57.85	7.99
2020	33.47	58.36	8.17
2021	32.77	58.88	8.35
2022	32.07	59.39	8.54
2023	31.37	59.91	8.72
2024	30.67	60.42	8.90
2025	29.97	60.94	9.08
2026	29.28	61.46	9.27
2027	28.58	61.97	9.45
2028	27.88	62.49	9.63
2029	27.18	63.00	9.82
2030	26.48	63.52	10.00

根据高等教育在校生层次结构和表 7-20 高等教育在校生总体规模，可以计算得出 2017～2030 年不同层次的高等教育在校生规模（见表 7-24）。一般专科三年毕业，本科四年毕业，研究生三年毕业，所以这里采用平均学年数来估算每年应届毕业生的数量。根据历年毕业生占在校生的比重变动趋势，设定 2017～2030 年应届专科生占专科在校生人数的比重为 30%，应届本科生占本科在校生人数的比重为 24%，应届研究生占研究生在校生人数的比重为 26%。根据 2017～2030 年在校大学生规模预测结果，毛入学率 1 计算口径下的在校生中专科生、本科生和研究生的规模仍会呈现总体上升趋势：

专科在校生规模从 2017 年的 1272 万人增加到 2030 年的 1570 万人，本科在校生规模从 2017 年的 2033 万人增加到 2030 年的 3765 万人，研究生在校生规模从 2017 年的 273 万人增加到 2030 年的 593 万人。毛入学率 2 计算口径下的在校生规模略小于毛入学率 1 计算口径下的在校生规模。毛入学率 2 计算口径下的专科在校生 2017 年为 1048 万人，预计到 2030 年增加到 1369 万人。本科在校生 2017 年为 1674 万人，预计到 2030 年增加到 3284 万人。研究生在校生规模 2017 年为 225 万人，预计到 2030 年达到 517 万人。

表 7 – 24　2017～2030 年在校大学生规模

单位：万人

年份	毛入学率 1 计算口径下的在校生规模			毛入学率 2 计算口径下的在校生规模		
	专科生	本科生	研究生	专科生	本科生	研究生
2017	1272	2033	273	1048	1674	225
2018	1268	2085	284	1051	1728	235
2019	1287	2180	301	1075	1821	251
2020	1306	2277	319	1096	1911	267
2021	1309	2352	333	1105	1985	282
2022	1362	2522	363	1156	2141	308
2023	1401	2675	389	1195	2282	332
2024	1454	2864	422	1244	2451	361
2025	1515	3080	459	1301	2646	394
2026	1587	3331	502	1369	2873	433
2027	1629	3532	539	1410	3056	466
2028	1629	3650	563	1414	3169	488
2029	1602	3713	579	1393	3229	503
2030	1570	3765	593	1369	3284	517

　　从应届大学生供给规模来看，不论是毛入学率 1 计算口径还是毛入学率 2 计算口径，其总供给规模均是增加的（见表 7 – 25）。应届生中，专科生、本科生、研究生的供给也总体呈上升趋势。预计到 2030 年，毛入学率 1 计算口径下的应届专科生供给规模将达到 471 万人，应届本科生供给规模会达到 904 万人，应届研究生供给规模会达到 154 万人。毛入学率 2 计算口径下

的应届专科生供给规模将达到411万人，应届本科生供给规模将达到788万人，应届研究生供给规模将达到134万人。

表 7－25　2017～2030 年应届大学生供给规模

单位：万人

年份	毛入学率1计算口径下的供给规模				毛入学率2计算口径下的供给规模			
	专科生	本科生	研究生	合计	专科生	本科生	研究生	合计
2017	382	488	71	941	314	402	58	774
2018	380	500	74	954	315	415	61	791
2019	386	523	78	987	323	437	65	825
2020	392	546	83	1021	329	459	70	858
2021	393	564	87	1044	332	477	73	882
2022	409	605	94	1108	347	514	80	941
2023	420	642	101	1163	359	548	86	993
2024	436	687	110	1233	373	588	94	1055
2025	454	739	119	1312	390	635	103	1128
2026	476	800	131	1407	411	690	113	1214
2027	489	848	140	1477	423	734	121	1278
2028	489	876	146	1511	424	761	127	1312
2029	481	891	150	1522	418	775	131	1324
2030	471	904	154	1529	411	788	134	1333

注：应届大学生供给规模不包括成人本专科生和网络本专科生。

第五节　产业转型升级背景下大学生供需平衡预测

本节综合第三节中产业结构升级和经济增长对大学生就业人员的需求情况，以及第四节中高等教育在校生、应届大学生供给规模的预测，探讨产业转型升级背景下大学生供给能否满足经济发展对人才的需求。

一　总量供需平衡分析

通过对 2017～2030 年大学生总量供需状况进行预测（见表 7－26），可以得知大学生总量供需是不平衡的。整体上呈现大学生总量的供给规模难以满足产业结构升级和经济增长对大学生的需求规模，呈现供不应求的态势。2017 年毛入学率 1 计算口径下的应届大学生供给规模为 941 万人，毛入学率 2 计算口径下的应届大学生供给规模为 774 万人，而产业结构升级对应届大学生的新增需求规模为 1433 万人，两种计算口径下的供需缺口分别为 492 万人和 659 万人。即使不考虑产业结构升级，仅经济增长对应届大学生的新增需求规模仍为 1173 万人，两种毛入学率计算口径的供需缺口也分别达到了 232 万人和 399 万人。预计到 2030 年毛入学率 1 计算口径下的应届大学生供给规模为 1529 万人，毛入学率 2 计算口径下的应届大学生供给规模为 1333 万人，而 2030 年产业结构升级对应届大学生的新增需求规模上升到 3120 万人，两种毛入学率计算口径下的供需缺口分别比 2017 年增加了 1099 万人和 1128 万人；单纯的经济增长对应届大学生的新增需求规模上升到 2387 万人，两种毛入学率计算口径下的供需缺口分别比 2017 年增加了 626 万人和 655 万人。整体上呈现供不应求、供需不平衡的状态。

表 7 - 26　2017～2030 年大学生总量供需状况

单位：万人

年份	供给		需求	
	毛入学率 1 计算口径下的供给规模	毛入学率 2 计算口径下的供给规模	产业结构升级新增需求规模	经济增长新增需求规模
2017	941	774	1433	1173
2018	954	791	1501	1084
2019	987	825	1590	1170
2020	1021	858	1686	1137
2021	1044	882	1789	1098
2022	1108	941	1899	1268
2023	1163	993	2017	1332
2024	1232	1055	2144	1462
2025	1312	1128	2281	1578
2026	1407	1214	2426	1716
2027	1477	1278	2584	1860
2028	1511	1312	2750	2022
2029	1522	1324	2929	2195
2030	1529	1333	3120	2387

二　结构性供需平衡分析

通过对 2017～2030 年大学生结构性供需状况进行预测（见表 7-27），可以看出应届大学生供给规模呈现增长趋势，经济增长对大学生新增需求量也呈现增长趋势，但产业转型升中存在大学生结构性供需失衡的矛盾。专科生供给规模预计到 2030 年达到 411 万人，到 2030 年经济增长对专科就业人员新增需求规模为 257 万人。据预测，专科生的供给规模远远超过经济增长的需求数量，而本科生存在供不应求的现象，2030 年应届本科毕业生的供给规模将达到 788 万人，而 2030 年经济增长对应届本科生的需求规模为 1967 万人，其供给规模难以满足经济增长对本科生的需求数量。2030 年应届研究生的供给规模为 134 万人，而经济增长对应届研究生的需求规模为 162 万人，其供给规模也难以满足经济增长对研究生的需求数量。

表 7-27　2017～2030 年大学生结构性供需状况

单位：万人

年份	应届大学生供给规模			经济增长对大学生新增需求量		
	专科生	本科生	研究生	专科生	本科生	研究生
2017	314	402	58	320	790	63
2018	315	415	61	185	828	71
2019	323	437	65	252	842	76
2020	329	459	70	220	846	71
2021	332	477	73	189	837	72
2022	347	514	80	219	966	83
2023	359	548	86	214	1031	87
2024	373	588	94	221	1144	97
2025	390	635	103	228	1245	105
2026	411	690	113	233	1368	115
2027	423	734	121	238	1496	125
2028	424	761	127	245	1640	136
2029	418	775	131	251	1796	149
2030	411	788	134	257	1967	162

注：结构性供需数据采用毛入学率 2 计算口径下的应届大学生规模。

第八章 产业转型升级背景下高等教育改革路径

自 1999 年实施扩招以来，中国高等教育取得了显著发展，但同时也由于发展速度过快，出现了各方面发展不协调从而制约高等教育整体健康可持续发展的弊端。当前全球经济发展放缓，中国经济发展形势依然十分严峻，深化中国高等教育改革，进一步优化中国高等教育结构的任务十分繁重。本章主要探讨产业转型升级、大学生就业和高等教育改革协调发展的措施，实现推动大学生就业和社会稳定的目标。

第一节 中国高等教育改革的指导原则

一 规模与质量相协调的原则

高等教育规模与质量的关系类似于经济学中劳动要素和资本要素的关系。如柯布－道格拉斯生产函数描述的那样：$Y = AK^{\alpha}L^{1-\alpha}$（$Y$ 代表实际总产出，A 代表技术进步，K 代表资本投入量，L 代表劳动力投入量）。在技术水平已知的条件下，在一定时期内增加劳动要素和资本要素都会促进总产出 Y 的增加，但是超过一定比例后，单独增加任何一种要素都会使经济总效率下降。同理，教育规模和教育质量也是如此。教育规模和教育质量在提升初期都会促进教育总产出提高，但是增长比例失衡后就会使教育产出以较低的速度增长，甚至出现负增长，因此二者之间应该相互协调，不能一方独大，否则会适得其反。中国现在的高等教育大众化进程就表现出一定程度的效率低下特点，高校的扩张规模远远超过了专任教师的增加规模，出现了"加生不加师"现象。普通本专科的招生人数赶超普通高中毕业生人数，这导致高等教育教学质量难以保证，学生能力水平参差不齐。长此以往，将会成为制约中国高教质量提升的障碍，不利于高等教育的健康可持续发展。

二　公平与效率兼顾的原则

从逻辑上说，公平与效率是一对矛盾概念，但在社会现实中，它们是两个密切相关的概念。正如推行高等教育大众化战略，调动社会各方面积极性，扩大高校规模，一方面可以吸纳更多的青年学子，培养更多的社会主义事业接班人，这体现公平；但是另一方面如果高等教育总规模扩张速度过快，导致教育资源跟不上，这就是明显的欲速则不达，不仅降低了效率，也有损后期教学质量，从而影响了公平。在一定条件和情况下，二者往往产生矛盾。就地区优质教育资源分配的差异性而言，重点大学的教育资源远远多于非重点大学，发达地区的毛入学率大大超过欠发达地区，这些现象的背后均反映出教育资源分配存在较大差异。地区间教育资源的不均衡破坏了公平，但同时在一定程度上提高了效率。如国家集中力量支持重点大学的学科建设，有利于该学科创新和发展，以先进的科研成果培育创新文化氛围，从而实现类似于"先富带后富"的发展策略。发展高等教育应该坚持适度的原则，凡事欲速则不达。对于教育资源的分配，政府应当统筹兼顾，在坚持重点发展的同时，加大对普通高校的资金支持。

三　统筹眼前利益与长远利益的原则

学校作为一个事业单位、一个组织，就像市场中假设的理性人一样也会有自己的需求，也会面临各种各样的压力（如全国学校竞争排名、学校评优、各种学校团体项目），这会促使各学校在基础设施建设、课程改革设置、教职工薪资发放、学校文化事业建设等方面采取一些竞争性的措施，这些事情往往分散了学校大量的教学精力。然而，事实上，更为重要也更易被忽略的关键问题是——开办学校的最终目标是培养未来社会栋梁。"少年强则中国强",学校作为育人重地更应该坚持"以人文本",注重高等教育的长远利益,切勿本末倒置,应坚持推动中国高等教育可持续发展。

四 发达地区与欠发达地区均衡发展的原则

高等学校毛入学率作为经济发展的指标之一,反映出各省份经济发展水平。同时经济发展作为教育发展的基础,也制约了欠发达地区教育水平的提高。高等教育是中国教育事业的重要组成部分,是国家科研发展和人才培养的主要力量。经济欠发达地区的地方本科院校由于高水平师资短缺,资源的自我创生和转化能力弱,急需政府在政策、资源等方面的支持。2016 年 9 月 9 日,习近平总书记在北京市八一学校考察时强调,要优化教育资源配置,逐步缩小区域、城乡、校际差距。因此,政府应该加大对贫困地区的教育投入力度,促进教育公平。秉持统筹兼顾、共同进步的宗旨,加大对各类高等学校的资金扶持,并通过改革创新,激发学校的办学活力,形成学校和政府齐心协力办教育的合力。

五 以人为本的原则

坚持以人为本,就是要将实现人的全面发展作为高等教育改革的目标,把人民群众的根本利益作为工作的出发点和落脚点。以人为本是高等教育和科学发展的本质和核心。在改革开放以前师范院校的唯一任务就是为社会培养合格的、能传播知识和文化的教师。这是与当时的经济社会发展水平相适应的一种模式。但是随着经济社会的发展,这种模式已经不能再适应时代发展的要求,社会急需大量能够适应新时代发展要求的高素质、高水平人才。以人为本是高等学校最重要的办学理念,也是供给侧结构性改革的内在要求。以人为本的原则实质上是指以人的需要、社会的需要作为改革的出发点,结合时代发展特征,重视人的主动性和创造性,以学生为本,培养出适应时代发展的、高素质的技术型、应用型和研究型人才。

六　服务社会的原则

服务社会是高等教育发展的核心要求，也是高等教育的基本功能。改革开放以来，经济飞速发展，人才竞争日益激烈，高等教育正向着大众化、终身化的方向发展。各行各业对于高级人才提出了更高、更多的要求，高等教育应该为满足社会的需求而不断改革。大学在学科设置、科学研究、人才培养方面需要紧跟经济社会发展的步伐，为经济建设和社会发展服务。

第二节　中国高等教育改革的方向

高等教育发展模式多种多样，在当今社会不论是发展经济还是发展教育，我们都应当坚持可持续发展观，这也为中国高等教育改革明确了方向。

一　推动高等教育质量不断提升

2016 年习近平总书记在全国高校思想政治会议上谈道："高等教育发展水平是一个国家发展水平和发展潜力的重要标志。实现中华民族伟大复兴，教育的地位和作用不可忽视。我们对高等教育的需要比以往任何时候都更加迫切，对科学知识和卓越人才的渴求比以往任何时候都更加强烈。党中央做出加快建设世界一流大学和一流学科的战略决策，就是要提高中国高等教育发展水平，增强国家核心竞争力。"当今世界竞争日益激烈，归根到底是人才的竞争。人才的培养依附于教育，而教育的生命线在于提高质量。因此，以提高质量为核心，推动中国高等教育发展，在当今竞争激烈的社会显得尤为重要。

二　推动高等教育改革与产业转型升级协调发展

高等教育的发展应当以培养适应社会发展需求的人才为目标。目前，由于中国正处于产业转型升级的关键时期，大量位于产业链低端的简单加工、制造等产业在不断向技术密集型产业转型。这一过程需要大量技术娴熟的专业型工人，然而由于中国职业教育发展滞后，难以满足产业转型升级的社会需求。为解决这一矛盾应该扩大中国职业教育的发展规模。习近平总书记在全国职业教育工作会议上强调，职业教育是国民教育体系和人力资源开发的重要组成部分，是广大青年打开通往成功成才大门的重要途径，肩负着培养多样化人才、传承技术技能、促进就业创业的重要职责，必须高度重视、加快发展。职业教育的发展能够有效改善中国现存的就业难和用工荒困境，因此政府和社会各界均应给予极大重视，积极推进职业教育改革。为此应该做到以下几点：第一，政府要坚持以服务发展、促进就业为办学目标，深化教育体制改革，创新各个层次、各个类型的职业教育模式；第二，要统筹发挥好政府和市场作用，坚持校企合作、产教融合、依托企业、贴近需求，加强教学实训基地建设，打造具有鲜明职教特点、教练型的师资队伍；第三，政府应当建立健全覆盖城乡全体劳动者的职业培训体系，使其贯穿于劳动者学习和工作的各个阶段，适应劳动者多样化、差异化需求。

三 努力弘扬人文精神

高等教育的根本使命和发展目标就是培养人才。衡量高等教育发展水平的首要标准也是人才培养水平。因此高等教育的发展要牢牢把握以人为本的教育理念，努力扭转重科研轻教学、重功利轻人文、重学科轻育人的局面。政府应该热情关爱教师，引导教师热心从教、舒心从教、静心从教，让广大教师在岗位上有幸福感、在事业上有成就感、在社会上有荣誉感，让教师成为让人羡慕的职业。教师队伍是教育事业的重要资源，是培养学生的中坚力量，做好师资建设是实现教育以人为本的重要保障。2016 年 9 月 9 日，习近平总书记在北京市八一学校考察时发表的重要讲话中指出，一个人遇到好老师是人生的幸运，一个学校拥有好老师是学校的光荣，一个民族源源不断涌现出一批又一批好老师则是民族的希望。因此学校育人的关键环节在于老师，只有以高质量师资引领高质量教育，才能真正从源头上实现以人为本的教育目标。

四　促进教育均衡发展

2016 年 9 月 9 日，习近平总书记在北京市八一学校考察时指出，教育公平是社会公平的重要基础，要不断促进教育发展成果更多、更公平惠及全体人民，以教育公平促进社会公平正义。中国地区经济发展水平不均衡导致教育发展水平呈现参差不齐的局面，要促进教育均衡发展，具体应做好以下两个方面工作。第一，坚持教育公平，促进区域教育均衡发展。教育的发展必须构筑在一定的物质条件基础之上。因此，促进区域教育均衡发展首先应当完善教育投入机制。政府应该通过财政在不同区域间转移支付等制度，实现区域间教育均衡发展，建立起区域间教育资源的共享机制。完善区域教育一体化的奖励、动力机制。第二，改革教师监督、评价机制，调动教育主体积极性，发动各种教育力量，缩小区域差异和校际办学差距。政府应当承担起扶持薄弱学校的重任，加大对薄弱学校的扶持力度，使其达到相应的标准。

五　明确高校人才培养目标

教育部对高等教育人才培养目标提出高等学校应形成知识创新和创业导向的复合型人才培养机制。但根据赖德胜和李飚对高校培养出来的人才在社会生活中所发挥的作用进行分类，一般将高等学校人才培养目标分成两类：一类是学术型，指探索并研究客观规律的专业人才；另一类是应用型，指通过应用学术型人才研究出来的客观规律来为社会发展做出贡献的人才。[1]"985""211"等国内知名重点院校，在确定人才培养目标时应立足于探究学科前沿动态、探求真知，以培养学术型人才为主，在此基础上培养一些既能进行学术研究又能把学到的相关理论知识运用到实践中去的复合型人才。

---

[1]　赖德胜、李飚：《高等教育改革与大学生就业》，《高等教育评论》2015 年第 1 期，第 13 ~ 19 页。

而普通高校尤其是地方本科院校在制定人才培养目标时则应该更侧重当地经济社会发展的实际情况，以当地经济发展为基础培养出能够为当地经济服务的特色型应用型人才。[①]

六 坚持以提升大学生就业能力为主导

高校对大学生的培养对其毕业后的就业十分重要，只有高质量的人才供给，才能与市场需求更好地匹配，才能满足经济发展对人才的需求，以确保经济健康平稳运行，大学生的就业才会更有保障，职业发展才会更好。大学生就业不仅需要专业知识的储备，还需要有解决问题的能力、创造力、想象力、创新意识、数理思维以及通用技能（包括计算机应用能力、信息获取能力、写作能力、动手与操作能力、自主学习能力等）。唯有将自身个性特点融入复杂的职业中，才能有更好的发展。这就需要高校教育培养学生合理地个性化发展从而更好地适应社会环境的不断变化。目前在不确定性能力占职业需求比重越来越大的形势下，高校要对通识课程予以重视。只有提升高校的通识课程供给能力，大学生就业后的发展才能更加丰富多彩。

要突破只注重专业理论知识的传统理念，注重理论与实践相结合，提升集成创新能力，才能培育出色的技术革新人才。高校在创新创业教育建设中应将培养具有综合集成能力的复合型人才作为目标。高校应加强自身师资建设，优化教学环境，提高教学资源的配置效率，改善课程设置，强化教师管理规范，通过聘请优秀的创新型技术人才、优秀企业家、知名教育工作者等来讲授课程及分享自身经验，完善竞争、考核、奖学金评选等机制来做好教育教学工作、鼓励创新创业成果转化为生产力，以更好地培养高素质的创新型人才，更大程度上激发大学生创新创业的动力，从而为产业转型升级奠定人才基础。[②]

---

① 曹雪宏：《京津冀协同发展背景下河北省高等教育发展对策研究》，硕士学位论文，河北科技大学，2018，第19页。

② 李欣：《河北省高等教育学科结构与产业结构调整的适应性研究》，硕士学位论文，河北大学，2017，第25页。

第三节 促进中国高等教育可持续健康发展的建议

随着经济市场化步伐的加快和国内外高校竞争的加剧，中国高等教育办学模式正由"计划指标性办学模式"向"市场需求性办学模式"转变。大学生规模日益扩大，社会对于人才的需求趋于多元化。为此我们要通过对高等教育体制进行改革，以寻找高等教育可持续发展的路径。

一 紧抓高校师德建设

高校师德建设是高等教育发展的重要推动因素之一。改革开放40多年来，中国高等教育取得了巨大成就，为社会和经济发展做出了巨大贡献。但是，也有部分高校师德师风现状令人担忧，影响了高等教育的可持续发展。中国高校在发展过程中，形成了以公办学校为主导、以民办私立学校为补充的多元办学模式，这种模式是高等教育发展的成果。但是，这背后也存在着严重的问题，一些学校打着联合办学的旗号，出现了大学办高职、高职办中专、中专办大学的混乱局面。只要能赚钱什么学都能办，在这种情况下，教学质量是无法保证的。这种多渠道、多元化的办学模式背后很容易滋生道德问题。在高校教师队伍里还存在授业失职的现象，对学生传授的知识难以与社会需求相匹配。有些高校不注重教师的教学水平，只关注教师的核心论文发表数量和教师的各种荣誉称号。这种风气的盛行导致了教师轻教学、重职称。为此要通过继续教育、网络培训和高等教育管理体制改革等多种方式提升教师的师德师风。

二 创新教学模式

高等教育管理体制改革是关键，教学改革是核心。课程建设是实现高等教育教学质量提高的中介。近年来科学技术飞速发展，传统教学模式也开始逐渐向现代教学模式转变。对于高校来说，要建立学习型高校，转变传统教育理念，不能把学生当成"知识的容器、考试的工具和分数的奴隶"。创新教学模式的关键在于确立以学生为学习主体的教学观念，教师要由知识的传授者向学生学习的指导者和促进者转变。当代大学生群体主动学习意识薄弱，高校课堂上师生交流有待加强，学生主观能动性难以发挥，背离了高等教育的教学理念。学生是独立的个体，具有思维的独立性。教师要善于激发学生主动思维和独立思考能力，引导学生大胆质疑，敢于创新。教师要转变学生被动学习的观念，改革入学方式，改革传统考试方式，教师要帮助学生建立终身学习的观念。

三 优化学科设置

产业发展是经济社会发展的驱动力，高等教育学科设置则是高等教育与经济社会发展紧密联系的重要枢纽。促进产业与高等教育学科设置协调发展，对于国家经济社会发展具有重要意义。高等教育学科设置协调合理，将极大地促进产业发展，为产业转型升级提供人才支撑，解决产业转型升级对高素质人才的需求和高等教育资源利用不充分的问题。学科结构是高等教育体系的重要组成部分，反映了高等教育体系各个环节的内在联系。出于历史原因，中国的高等教育学科设置更新较慢，虽然自改革开放以来对高校院系和学科专业结构进行了大幅度的调整，这种调整对高等教育的学科发展起到了很大的促进作用，但学科结构更新较慢，难以跟上中国经济发展方式转变的步伐。当前高等教育学科设置仍存在结构设置不合理、人才培养与社会需求脱节等问题。高等教育学科设置只有与产业发展相适应，才能最大限度地发挥高等教育的关键作用，促进产业转型升级。

四 注重职业教育发展

职业教育具有传承技术技能、培养多样化人才的功能。从当前毕业生就业形势来看，发展职业教育既有利于缓解当前就业压力，还可提供战略储备人才，也有利于解决高技能人才短缺难题。但是，当前职业教育并不为人们所普遍接受，一些地方甚至出现了宁愿辍学也不读高等职业学校的现象，这折射出当前职业教育面临的问题。发展职业教育，一是需要各项制度支撑，关键是政策层面的推动。严格的职业准入制度、"双证书"（学历证书与职业资格证书）制度是发展职业教育的重要保障。目前，中国这方面的制度还不健全，需尽快完善宏观层面的法律法规和规章制度，为职业教育发展提供相应支撑。二是建立职业转换通道。建立职业教育和普通教育双向流动的通道，学生可以通过考试在普通高等学校和高等职业学校之间转学、升学。普通高等学校可以招收高等职业学校毕业生，并与高等职业学校联合培养高层次应用型人才。在确有需要的职业领域，可以实行中职、专科、本科贯通培养。这种互通有无的办学方向能够体现时代特点，扩大学生选专业、转专业的自主权，对培养对象调整、完善人生规划十分有利。三是提供更多职业选择。规范影响高等职业学校毕业生公平就业的政策不仅关系就业问题，同时也事关职业教育发展。近年来，无论是公务员考试还是事业单位人员招录，通过专业限制对职教生人为设置诸多门槛，这也是职业教育热不起来的原因之一。发展职业教育，要用好就业的指挥棒，打通就业壁垒，破解职业圈层，这样不仅有利于扩大职教生源，客观上也会增加工匠型人才的供给。[1]

五　扩大高校办学自主权

随着高等教育进入大众化阶段，高等教育不仅要注重知识的传承，同时也要适应用人单位的要求。国内的一些重点知名院校在学生培养方面以追求真理、探求真知、传承知识为主，但大部分院校（尤其是地方院校）在招生和人才培养等环节要满足市场需求。用人单位对于人才的需求是多种多样的，这就要求高等教育多元化，也就是每个学校应有自己的办学特色，有自己的"个性"。这在客观上要求政府应当给予高等学校更多的办学自主权，特别是在招生和专业设置等方面。参考发达国家在这方面的经验，现有的研

---

① 薛文涛:《大众化进程中的我国高等教育发展之路》，硕士学位论文，浙江师范大学，2017，第18页。

究一般主张依据治理理论，应该打破政府单一管理的方式，实行多元主体参与的管理模式。在以政府为主导的同时，允许企业、用人单位、校友等与大学相关的各方共同承担责任，参与大学建设。另外，还应当给予高校更大的招生和专业设置的自主权，使学校真正可以按自己的意图办学，彰显自身的特色。在培养大量的专业人才时，要摒弃"一个模子"培养人才的方式，才能让更多、更好、更优秀的人才"锋芒毕露"。[①]

---

① 孟维莹：《高等教育供给侧改革——人才培养问题研究》，硕士学位论文，内蒙古财经大学，2017，第22页。

参考文献

鲍静：《高等教育人才培养结构对大学生就业的影响分析》，《广东交通职业技术学院学报》2008 年第 4 期。

蔡昉、都阳、高文书：《如何实现经济与就业同步增长》，《中国经贸导刊》2004 年第 24 期。

蔡文伯、杨丽雪：《我国高等教育发展战略研究现状的计量分析》，《高等理科教育》2019 年第 1 期。

曹雪宏：《京津冀协同发展背景下河北省高等教育发展对策研究》，硕士学位论文，河北科技大学，2018。

常丽：《辽宁产业结构与就业结构协同性实证研究》，《中国科技论坛》2010 年第 1 期。

陈健、康曼琳、李龙启：《域内价值链构建视角下江苏产业转型与劳动力市场的空间耦合研究》，《金陵科技学院学报》（社会科学版）2018 年第 4 期。

陈勇：《大学生就业能力及其开发路径研究》，硕士学位论文，浙江大学，2012。

陈桢：《产业结构与就业结构关系失衡的实证分析》，《山西财经大学学报》2007 年第 10 期。

储丽琴、曹海敏：《提高劳动报酬的就业效应分析——基于非均衡劳动力市场的研究》，《经济问题》2013 年第 9 期。

崔素霞：《产业转型升级视域下大学生就业满意度研究》，硕士学位论文，济南大学，2016。

代懋、王子成：《中国大学生就业匹配质量研究》，《教育发展研究》2014 年第 34 期。

戴志敏、丁峰、郭露：《长三角城市群产业变动与就业结构协调程度分析：1994~2013 年数据》，《经济体制改革》2015 年第 1 期。

邓鹭：《劳动力成本上升对我国制造业结构变动的影响研究》，硕士学位论文，山东大学，2018。

邓志旺、蔡晓帆、郑棣华：《就业弹性系数急剧下降：事实还是假象》，《人口与经济》2002 年第 5 期。

杜传忠、韩元军：《中国影响就业因素的区域差异分析——基于省级面板数据的实证检验》，《当代财经》2011 年第 5 期。

杜玉波：《推动我国高等教育改革再出发》，《中国教育报》2019 年 1 月 7 日。

段敏芳：《对产业结构提升与就业关系的研究》，《调研世界》2011 年第 3 期。

樊星、马树才：《中国区域高等教育对经济增长贡献率的时空特征研究——基于中国省域面板数据的实证分析》，《中国高教研究》2017 年第 8 期。

范姣：《我国产业结构转型对农村劳动力转移吸纳效率的实证研究》，硕士学位论文，新疆大学，2017。

方大春、马为彪：《中国区域创新与产业结构耦合协调度及其经济效应研究》，《当代经济管理》2019 年第 7 期。

方行明、韩晓娜：《劳动力供求形势转折之下的就业结构与产业结构调整》，《人口学刊》2013 年第 2 期。

葛雨飞：《就业结构对经济增长的影响》，《现代商业》2010 年第 14 期。

耿献辉：《产业关联与高校毕业生就业效应分析》，《教育与经济》2011 年第 4 期。

龚玉泉、袁志刚：《中国经济增长与就业增长的非一致性及其形成机理》，《经济学动态》2002 年第 10 期。

郭瑶：《延边高校劳动力供给与产业结构调整关系研究》，硕士学位论文，延边大学，2016。

韩嵩、张宝歌：《产教融合背景下高等教育内涵式发展的路径研究》，《教育探索》2019 年第 1 期。

韩嵩、张宝歌：《区域高等教育促进资源型城市产业升级的模式研究》，《煤炭高等教育》2018 年第 4 期。

韩轶之：《劳动经济学视角下我国大学生就业难的分析与解决》，《中国商论》2019 年第 4 期。

何德平、闫子恒：《中国产业结构与经济增长关系的统计研究》，《现代商贸工业》2019 年第 9 期。

何景熙、何懿：《产业－就业结构变动与中国城市化发展趋势》，《中国人口·资源与环境》2013 年第 6 期。

何仕：《大学生就业中"北漂""啃老"现象的经济学分析》，《福建论坛》（人文社会科学版）2014 年第 3 期。

贺贵柏：《全球化背景下推动西部高新区产业转型升级的战略思考——以柳州、昆明高新区为例》，《市场论坛》2019 年第 3 期。

胡静、马琳：《高等教育人才培养模式的变革和思考》，《中医药导报》2012 年第 3 期。

胡永远、周洋、王峰：《产业结构升级是否促进了大学生就业?》，《北京师范大学学报》（社会科学版）2018 年第 5 期。

黄好：《产业转型背景下苏北农村劳动力流动对农村经济结构的影响——基于劳动力供给侧视角》，《湖北开放职业学院学报》2019 年第 3 期。

黄敬宝：《人力资本和社会资本：大学生就业地区分布的双重驱动》，《青年研究》2008 年第 10 期。

黄艳、田辉玉：《"90 后"大学新生适应性问题及对策》，《学校党建与思想教育》2013 年第 21 期。

贾晓峰：《我国三次产业结构的历史演变及发展趋势》，《中国统计》2001 年第 9 期。

江彩霞：《产业转型升级及大学生就业研究综述》，《人力资源管理》2017 年第 2 期。

姜世健：《关于我国大学生就业难问题的研究》，硕士学位论文，南开大学，2010。

蒋满园：《技术进步对就业情况的影响分析》，《科技管理研究》2007 年第 1 期。

孔莉霞：《高等教育发展、技术创新与产业转型升级》，硕士学位论文，湘潭大学，2018。

赖德胜、包宁：《中国不同区域动态就业弹性的比较——基于面板数据的实证研究》，《中国人口科学》2011 年第 6 期。

赖德胜：《劳动力市场分割与大学毕业生失业》，《北京师范大学学报》（人文社会科学版）2001 年第 4 期。

黎恢富：《就业结构、劳动力流动与制造业转型升级》，硕士学位论文，湖南大学，2017。

李彬：《中国产业结构转换与大学生就业关联性研究》，《中国人口科学》2009 年第 2 期。

李成刚、杨兵、苗起香：《技术创新与产业结构转型的地区经济增长效应——基于动态空间杜宾模型的实证分析》，《科技进步与对策》2019 年第 2 期。

李付俊、孟续铎：《我国产业转型升级下的高校毕业生就业——研究回顾与展望》，《人口与经济》2014 年第 6 期。

李红松：《我国经济增长与就业弹性问题研究》，《财经研究》2003 年第 4 期。

李惠霖、张宇：《产业转型升级背景下大学生就业问题的经济学研究》，《新经济》2016 年第 11 期。

李剑锋：《本土价值链构建下的江苏产业转型与劳动力市场空间耦合研

究》，硕士学位论文，东南大学，2018。

李健：《改革开放以来中国特色高等教育演进的历程、特征、趋势及经验探析》，《河南大学学报》（社会科学版）2019年第2期。

李可：《以学生为主体的高校实践教学改革研究》，《智库时代》2019年第3期。

李妞妞：《河南省产业升级与劳动力匹配研究》，硕士学位论文，郑州大学，2017。

李萍、谌新民：《人力资本投资、就业稳定性与产业转型升级——基于东莞市的经验数据》，《学术研究》2012年第9期。

李青：《山西省产业转型升级中技术创新的推动作用研究》，《经济研究导刊》2019年第4期。

李文星：《产业结构优化与就业增长》，《商业研究》2012年第3期。

李心芹、李仕明、兰永：《产业链结构类型研究》，《电子科技大学学报》（社会科学版）2004年第4期。

李欣：《河北省高等教育学科结构与产业结构调整的适应性研究》，硕士学位论文，河北大学，2017。

李志伟、仇嫒：《北京市三次产业结构与就业结构关系及影响机制研究》，《中国劳动关系学院学报》2015年第2期。

梁晓滨：《美国劳动力市场》，中国社会科学出版社，1992。

刘丹阳：《大学生就业影响因素的统计分析》，《中国市场》2019年第5期。

刘德坤：《产业升级中劳动力匹配的数理分析》，硕士学位论文，山东大学，2017。

刘芳、王云中：《江苏高等教育结构与就业结构、产业结构的关联分析》，《高教学刊》2019年第6期。

刘福泉、孙锦、曹秀丽：《河北省产业结构与就业结构的变动分析》，《经济导刊》2010年第10期。

刘贵富、赵英才：《产业链：内涵、特性及其表现形式》，《财经理论与实践》2006 年第 3 期。

刘建庆：《广东省产业转型升级对劳动力需求的影响分析》，硕士学位论文，广东省社会科学院，2016。

刘沐霖：《广西产业转型升级与劳动力结构变动的适应性研究》，《全国流通经济》2018 年第 27 期。

刘瀑：《中国经济增长、产业发展与劳动就业的耦合机理分析——基于 VAR 模型的动态实证分析》，《经济问题》2010 年第 4 期。

刘少雪、张应强：《高等教育改革理念与实践》，上海交通大学出版社，2007。

刘昕彤、孙超、孙士尉、刘斌：《京津冀地区产业升级背景下毕业生就业困难及应对策略的研究》，《河北工程技术高等专科学校学报》2017 年第 4 期。

刘修岩、贺小海、殷醒民：《市场潜能与地区工资差距：基于中国地级面板数据的实证研究》，《管理世界》2007 年第 9 期。

刘英杰：《我国产业转型升级的就业效应分析》，硕士学位论文，南京财经大学，2016。

刘宇舸：《高校毕业生就业难的经济学分析》，《现代经济探讨》2003 年第 6 期。

罗军、陈建国：《中间产品贸易、技术进步与制造业劳动力就业》，《亚太经济》2014 年第 6 期。

马怀忠、Ryan Guffey：《美国高等教育教学质量保障体系探究——以林登伍德大学为例》，《文山学院学报》2019 年第 1 期。

马陆亭、宋晓欣：《新时代高等职业教育的模式改革》，《吉首大学学报》（社会科学版）2019 年第 2 期。

马廷奇：《产业结构转型、专业结构调整与大学生就业促进》，《中国高等教育》2013 年第 3 期。

马小强：《产业结构转型升级对就业结构及收入分配的影响研究》，硕士学位论文，上海社会科学院，2016。

〔美〕迈克尔·波特:《竞争优势》,陈悦译,华夏出版社,2015。

〔美〕西蒙·库兹涅茨:《各国的经济增长》,常勋等译,商务印书馆,1999。

孟维莹:《高等教育供给侧改革——人才培养问题研究》,硕士学位论文,内蒙古财经大学,2017。

潘懋元:《探讨大学文化育人之道,提高大学文化育人之效》,《临沂大学学报》2013年第6期。

彭红科:《产业转型升级背景下我国职业教育发展的问题与路径》,《广东轻工职业技术学院学报》2018年第3期。

朴志红:《中国大学生就业:劳动力市场分割的视角》,硕士学位论文,东北财经大学,2006。

齐鹏、程晓丹:《江苏省产业升级与高校大学生就业关联度的分析》,《开封教育学院学报》2018年第11期。

齐鹏:《产业升级对江苏省高校毕业生就业的影响及应对策略研究》,《中国教育技术装备》2017年第8期。

齐瑞杰:《山西经济转型背景下大学生就业能力提升研究》,硕士学位论文,山西财经大学,2017。

齐岳、冯筱瑢、侯席培、李心宇:《一带一路产业升级下的高等教育发展战略研究——以节点城市天津市为例》,《未来与发展》2018年第6期。

乔子瑜:《改革开放40年陕西高等教育发展状况研究》,《中国报业》2019年第4期。

沈伟峰:《现代职业教育体系构建中独立学院人才培养模式的改革》,《中国成人教育》2018年第23期。

施炜:《产业转型升级下高校提升大学生就业能力模型研究》,《江苏高教》2016年第1期。

施咏清、王晓鹏:《中国研究生教育发展现状及未来——基于十国关键指标的比较》,《沈阳大学学报》(社会科学版)2019年第1期。

舒喆醒、王俊玲、王悦、李思鸿:《普通高校创新创业教育课程体系的构建》，《创新与创业教育》2019 年第 1 期。

宋林、张丛：《劳动力市场分割下大学生低水平就业的困境解析》，《西北大学学报》（哲学社会科学版）2012 年第 1 期。

苏东水：《产业经济学》，高等教育出版社，2015。

苏永照：《产业转型升级背景下中国劳动力市场匹配效率提升研究》，《财贸研究》2017 年第 6 期。

孙亚楠：《经济新常态下毕业生就业环境优化研究》，《合作经济与科技》2019 年第 6 期。

谭洁、赵杨：《基于行业就业吸纳能力的我国大学生就业问题研究》，《教育与经济》2013 年第 3 期。

谭菊华：《大学生就业视野下高等教育人才培养模式改革探索》，《江西师范大学学报》（哲学社会科学版）2014 年第 2 期。

谭永生：《我国高校毕业生失业的趋势分析及治理对策》，《中国发展观察》2011 年第 10 期。

唐东波：《贸易开放、垂直专业化分工与产业升级》，《世界经济》2013 年第 4 期。

田洪川：《中国产业升级对劳动力就业的影响研究》，博士学位论文，北京交通大学，2013。

田永坡：《产业结构、工资刚性与大学生就业研究》，载《2007 年中国教育经济学年会会议论文集》，2007。

汪泓、崔开昌：《中国就业增长与城镇化水平关系的实证研究》，《南京社会科学》2012 年第 8 期。

汪军：《产业转型、教育转型与大学生就业——基于皖江城市带产业转移的背景分析》，《安徽农业大学学报》（社会科学版）2016 年第 4 期。

王建华：《政策驱动高等教育改革的背后》，《清华大学教育研究》2019 年第 1 期。

王军礼、徐德举：《我国都市产业结构演变规律测度分析》，《生产力研究》2012 年第 1 期。

王庆丰、党耀国：《基于 Moore 值的中国就业结构滞后时间测算》，《管理评论》2010 年第 7 期。

王秋菊：《区域农业产业链整合模式及绩效评价研究》，硕士学位论文，中国矿业大学，2012。

王锶、郑诚德：《大数据背景下高等教育管理模式改革探究》，《管理观察》2018 年第 35 期。

王霆、曾湘泉：《高校毕业生结构性失业原因及对策研究》，《教育与经济》2009 年第 1 期。

王晓：《产业转型升级与大学生就业：一个文献综述》，《云南财经大学学报》2016 年第 3 期。

王新宏：《论区域产业转型升级对高校大学生就业结构的影响》，《学校党建与思想教育》2016 年第 5 期。

王叶军、周京奎：《高等教育、中等职业教育与城市经济增长——基于动态分布滞后模型的实证研究》，《西北人口》2019 年第 2 期。

王义、周红、胡晓霞、张菊霞：《浅析我国经济结构调整对大学生就业的影响》，《宁波职业技术学院学报》2010 年第 14 期。

王云霞、李国平：《产业链现状研究综述》，《工业技术经济》2006 年第 10 期。

卫平、任安然、李健：《中国产业结构和就业结构的关系研究——基于协调性和冲击性视角分析》，《经济问题探索》2015 年第 11 期。

吴江、封晓庆：《四川省产业结构与就业结构的动态关系》，《财经科学》2006 年第 7 期。

吴翌琳：《我国技术创新的就业创造机制研究》，《宏观经济研究》2016 年第 1 期。

吴莹莹：《产业结构与就业结构关联性研究文献综述》，《市场周刊》2019 年第 2 期。

吴愈晓：《劳动力市场分割、职业流动与城市劳动者经济地位获得的二元路径模式》，《中国社会科学》2011 年第 1 期。

吴长顺：《营销学》，经济管理出版社，2001。

伍宸、宋永华：《改革开放40年来我国高等教育国际化发展的变迁与展望》，《中国高教研究》2018年第12期。

谢归鸿：《中国经济增长的就业效应研究》，硕士学位论文，华南理工大学，2015。

熊枫、刘麦凯：《产业发展与高等教育专业结构设置之间的内在关系研究》，《科教文汇》2019年第2期。

徐辉、张永富：《斯里兰卡高等教育"战略管理计划（2013～2017）"的目标、内容及启示》，《西南大学学报》（社会科学版）2019年第2期。

徐孝新、李颢：《生产能力禀赋与中国产业转型升级路径——基于产品空间理论的视角》，《当代财经》2019年第2期。

徐真：《产业升级、结构转型与大学生就业促进研究——基于2015年吉林省大学生就业监测的情况分析》，《税务与经济》2016年第5期。

薛文涛：《大众化进程中的我国高等教育发展之路》，硕士学位论文，浙江师范大学，2017。

薛欣欣、刘军伟：《高校教学改革的反思——对近两届高等教育国家级教学成果奖获奖项目的实证研究》，《中国高教研究》2019年第2期。

薛中元：《山西省产业转型升级与职业技术教育结构的关系》，硕士学位论文，首都经济贸易大学，2017。

闫鹏凌：《东北老工业基地产业转型升级引领高校学生培养模式的转变》，《文教资料》2018年第28期。

杨芬：《河南省产业转型升级与大学生就业促进机制研究》，《哈尔滨职业技术学院学报》2017年第5期。

杨秋明、姜海蓉、魏丽：《就业结构与产业结构协调性及其影响因素——以江苏省为例》，《企业经济》2013年第2期。

姚裕群：《我国大学生就业难问题演变与近期发展趋势》，《人口学刊》2008年第1期。

叶立生：《怎样回应产业转型升级发展对高层次应用型技术技能人才的

要求》,《中国高等教育》2018 年第 19 期。

叶仁荪、王光栋、王雷:《技术进步的就业效应与技术进步路线的选择——基于 1990～2005 年中国省际面板数据的分析》,《数量经济技术经济研究》2008 年第 3 期。

印梅:《南通市产业结构调整中劳动力供求矛盾研究》,《江苏商论》2017 年第 2 期。

〔英〕亚当·斯密:《国民财富的性质和原因的研究》,郭大力、王亚南译,商务印书馆,2015。

于晗:《产业结构与就业结构演进趋势及预测》,《财经问题研究》2015 年第 6 期。

于潇宇、刘小鸽:《新常态下中国产业政策的转型——日本工业化后期产业政策演变的经验启示》,《现代经济探讨》2019 年第 3 期。

于泽汇:《基于因子分析的大学生就业研究:影响因素与路径选择》,《中国成人教育》2019 年第 2 期。

余小波、刘潇华、黄好:《改革开放四十年:我国高等教育改革发展的基本脉络》,《江苏高教》2019 年第 3 期。

虞乐:《加快园区转型升级 奋力推动高质量发展——金坛园区经济转型升级路径探究》,《江南论坛》2019 年第 2 期。

喻桂华、张春煜:《中国的产业结构与就业问题》,《当代经济科学》2006 年第 26 期。

张彬:《产业结构升级对劳动力"极化"影响》,硕士学位论文,安徽大学,2017。

张国权:《我国高等教育内涵式发展走向探析》,《河南教育》(高教)2019 年第 2 期。

张江雪:《我国三大经济地带就业弹性的比较——基于面板数据模型(Paneldatamodel)的实证研究》,《数量经济技术经济研究》2005 年第 10 期。

张静哲:《第三产业发展与产业结构升级探讨》,《现代商贸工业》2019

年第 8 期。

张抗私、高东方:《辽宁省产业结构与就业结构协调关系研究》,《中国人口科学》2013 年第 6 期。

张黎明:《我国产业升级对大学就业的影响分析》,硕士学位论文,南京大学,2018。

张文武、梁琦:《劳动地理集中、产业空间与地区收入差距》,《经济学》(季刊) 2011 年第 2 期。

张馨月:《美国研究型大学本科教育改革问题研究》,《现代交际》2019 年第 3 期。

张应强、彭红玉:《地方高校发展与高等教育政策调整》,《高等教育研究》2008 年第 9 期。

张志奇:《我国就业结构与产业结构偏离问题研究述评》,《生产力研究》2012 年第 2 期。

张紫琳:《经济转型对大学生就业的影响及政府对策》,《中外企业家》2015 年第 24 期。

赵晶晶、盛玉雪:《产业转型升级背景下的我国高校毕业生失业特征研究》,《中国高教研究》2016 年第 11 期。

赵文慧:《美国高等教育质量的历史演变及启示》,《中国农村教育》2018 年第 24 期。

赵杨、刘延平:《我国产业结构与就业结构的关联性分析》,《经济学动态》2010 第 12 期。

郑功成:《大学生就业难与政府的政策取向》,《中国劳动》2006 年第 4 期。

郑庆华、訾艳阳、窦小刚、宋红霞、吴梦秋、王西京、李涓:《高等教育视角下的高考综合改革成效分析与联动机制探索——以西安交通大学为例》,《中国考试》2019 年第 3 期。

中共安徽省委教育工作委员会编《高等教育改革发展纵横谈》,安徽大学出版社,2005。

钟仁耀、刘苇江:《科技进步对上海就业影响的实证分析——基于分行业的视角》，《人口与经济》2013 年第 2 期。

周德禄：《技术进步、资本深化、产业升级与大学生就业——2001～2010 年中国省级面板数据分析》，《中国人口科学》2012 年第 2 期。

周建安：《中国劳动就业与经济增长的实证分析》，《中山大学学报》（社会科学版）2007 年第 1 期。

朱国红：《从市场供需矛盾看高等教育人才培养措施》，《中国成人教育》2015 年第 6 期。

朱晓晶：《大数据背景下高等教育管理模式改革研究》，《山东农业工程学院学报》2019 年第 2 期。

邹一南、石腾超：《产业结构升级的就业效应分析》，《上海经济研究》2012 年第 12 期。

Bound, J., J. Groen, K. Gábor, and S. Turner, "Trade in University Training: Cross-State Variation in the Production and Stock of College-Educated Labor," *Journal of Econometrics* 121 (2004).

Card, D., and T. Lemieux, "Can Falling Supply Explain the Rising Return to College for Younger Men? A Cohort-Based Analysis," *The Quarterly Journal of Economics* 116 (2002).

Cardullo, G., "Employment Subsidies and Substitutable Skills: An Equilibrium Matching Approach," *Applied Economics Quarterly* 67 (2007).

Clark, C., *The Conditions of Economic Progress* (London: Macmillan & Co. Ltd., 1940).

Clower, R. W., "The Keynesian Counter-Revolution: A Theoretical Appraisal," in F. H. Hahn and F. Brechling, eds., *The Theory of Interest Rates* (London: Macmillan Press, 1965).

Gray, J., and R. Chapman, "Conflicting Signals: The Labor Market for College-Educated Workers," *Journal of Economic Issues* 33 (1999).

Jones, D., "Technological Change, Demand and Employment," in D. L. Bosworth, eds., *The Employment Consequence of Technological Change*

（London: Macmillan Press, 1983）.

Katz, L. F. , and K. M. Murphy, "Changes in Relative Wages 1963 – 1987: Supply and Demand Factors," *NBER Working Paper*, No. 3927, 1991.

Lemos, S. , "Comparing Employment Estimates Using Different Minimum Wage Variables: The Case of Brazil," *International Review of Applied Economics* 23 （2009）.

Mortensen, D. T. , "Technological Progress, Job Creation and Job Destruction," *Review of Economic Dynamics* 56 （1998）.

Poul, J. , and J. Murdoch, "Higher Education and Graduate Employment in France," *European Journal of Education* 31 （2000）.

OECD, Reviews on Local Job Creation Employment and Skills Strategies in England, United Kingdom （paper represented at the Economic Cooperation, 2015）.

Pissarides, C. A. , *Equilibrium Unemployment Theory* （London: Basil Blackwell, 1990）.

Todaro, M. P. , "A Model of Labor Migration and Urban Unemployment in Less Developed Countries," *American Economic Review* 59 （1969）.

附　　录

附录1　大学生就业能力调查问卷

先生/女士：

您好！首先感谢您付出宝贵时间参与我们的调查。本次调查是为了研究大学生就业压力的相关内容。以下问题没有对错之分，请您按照自己的真实想法回答。您所填写的资料对我们的研究非常重要，请您认真作答，不要漏填。您的个人资料我们将严格保密，请放心填写。

1. 您的性别？

A. 男　B. 女

2. 您的毕业时间？

A. 2017 年　B. 2016 年

3. 您的毕业院校？

A. "985" 院校　B. "211" 院校　C. 部属院校　D. 市属院校

4. 您的生源地情况？

A. 上海本地　B. 外地省会城市　C. 外地中等城市　D. 外地乡镇

5. 您的签约情况？

A. 毕业前签约　B. 毕业后半年内签约　C. 毕业后半年到 1 年内签约

D. 毕业 1 年以后签约　E. 仍然没有签约

6. 您的签约薪水是多少？

A. 1500 元以下　　　B. 1500～1999 元　　C. 2000～2499 元

D. 2500～3000 元　　E. 3001～3500 元　　F. 3501～4000 元

G. 4001～4500 元　　H. 4501～5000 元　　I. 5000 元以上

7. 您总共应聘了多少次?

A. 5 次以下　　B. 6～10 次　　C. 11～15 次　　D. 16 次以上

8. 签约前, 您总共发出多少份简历?

A. 5 份以下　　B. 6～10 份　　C. 11～15 份　　D. 16～20 份　　E. 20 份以上

9. 签约前, 您总共为求职花费多少钱?

A. 500 元以下　　　B. 500～999 元　　C. 1000～1499 元

D. 1500～2000 元　　E. 2001～2500 元　　F. 2501～3000 元

G. 3001～3500 元　　H. 3501～4000 元　　I. 4000 元以上

10. 签约前您总共为求职花费多长时间?

A. 1 个月以内　　B. 1～2 个月　　C. 2～3 个月　　D. 3～4 个月

E. 4～5 个月　　　F. 5～6 个月　　G. 6 个月以上

11. 您现在的就业情况?

A. 已经就业　　B. 还没就业

12. 您的就业薪水情况?

A. 1500 元以下　　　B. 1500～1999 元　　C. 2000～2499 元

D. 2500～3000 元　　E. 3001～3500 元　　F. 3501～4000 元

G. 4001～4500 元　　H. 4501～5000 元　　I. 5000 元以上

13. 您的就业途径是?

A. 学校招聘会　　B. 社会各类招聘会　　C. 人才市场　　D. 亲属介绍

E. 其他

14. 您工作的所属行业是?

A. 农林牧渔业　　B. 采矿业　　C. 制造业

D. 电力、燃气及水的生产和供应业　　E. 建筑业　　F. 批发和零售业

G. 交通运输、仓储和邮政业　　H. 住宿和餐饮业

I. 信息传输、计算机服务和软件业　　J. 金融业　　K. 房地产业

L. 租赁和商务服务业　M. 科学研究、技术服务和地质勘查业

N. 水利、环境和公共设施管理业　O. 居民服务和其他服务业

P. 教育　Q. 卫生、社会保障和社会福利业　R. 文化、体育和娱乐业

S. 公共管理和社会组织　T. 国家机关、党政机关和社会团体

U. 其他行业

15. 您的就业去向？

A. 自主创业　B. 国资企业　C. 外资企业　D. 合资企业

E. 民营企业　F. 事业单位　G. 其他

16. 您的工作与专业是否对口？

A. 是　B. 否

17. 就业后是否换过工作？

A. 是　B. 否

18. 您换工作的原因？

A. 收入低　B. 住房问题　C. 个人发展　D. 人际关系差

E. 学习深造或出国　F. 专业不对口　G. 组织调动　H. 家庭原因

19. 您理想的就业单位？

A. 党政机关　B. 事业单位　C. 国资企业　D. 外资企业　E. 合资企业

F. 民营企业　G. 自主创业　H. 其他

20. 您理想的工资水平是多少？

A. 1500 元以下　　B. 1500～1999 元　C. 2000～2499 元

D. 2500～3000 元　E. 3001～3500 元　F. 3501～4000 元

G. 4001～4500 元　H. 4501～5000 元　I. 5000 元以上

21. 您的学历？

A. 博士研究生　B. 硕士研究生　C. 本科　D. 专科

22. 研究生所涉专业？（研究生作答）

A. 通信与信息系统　B. 计算机软件与理论　C. 管理科学与工程

D. 企业管理　E. 环境工程　F. 外国语言学及应用语言学

G. 国际贸易学　H. 行政管理　I. 其他

23. 本科所涉专业？（本科生作答）

A. 电气工程及其自动化　B. 会计学　C. 机械设计制造及其自动化

D. 经济学　E. 英语　F. 工商管理　G. 国际经济与贸易　H. 艺术设计

I. 其他

24. 专科/高职所涉专业？（专科/高职生作答）

A. 护理　B. 电气自动化技术　C. 文秘　D. 商务英语　E. 旅游管理

F. 计算机应用技术　G. 会展策划与管理　H. 物流管理

25. 您的英语水平？

A. 六级　B. 四级　C. 其他

26. 您的计算机等级？

A. 三级　B. 二级　C. 一级　D. 其他

27. 是否有其他技能证书？

A. 是　B. 否

28. 您的薪水满意度是多少？

A. 1　B. 2　C. 3　D. 4　E. 5　F. 6　G. 7　H. 8　I. 9

29. 您的职业满意度是多少？

A. 1　B. 2　C. 3　D. 4　E. 5　F. 6　G. 7　H. 8　I. 9

30. 您的职业与专业符合度是多少？

A. 1　B. 2　C. 3　D. 4　E. 5　F. 6　G. 7　H. 8　I. 9

31. 您的岗位适应情况是多少？

A. 1　B. 2　C. 3　D. 4　E. 5　F. 6　G. 7　H. 8　I. 9

32. 您的工作环境满意度是多少？

A. 1　B. 2　C. 3　D. 4　E. 5　F. 6　G. 7　H. 8　I. 9

33. 您的就业区域满意度是多少？

A. 1　B. 2　C. 3　D. 4　E. 5　F. 6　G. 7　H. 8　I. 9

34. 您对自己前途的评分是多少？

A. 1　B. 2　C. 3　D. 4　E. 5　F. 6　G. 7　H. 8　I. 9

35. 您认为就业难的原因是？

A. 专业知识问题　B. 沟通交流问题　C. 就业指导问题　D. 知识结构问题　E. 知识层次问题　F. 学历层次问题　G. 政策导向问题　H. 动手能力问题　I. 就业观念问题　J. 适应能力问题　K. 积极主动问题　L. 发展前景问题　M. 其他

36. 您认为用人单位的主要要求是？

A. 技能　B. 专业　C. 知识层次　D. 工作经验

E. 学历层次　F. 其他

37. 您认为应具备何种能力才能完全胜任现在的工作？

A. 学习能力　B. 动手能力　C. 组织能力　D. 决策能力　E. 适应能力　F. 计算机能力　G. 外语能力　H. 交际能力　I. 创新能力　J. 道德修养　K. 积极性与责任心　L. 团队精神　M. 独立工作能力　N. 抗挫折能力　O. 其他

38. 您认为可能对毕业生就业构成障碍的主要因素是？

A. 学校的专业设置　B. 学校的课程体系与教学内容

C. 毕业生本人的就业期望　D. 社会观念及舆论导向

E. 用人单位录用员工的取向　F. 就业市场的规范化程度

G. 现行高校毕业生就业制度与政策导向

H. 社会提供的就业保障条件　I. 其他

39. 按照您就业应聘的经验，请您给出以下指标对择业影响的重要程度？（分数为 1~9）

A. 专业对口问题_____；B. 实践经验问题_____；

C. 岗位舒适问题_____；D. 薪水高低问题_____；

E. 就业观念问题_____；F. 适应能力问题_____；

G. 积极主动问题_____；H. 发展前景问题_____；

I. 知识层次问题_____；J. 学历层次问题_____；

K. 专业知识问题_____；L. 沟通交流问题_____；

M. 就业指导问题_____；N. 知识结构问题_____；

O. 政策导向问题_____；P. 动手能力问题_____。

附录2　高等教育改革的相关政策、法规

序号	相关政策、法规	发布时间
1	《国务院关于学前教育深化改革规范发展的若干意见》	2018 年 11 月 15 日
2	《国务院关于印发国家职业教育改革实施方案的通知》	2019 年 2 月 3 日
3	《国务院关于同意建立国务院职业教育工作部际联席会议制度的批复》	2018 年 11 月 27 日
4	《国务院办公厅关于转发教育部等部门〈教育部直属师范大学师范生公费教育实施办法〉的通知》	2018 年 8 月 10 日
5	《残疾人教育条例》	2017 年 2 月 23 日
6	《国务院办公厅关于深化医教协同进一步推进医学教育改革与发展的意见》	2017 年 7 月 11 日
7	《专业技术人员继续教育规定》	2015 年 8 月 13 日
8	《中华人民共和国义务教育法》	1987 年 7 月 1 日
9	《中华人民共和国教育法》	1995 年 3 月 18 日
10	《中华人民共和国高等教育法》	1999 年 1 月 1 日
11	《中华人民共和国民办教育促进法》	2002 年 12 月 28 日
12	《中华人民共和国职业教育法》	1996 年 9 月 1 日
13	《中华人民共和国学位条例》	2004 年 8 月 28 日
14	《民办高等学校设置暂行规定》	1993 年 8 月 17 日
15	《高等学校本科专业设置规定》	1998 年 1 月 1 日
16	《高等职业学校设置标准（暂行）》	2000 年 3 月 15 日
17	《普通高等学校毕业生就业工作暂行规定》	1997 年 3 月 24 日
18	《普通高等教育学历证书管理暂行规定》	1993 年 12 月 29 日
19	《教育行政处罚暂行实施办法》	1998 年 3 月 6 日
20	《关于进一步完善国家助学贷款工作若干意见的通知》	2006 年 9 月 23 日
21	《关于授予成人高等教育本科毕业生学士学位暂行规定》	1988 年 11 月 7 日
22	《普通高等学校定向招生、定向就业暂行规定》	1988 年 11 月 24 日
23	《国务院关于大力发展职业教育的决定》	2005 年 10 月 28 日

附录3 促进就业的相关政策、法规

序号	相关政策、法规	发布时间
1	《残疾人就业条例》	2008 年 3 月 28 日
2	《国务院关于做好当前和今后一个时期促进就业工作的若干意见》	2018 年 12 月 5 日
3	《国务院关于印发"十三五"促进就业规划的通知》	2017 年 2 月 6 日
4	《国务院关于做好当前和今后一段时期就业创业工作的意见》	2017 年 4 月 19 日
5	《中华人民共和国就业促进法》	2007 年 8 月 30 日
6	《人力资源和社会保障部关于进一步规范入学和就业体检项目维护乙肝表面抗原携带者入学和就业权利的通知》	2010 年 2 月 10 日
7	《人力资源和社会保障部关于加强就业援助工作的指导意见》	2010 年 4 月 29 日
8	《人力资源和社会保障部关于进一步加强基层平台就业工作若干问题的意见》	2010 年 5 月 19 日
9	《外国人在中国就业管理规定》	1996 年 1 月 22 日
10	《招用技术工种从业人员规定》	2000 年 3 月 16 日
11	《台湾香港澳门居民在内地就业管理规定》	2005 年 6 月 14 日
12	《人才市场管理规定》	2001 年 9 月 11 日
13	《就业服务与就业管理规定》	2007 年 11 月 5 日
14	《关于印发〈就业失业登记证〉管理暂行办法的通知》	2010 年 10 月 20 日
15	《普通高等学校定向招生、定向就业暂行规定》	1988 年 11 月 24 日
16	《中华人民共和国工会法》	1992 年 4 月 3 日
17	《中华人民共和国劳动合同法》	2007 年 6 月 29 日
18	《劳动部关于贯彻执行〈中华人民共和国劳动法〉若干问题的意见》	1995 年 8 月 4 日
19	《国务院关于进一步加强就业再就业工作的通知》	2005 年 11 月 4 日
20	《国务院关于做好促进就业工作的通知》	2008 年 2 月 3 日
21	《劳动和社会保障部关于非全日制用工若干问题的意见》	2003 年 5 月 30 日
22	《中华人民共和国劳动争议调解仲裁法》	2007 年 12 月 29 日

附录4　2007～2030年各行业增加值

单位：亿元

行业	2007年	2008年	2009年	2010年	2011年	2012年	2013年	2014年
农林牧渔业	28627	33702	35226	40533.6	47472	52368.7	56973.6	60165.7
采矿业	13460.7	19629.4	16726	20936.6	26145	25093	25467.6	23417.1
制造业	87465	102539.5	110118.5	130325	153062	169806.6	181867.8	195620.3
电力、燃气及水的生产和供应业	9609.2	8091.3	8395.4	9460.6	12362	14006	15002.2	14819
建筑业	15296.5	18743.2	22398.8	26661	32840	36896.1	40896.8	44880.5
批发和零售业	20937.8	26182.3	28984.5	35904	43730	49831	56284.1	62423.5
交通运输、仓储和邮政业	14601	16362.5	16727.1	18777	21830	23763.2	26042.7	28500.9
住宿和餐饮业	5548.1	6616.1	7118.2	7712	8565	9536.9	10228.3	11158.5
信息传输、计算机服务和软件业	6705.6	7859.7	8163.8	8950	10181	11928.7	13729.7	15939.6
金融业	12337.5	14863.3	17767.5	25679	30678	35188.4	41191	46665.2
房地产业	13809.7	14738.7	18654.9	23569	28167	31248.3	35987.6	38000.8
租赁和商务服务业	4694.9	5608.2	6191.4	7475	9424	11248.2	13335	15276.2
科学研究、技术服务和地质勘查业	3441.3	3993.4	4721.7	5691	7039	9449.4	11010.2	12250.7
水利、环境和公共设施管理业	1110.7	1265.5	1480.4	1802	2130	2556.6	3056.3	3472.7
居民服务和其他服务业	3996.5	4628	5271.5	6411	7517	8156.8	8625.1	9706.3
教育	7693.2	8887.5	10481.8	12018	14363	16645.7	18951.4	21159.9
卫生、社会保障和社会福利业	4013.8	4628.7	5082.6	5856	7394	9011.2	11034.4	12734
文化、体育和娱乐业	1631.3	1922.4	2231	2674	3133	3530.6	3867.7	4274.5
公共管理和社会组织	10830.4	13783.7	15161.7	16302	18079	20101.7	21693	23508.7

续表

行业	2015 年	2016 年	2017 年	2018 年	2019 年	2020 年	2021 年	2022 年
农林牧渔业	62911.8	65975.7	72379.68	76740.42	81101.16	85461.9	89822.64	94183.38
采矿业	19104.5	18260.4	17507.22	17875.65	18165.42	18376.53	18508.98	18562.77
制造业	202420.1	214289.3	236066.84	250851.47	265636.1	280420.73	295205.36	309989.99
电力、燃气及水的生产和供应业	14981.7	15328	16683.59	17306.71	17882.07	18409.67	18889.51	19321.59
建筑业	46626.7	49702.9	53281.23	56025.51	58556.45	60874.05	62978.31	64869.23
批发和零售业	66186.7	71290.7	78430.29	84294.8	90159.31	96023.82	101888.33	107752.84
交通运输、仓储和邮政业	30487.8	33058.8	34601.7	36708.35	38815	40921.65	43028.3	45134.95
住宿和餐饮业	12153.7	13358.1	14330.83	15459.91	16638.01	17865.13	19141.27	20466.43
信息传输、计算机服务和软件业	18546.1	21899.1	24928.89	28537.67	32478.71	36752.01	41357.57	46295.39
金融业	57872.6	61121.7	65524.98	71195.63	76866.28	82536.93	88207.58	93878.23
房地产业	41701	48190.9	50581.35	54431.26	58281.17	62131.08	65980.99	69830.9
租赁和商务服务业	17111.5	19483.3	22259.22	25034.04	27990.08	31127.34	34445.82	37945.52
科学研究、技术服务和地质勘查业	13479.6	14590.7	15991.99	17342.05	18692.11	20042.17	21392.23	22742.29
水利、环境和公共设施管理业	3851.9	4253.8	4861.71	5417.16	6004.03	6622.32	7272.03	7953.16
居民服务和其他服务业	10854.5	12792.7	13612.34	14940.13	16335.48	17798.39	19328.86	20926.89
教育	24253.1	26770.4	30019.78	33288.34	36742.34	40381.78	44206.66	48216.98
卫生、社会保障和社会福利业	14955.1	17092	20000.92	22928.75	26096.68	29504.71	33152.84	37041.07
文化、体育和娱乐业	4931.2	5483.7	5999.66	6587.61	7202.92	7845.59	8515.62	9213.01
公共管理和社会组织	26622.6	30642.1	32631.93	35723.63	38999.19	42458.61	46101.89	49929.03

续表

行业	2023年	2024年	2025年	2026年	2027年	2028年	2029年	2030年
农林牧渔业	98544.12	102904.86	107265.6	111626.34	115987.08	120347.82	124708.56	129069.3
采矿业	18537.9	18434.37	18252.18	17991.33	17651.82	17233.65	16736.82	16161.33
制造业	324774.62	339559.25	354343.88	369128.51	383913.14	398697.77	413482.4	428267.03
电力、燃气及水的生产和供应业	19705.91	20042.47	20331.27	20572.31	20765.59	20911.11	21008.87	21058.87
建筑业	66546.81	68011.05	69261.95	70299.51	71123.73	71734.61	72132.15	72316.35
批发和零售业	113617.35	119481.86	125346.37	131210.88	137075.39	142939.9	148804.41	154668.92
交通运输、仓储和邮政业	47241.6	49348.25	51454.9	53561.55	55668.2	57774.85	59881.5	61988.15
住宿和餐饮业	21840.61	23263.81	24736.03	26257.27	27827.53	29446.81	31115.11	32832.43
信息传输、计算机服务和软件业	51565.47	57167.81	63102.41	69369.27	75968.39	82899.77	90163.41	97759.31
金融业	99548.88	105219.53	110890.18	116560.83	122231.48	127902.13	133572.78	139243.43
房地产业	73680.81	77530.72	81380.63	85230.54	89080.45	92930.36	96780.27	100630.18
租赁和商务服务业	41626.44	45488.58	49531.94	53756.52	58162.32	62749.34	67517.58	72467.04
科学研究、技术服务和地质勘查业	24092.35	25442.41	26792.47	28142.53	29492.59	30842.65	32192.71	33542.77
水利、环境和公共设施管理业	8665.71	9409.68	10185.07	10991.88	11830.11	12699.76	13600.83	14533.32
居民服务和其他服务业	22592.48	24325.63	26126.34	27994.61	29930.44	31933.83	34004.78	36143.29
教育	52412.74	56793.94	61360.58	66112.66	71050.18	76173.14	81481.54	86975.38
卫生、社会保障和社会福利业	41169.4	45537.83	50146.36	54994.99	60083.72	65412.55	70981.48	76790.51
文化、体育和娱乐业	9937.76	10689.87	11469.34	12276.17	13110.36	13971.91	14860.82	15777.09
公共管理和社会组织	53940.03	58134.89	62513.61	67076.19	71822.63	76752.93	81867.09	87165.11

附录5　2007~2030年产业结构升级对各行业大学生就业人员需求量

单位：万人

行业	2007年	2008年	2009年	2010年	2011年	2012年	2013年	2014年
农林牧渔业	4.18	4.06	3.72	9.82	14.35	13.26	10.09	11.31
采矿业	80.91	73.35	95.16	184.04	250.22	293.69	308.41	267.43
制造业	490.11	514.70	595.15	842.61	1436.03	1550.37	1808.96	2062.99
电力,燃气及水的生产和供应业	141.47	136.94	137.23	206.60	283.89	285.07	334.44	352.05
建筑业	126.54	139.52	153.86	218.57	471.59	542.54	777.71	856.52
批发和零售业	70.98	77.82	82.85	135.15	231.31	250.56	303.27	344.59
交通运输,仓储和邮政业	91.61	100.22	108.13	153.90	267.20	251.94	295.70	329.16
住宿和餐饮业	14.05	15.02	18.66	28.79	51.34	57.55	68.54	68.41
信息传输,计算机服务和软件业	105.16	116.82	132.56	190.94	118.07	162.09	244.67	301.54
金融业	320.87	345.40	392.84	528.15	587.93	634.79	621.07	702.74
房地产业	76.01	76.18	85.14	114.26	186.05	191.62	248.39	272.38
租赁和商务服务业	135.69	152.64	160.92	238.74	259.11	238.37	337.42	391.05
科学研究,技术服务和地质勘查业	192.23	212.93	214.88	347.23	405.10	402.27	451.96	543.35
水利,环境和公共设施管理业	63.95	64.72	76.55	99.90	134.21	168.30	156.41	186.31
居民服务和其他服务业	4.98	5.59	6.18	7.44	13.03	14.45	17.58	19.26
教育	1537.65	1578.94	1614.12	2060.91	2234.29	2405.69	2261.12	2440.81
卫生,社会保障和社会福利业	396.00	431.90	474.73	664.33	875.54	917.16	911.25	1063.91
文化,体育和娱乐业	64.41	62.71	67.43	92.70	144.95	123.87	123.66	139.82
公共管理和社会组织	1054.10	1111.75	1213.96	1555.13	1924.34	1989.65	1888.33	2045.13

续表

行业	2015 年	2016 年	2017 年	2018 年	2019 年	2020 年	2021 年	2022 年
农林牧渔业	12.96	5.45	5.54	5.60	5.66	5.71	5.76	5.81
采矿业	274.01	259.83	254.27	257.04	259.20	260.77	261.74	262.14
制造业	2179.70	1982.08	2289.23	2507.84	2733.22	2965.17	3203.55	3448.19
电力、燃气及水的生产和供应业	349.30	379.08	403.65	414.69	424.79	433.98	442.26	449.68
建筑业	883.60	558.05	601.22	634.50	665.30	693.59	719.36	742.57
批发和零售业	381.61	406.75	465.60	515.90	567.76	621.11	675.92	732.13
交通运输、仓储和邮政业	345.20	342.11	369.18	407.28	446.91	488.03	530.62	574.67
住宿和餐饮业	61.30	60.20	69.69	81.57	95.02	110.18	127.21	146.26
信息传输、计算机服务和软件业	485.70	576.46	733.18	941.74	1197.30	1506.84	1877.89	2318.45
金融业	879.93	1073.08	1148.64	1245.79	1342.77	1439.58	1536.25	1632.77
房地产业	318.01	389.43	415.43	457.99	501.59	546.18	591.73	638.20
租赁和商务服务业	413.36	486.66	552.12	617.09	685.87	758.44	834.77	914.83
科学研究、技术服务和地质勘查业	569.96	698.13	773.85	847.63	922.15	997.37	1073.24	1149.74
水利、环境和公共设施管理业	178.20	173.10	189.84	204.52	219.51	234.81	250.40	266.27
居民服务和其他服务业	20.91	21.86	23.98	27.52	31.41	35.67	40.31	45.35
教育	2688.30	2912.86	3103.24	3285.18	3468.73	3653.74	3840.09	4027.68
卫生、社会保障和社会福利业	1112.68	1258.96	1446.98	1632.84	1830.80	2040.60	2262.00	2494.79
文化、体育和娱乐业	136.88	157.55	168.72	181.18	193.93	206.97	220.29	233.88
公共管理和社会组织	2184.99	2459.55	2619.91	2869.11	3133.23	3412.27	3706.23	4015.12

续表

行业	2023 年	2024 年	2025 年	2026 年	2027 年	2028 年	2029 年	2030 年
农林牧渔业	5.86	5.90	5.95	5.99	6.03	6.07	6.11	6.14
采矿业	261.96	261.20	259.86	257.93	255.40	252.26	248.49	244.06
制造业	3698.95	3955.71	4218.33	4486.70	4760.71	5040.26	5325.25	5615.59
电力、燃气及水的生产和供应业	456.23	461.94	466.81	470.87	474.11	476.54	478.18	479.01
建筑业	763.20	781.25	796.69	809.51	819.71	827.28	832.21	834.49
批发和零售业	789.70	848.59	908.77	970.20	1032.85	1096.69	1161.70	1227.85
交通运输、仓储和邮政业	620.14	667.02	715.30	764.94	815.95	868.30	921.97	976.96
住宿和餐饮业	167.51	191.12	217.29	246.21	278.06	313.07	351.45	393.41
信息传输、计算机服务和软件业	2837.06	3442.74	4145.00	4953.89	5879.92	6934.11	8127.97	9473.49
金融业	1729.16	1825.43	1921.58	2017.62	2113.55	2209.38	2305.12	2400.76
房地产业	685.56	733.77	782.81	832.65	883.27	934.65	986.76	1039.59
租赁和商务服务业	998.61	1086.07	1177.20	1271.98	1370.39	1472.41	1578.03	1687.23
科学研究、技术服务和地质勘查业	1226.81	1304.45	1382.62	1461.30	1540.47	1620.11	1700.20	1780.72
水利、环境和公共设施管理业	282.42	298.83	315.49	332.41	349.56	366.95	384.58	402.42
居民服务和其他服务业	50.82	56.71	63.07	69.89	77.21	85.03	93.37	102.26
教育	4216.40	4406.19	4596.96	4788.66	4981.24	5174.64	5368.82	5563.74
卫生、社会保障和社会福利业	2738.78	2993.79	3259.65	3536.21	3823.33	4120.88	4428.73	4746.77
文化、体育和娱乐业	247.74	261.87	276.26	290.90	305.79	320.94	336.32	351.94
公共管理和社会组织	4338.95	4677.73	5031.45	5400.13	5783.77	6182.38	6595.96	7024.51

附录6 2017~2030年产业结构升级对各行业新增大学生就业人员需求量

单位：万人

行业	2017年	2018年	2019年	2020年	2021年	2022年	2023年	2024年
农林牧渔业	0.09	0.06	0.06	0.05	0.05	0.05	0.05	0.05
采矿业	-5.56	2.78	2.16	1.56	0.98	0.39	-0.18	-0.76
制造业	307.14	218.61	225.37	231.96	238.38	244.64	250.76	256.75
电力、燃气及水的生产和供应业	24.56	11.05	10.10	9.18	8.29	7.41	6.55	5.71
建筑业	43.17	33.28	30.80	28.30	25.76	23.21	20.64	18.05
批发和零售业	58.85	50.30	51.86	53.36	54.81	56.21	57.57	58.89
交通运输、仓储和邮政业	27.07	38.11	39.63	41.12	42.59	44.04	45.47	46.88
住宿和餐饮业	9.49	11.88	13.45	15.16	17.03	19.05	21.25	23.62
信息传输、计算机服务和软件业	156.72	208.56	255.55	309.55	371.05	440.57	518.61	605.67
金融业	75.55	97.15	96.98	96.82	96.66	96.52	96.39	96.27
房地产业	26.00	42.56	43.60	44.59	45.55	46.47	47.36	48.21
租赁和商务服务业	65.45	64.97	68.78	72.57	76.33	80.06	83.77	87.46
科学研究、技术服务和地质勘查业	75.72	73.78	74.52	75.22	75.87	76.49	77.08	77.64
水利、环境和公共设施管理业	16.74	14.68	14.99	15.30	15.59	15.87	16.15	16.41
居民服务和其他服务业	2.12	3.54	3.89	4.26	4.64	5.04	5.46	5.90
教育	190.38	181.94	183.55	185.01	186.35	187.58	188.72	189.78
卫生、社会保障和社会福利业	188.02	185.87	197.96	209.80	221.40	232.79	243.99	255.01
文化、体育和娱乐业	11.17	12.46	12.75	13.04	13.32	13.59	13.86	14.13
公共管理和社会组织	160.35	249.21	264.12	279.04	293.96	308.89	323.83	338.78
合　计	1433.03	1500.79	1590.12	1685.89	1788.61	1898.87	2017.33	2144.45

续表

行业	2025 年	2026 年	2027 年	2028 年	2029 年	2030 年
农林牧渔业	0.04	0.04	0.04	0.04	0.04	0.04
采矿业	-1.34	-1.93	-2.53	-3.14	-3.77	-4.43
制造业	262.62	268.37	274.01	279.55	284.99	290.34
电力,燃气及水的生产和供应业	4.88	4.05	3.24	2.43	1.63	0.83
建筑业	15.44	12.82	10.20	7.57	4.93	2.28
批发和零售业	60.18	61.43	62.65	63.84	65.01	66.15
交通运输、仓储和邮政业	48.27	49.65	51.01	52.35	53.68	54.99
住宿和餐饮业	26.17	28.91	31.86	35.01	38.38	41.97
信息传输、计算机服务和软件业	702.27	808.89	926.03	1054.1	1193.8	1345.5
金融业	96.15	96.04	95.93	95.83	95.74	95.64
房地产业	49.04	49.84	50.62	51.38	52.11	52.83
租赁和商务服务业	91.13	94.78	98.41	102.02	105.62	109.20
科学研究、技术服务和地质勘查业	78.17	78.68	79.17	79.64	80.09	80.52
水利、环境和公共设施管理业	16.67	16.91	17.16	17.39	17.62	17.84
居民服务和其他服务业	6.35	6.82	7.31	7.82	8.34	8.89
教育	190.77	191.70	192.58	193.40	194.18	194.92
卫生、社会保障和社会福利业	265.86	276.56	287.12	297.55	307.85	318.04
文化、体育和娱乐业	14.39	14.64	14.89	15.14	15.38	15.62
公共管理和社会组织	353.72	368.68	383.64	398.61	413.58	428.55
合　计	2280.78	2426.88	2583.53	2750.53	2929.20	3119.72

附录7 2010年"六普"人口基础数据

年龄	死亡率		人口数（人）		育龄妇女生育率
（岁）	男性	女性	男性	女性	
0	0.00373	0.00392	7461199	6325235	—
1	0.00116	0.00106	8574973	7082982	—
2	0.00067	0.00057	8507697	7109678	—
3	0.0005	0.00039	8272491	6978314	—
4	0.00042	0.00032	8246206	6973835	—
5	0.00037	0.00029	7988151	6743986	—
6	0.00037	0.00026	8034452	6770018	—
7	0.00035	0.00021	7292300	6136861	—
8	0.00034	0.00021	7423559	6243397	—
9	0.00035	0.0002	7726203	6522622	—
10	0.00037	0.00023	7830808	6623549	—
11	0.00035	0.00022	7522558	6413156	—
12	0.00037	0.00022	8288987	7110572	—
13	0.00036	0.00022	8161000	7064032	—
14	0.00039	0.00021	8463924	7429876	—
15	0.00045	0.00023	9524898	8499586	0.00011
16	0.00046	0.00023	9795181	8995340	0.00086
17	0.00052	0.00025	10760828	10014541	0.00321
18	0.00055	0.00026	10744556	10010718	0.00842
19	0.00059	0.00025	11079367	10464099	0.0144
20	0.00065	0.00028	14201091	13825863	0.03454
21	0.00066	0.00028	13357755	13198894	0.0573
22	0.00069	0.0003	12281148	12193044	0.07133
23	0.00075	0.00033	12876542	12819413	0.09251
24	0.00079	0.00034	11292037	11366731	0.09909
25	0.00082	0.00035	9969984	9963699	0.09158
26	0.0008	0.00035	9879292	9829885	0.08983
27	0.00081	0.00037	9801611	9679225	0.07979
28	0.00086	0.00036	11271599	11050548	0.08601
29	0.00094	0.00041	9914552	9653457	0.07297
30	0.00095	0.00044	9604727	9323642	0.05979

年龄	死亡率		人口数（人）		育龄妇女生育率
（岁）	男性	女性	男性	女性	
31	0.00105	0.00048	10141582	9724876	0.05379
32	0.00111	0.00049	9909833	9565041	0.04842
33	0.00115	0.0005	9289224	8890254	0.03623
34	0.00128	0.0006	10576456	10112568	0.03212
35	0.00142	0.00062	10817432	10369084	0.02647
36	0.00145	0.00066	11690644	11216336	0.02267
37	0.00155	0.0007	12283353	11706855	0.01866
38	0.00164	0.00075	12662559	12067901	0.01545
39	0.00184	0.00082	12937116	12274679	0.01188
40	0.00204	0.00096	13993123	13404096	0.01081
41	0.0021	0.00098	12723691	12232606	0.00766
42	0.00247	0.00115	13782610	13249932	0.00787
43	0.00257	0.00118	10856214	10499534	0.00573
44	0.00277	0.00132	12253040	11759118	0.0051
45	0.0031	0.00149	12252515	11710059	0.00483
46	0.00318	0.00151	11867147	11488631	0.00426
47	0.00339	0.00164	13803796	13168361	0.00493
48	0.00419	0.00201	10224798	9850286	0.00553
49	0.00442	0.00213	5628162	5600798	0.00372
50	0.0048	0.00241	7205176	6891832	—
51	0.00492	0.00252	6624865	6213967	—
52	0.00523	0.00264	8570000	8047709	—
53	0.0058	0.00297	9422827	8929153	—
54	0.00651	0.00341	8540366	8307276	—
55	0.00676	0.00354	8973192	8637336	—
56	0.00736	0.00388	8981235	8756892	—
57	0.00792	0.00423	8099033	7994855	—
58	0.00886	0.00473	8153588	8014345	—
59	0.00989	0.0054	6875890	6826108	—
60	0.01087	0.00608	6917026	6701178	—
61	0.01196	0.0067	6690003	6339122	—
62	0.0131	0.00755	5719180	5557673	—
63	0.01399	0.00816	5492805	5298828	—
64	0.01634	0.00964	5015412	4936055	—

年龄 （岁）	死亡率		人口数（人）		育龄妇女生育率
	男性	女性	男性	女性	
65	0.01766	0.01067	4564266	4509145	—
66	0.0183	0.01107	4391409	4249556	—
67	0.02128	0.01307	4003493	3938648	—
68	0.02302	0.0142	3904424	3836444	—
69	0.02689	0.01682	3884879	3831018	—
70	0.03128	0.01983	3724605	3664807	—
71	0.03229	0.02115	3116177	3149541	—
72	0.0373	0.02456	3449237	3443988	—
73	0.04047	0.0269	3149307	3194562	—
74	0.04535	0.03004	2964127	3116046	—
75	0.05049	0.03331	2690547	2941930	—
76	0.05054	0.03451	2454168	2721332	—
77	0.06101	0.04199	2420196	2662187	—
78	0.06693	0.04672	1983724	2271134	—
79	0.0732	0.05247	1730224	1976691	—
80	0.08727	0.0634	1716514	2020745	—
81	0.09117	0.06725	1257795	1558898	—
82	0.0997	0.07493	1212683	1545235	—
83	0.10836	0.08229	964710	1272428	—
84	0.12034	0.09166	765800	1058390	—
85	0.12919	0.09858	672819	975341	—
86	0.13855	0.10623	530641	813574	—
87	0.14946	0.11793	408984	656292	—
88	0.16394	0.13222	324282	534597	—
89	0.18052	0.14339	263084	452314	—
90	0.20226	0.16255	193982	359823	—
91	0.20656	0.17437	126484	244595	—
92	0.22386	0.19152	94157	193519	—
93	0.2227	0.20013	66717	142574	—
94	0.22191	0.20299	49532	106924	—
95	0.22536	0.21755	36268	81254	—
96	0.221	0.22099	28664	62225	—
97	0.18773	0.21319	22045	46603	—
98	0.17942	0.20734	18355	36334	—
99	0.25511	0.25877	12384	25847	—
100	0.50728	0.43634	8852	27082	—

附录8　高等教育适龄人口预测结果

单位：人

年份	0~3岁	4~6岁	7~12岁	13~17岁	18~22岁	23岁及以上
2010	60312569	44756648	85134572	88709206	121356535	932541339
2011	58129458	45185523	84514604	83306600	117606347	949801918
2012	55647501	46048129	85285057	78429074	109798107	968795925
2013	53118350	46451644	86023282	74838824	99765761	988904923
2014	52343856	44953231	86994549	73173753	94088263	1002185114
2015	52049248	42419211	88906823	71596614	88536143	1014330613
2016	51429857	39917786	91082899	69609107	83144024	1026145087
2017	50513949	39267287	90014177	70455477	78275624	1035623984
2018	49337291	39172992	88342741	70711495	74692617	1043983477
2019	47919651	38824253	86245304	71657555	73030739	1049861608
2020	46344098	38232051	84097141	73208078	71450900	1053624343
2021	44680094	37442016	81470960	75354720	69462530	1057257178
2022	42993952	36467435	78623901	76157990	70302796	1059073074
2023	41380676	35322046	77381854	75165557	70554665	1061042429
2024	39875603	34071498	76498539	73014060	71495551	1062447298
2025	38509037	32794957	75176931	70894970	73042502	1062892310
2026	37329985	31552185	73441710	68396745	75183941	1062734471
2027	36341560	30368971	71403993	65753739	75985360	1063568202
2028	35533102	29276904	69156129	64782302	74994411	1063927400
2029	34880858	28319146	66771531	64221217	72847221	1064393413
2030	34331607	27509578	64341474	63284822	70732760	1064508513

图书在版编目（CIP）数据

产业转型升级背景下大学生就业与高等教育改革／
杨胜利著 . -- 北京：社会科学文献出版社，2020.1
ISBN 978 - 7 - 5201 - 5934 - 0

Ⅰ.①产…　Ⅱ.①杨…　Ⅲ.①大学生 - 职业选择 - 研
究 - 中国 ②高等教育 - 教育改革 - 研究 - 中国　Ⅳ.
①G647.38 ②G649.21

中国版本图书馆 CIP 数据核字（2020）第 002717 号

产业转型升级背景下大学生就业与高等教育改革

著　　者／杨胜利

出 版 人／谢寿光
组稿编辑／吴　敏
责任编辑／张　媛　柯　宓

出　　版　社会科学文献出版社·皮书出版分社（010）59367127
　　　　　　地址：北京市北三环中路甲 29 号院华龙大厦　邮编：100029
　　　　　　网址：www. ssap. com. cn
发　　行／市场营销中心（010）59367081　59367083
印　　装／三河市尚艺印装有限公司

规　　格／开本：787mm × 1092mm　1/16
　　　　　　印张：14.75　字数：225 千字
版　　次／2020 年 1 月第 1 版　2020 年 1 月第 1 次印刷
书　　号／ISBN 978 - 7 - 5201 - 5934 - 0
定　　价／89.00 元

本书如有印装质量问题，请与读者服务中心（010 - 59367028）联系